O que o Brasil quer ser quando crescer?

OBJETIVA

Gustavo Ioschpe

O que o Brasil quer ser quando crescer?

{ e outros textos sobre educação e desenvolvimento }

OBJETIVA

Copyright © 2012, 2014 by Gustavo Ioschpe

Todos os direitos desta edição reservados à
EDITORA OBJETIVA LTDA.
Rua Cosme Velho, 103
Rio de Janeiro – RJ – Cep: 22241-090
Tel.: (21) 2199-7824 – Fax: (21) 2199-7825
www.objetiva.com.br

Capa
Simone Villas-Boas

Imagens de capa
© Natis/Fotolia.com

Revisão
Ana Kronemberger
Eduardo Rosal
Lilia Zanetti

Editoração eletrônica
Abreu's System Ltda.

CIP-BRASIL. CATALOGAÇÃO NA PUBLICAÇÃO
SINDICATO NACIONAL DOS EDITORES DE LIVROS, RJ

I53q

Ioschpe, Gustavo
   O que o Brasil quer ser quando crescer? e outros textos sobre educação e desenvolvimento / Gustavo Ioschpe. – 1. ed. – Rio de Janeiro: Objetiva, 2014.
   254 p.   ISBN 978-85-390-0596-3

   1. Educação – Brasil. 2. Desenvolvimento social. I. Título.

14-12180   CDD: 370.981
                                                      CDU: 37981

Não tenha medo de ter opiniões excêntricas.
Toda opinião hoje aceita já foi, um dia, excêntrica.

BERTRAND RUSSELL

Sumário

Prefácio à nova edição · 11

Agradecimentos · 19

1   A falência da educação brasileira · 21
2   Muito investimento, pouco resultado · 25
3   Escola: templo do doutrinamento · 29
4   Professor não é coitado · 33
5   E se plantássemos cérebros? · 37
6   Educação e capitalismo: aliados ou inimigos? · 41
7   De pais e professores · 47
8   Dinheiro não compra educação de qualidade · 51
9   Violência escolar: quem é a vítima? · 55
10   O amor constrói, mas não ensina a tabuada · 59
11   Brasil: a primeira potência de semiletrados? · 63
12   Aula de ética é em casa, não na escola · 67
13   Na educação, a esquerda é elitista · 71
14   Educação de qualidade: de volta ao futuro · 77
15   Como melhorar a educação brasileira · 81
       Parte 1: Práticas de sala de aula

16	Como melhorar a educação brasileira	85
	Parte 2: Formação de professores	
17	Como melhorar a educação brasileira	91
	Parte 3 (final): Diretores de escolas	
18	Como os pais podem ajudar na aprendizagem dos filhos	97
19	Universalização da educação infantil: solução ou armadilha?	101
20	Hora de peitar os sindicatos	105
21	O que o Brasil quer ser quando crescer?	109
22	Pra pobre analfabeto... tae kwon do!	113
23	Precisamos de educação diferente de acordo com a classe social	117
24	Você acha que as escolas particulares brasileiras são boas?	123
25	O rombo da educação: um cabide de empregos de R$ 46 bilhões	127
26	Que tal fechar as escolas ruins?	131
27	A tecnologia não nos salvará (por enquanto)	137
28	Falta foco	141
29	O sistema não é feito para dar certo	147
30	As escolas não são públicas, e privatizar não resolve	151
31	O que você faria pelos seus filhos?	155
32	Por que somos tão pouco ambiciosos?	159
33	Quem são os professores brasileiros?	163
34	Educação pra quê?	169
35	Se eu fosse prefeito	173
36	Como o cérebro aprende?	177
37	Diretor de escola: o protagonista esquecido	183
38	Universidade gratuita para aluno rico, nem na França tem	187
39	Devo educar meus filhos para serem éticos?	191

Posfácio: China

40	A educação que constrói uma potência: uma lição em cinco capítulos sobre a educação chinesa	197
	Os alunos e seus pais	
	A escola	203
	Professores	213

  História e cultura   220
  Políticas públicas   226

Notas   233

Referências bibliográficas   247

Prefácio à nova edição

Este livro que você tem em mãos é fruto de um fracasso.

Ainda que seja um prazer pesquisar sobre um assunto fascinante como a Educação e um privilégio poder compartilhar os achados dessa busca com um público enorme e interessado como o que lê meus artigos na revista *Veja*, eu não me interessei sobre o assunto por estimulação intelectual, mas sim para mudar o Brasil. No meio do meu mestrado em Economia, lá pelos idos de 2002, descobri a área da Economia da Educação e, com ela, três conclusões se fizeram inescapáveis:

1) A educação brasileira era (e continua sendo) um desastre, mesmo se levarmos em conta o nível de desenvolvimento do país e suas mazelas históricas e sociais. Somos um país de nível de desenvolvimento médio com um sistema educacional de nível de país indigente;

2) Esse atraso educacional aniquilaria as chances de o Brasil se tornar um país desenvolvido nessa (apropriadamente chamada de) Era do Conhecimento;

3) Quase ninguém, no Brasil, estava falando sobre isso. E, quando falavam, acertavam no diagnóstico, mas erravam na prescrição: a solução para todos os problemas era colocar mais dinheiro no sistema, especialmente aumentando os salários de professores radicalmente;

4) Eu sabia a dimensão do problema; conhecia a literatura empírica que mostrava quais as políticas públicas que funcionavam e quais as que não tinham nenhum resultado; estava convicto de que o problema não seria melhorado de dentro do sistema, mas, sim, por pressão externa, e que portanto era fundamental falar com a sociedade, não apenas com professores, gestores públicos ou acadêmicos; gostava de escrever na grande imprensa (tinha sido colunista da *Folha de S.Paulo* nos anos 1990); não me preocupava em ser impopular; e, finalmente, como patriota, estava preocupado com os destinos do país e convicto de que empenhar alguns anos para ajudar a melhorá-lo seria algo meritório.

Com partes iguais de ingenuidade e ousadia, imbuí-me da missão de ser arauto das mudanças pelas quais o setor educacional brasileiro (e, por consequência, o país) precisaria passar. Acreditava piamente no poder transformador das ideias. Meu modelo era aquilo que o venerável Bertrand Russel, em seu monumental tomo sobre a história da Filosofia, apontou como o fator da perenidade e penetração do pensamento dos atenienses antigos: a combinação de paixão e intelecto. Imaginava que poucas pessoas poderiam ficar imunes a uma argumentação que comunicasse a urgência e a dimensão do problema, ao mesmo tempo tendo a preocupação de manter a disciplina de fundamentar toda e qualquer prescrição àquilo que é referendado pela pesquisa acadêmica.

Como todos sabem hoje, errei redondamente. Comuniquei os resultados dessa pesquisa da forma mais intensa e rigorosa possível. Tive a fortuna de contar com convites que me abriram espaços com os quais eu jamais sonhara, usando não apenas a palavra escrita, na *Veja* e em outros jornais, como a falada, em programas de rádio e TV, além de palestras em todo o país. Apesar de todo esse esforço, o debate sobre educação no país se mexeu para o lugar certo em alguns poucos municípios e estados; na maioria dos locais, e especialmente no governo federal, as evoluções foram pequenas e as involuções foram muitas e tremendas. Já hipotecamos a maior parte da renda do petróleo do pré-sal para a educação e parece muito provável, quando escrevo essas linhas, que o Congresso Nacional aprove o mirabolante plano de dobrar o investimento do país em educação, passando-o de 5% para 10% do PIB em menos de dez anos, sem exigir nenhuma contrapartida em termos de melhoria da qualidade do ensino. O balde está com um furo tremendo, mas a ação de nossos líderes não é procurar o buraco e tampá-lo e, sim, aumentar a pressão de água saindo da mangueira...

A discussão sobre educação no Brasil ainda é, em suma, a mesma de 2002, quando eu fazia a pesquisa do meu mestrado sobre o tema. A sociedade brasileira continua achando que o problema da educação é a falta de investimento. Continua crendo que nossos atrasos educacionais são normais para um país subdesenvolvido. E segue acreditando que nossas questões mais prementes são os juros altos, a carga tributária elevada e as carências de infraestrutura. Já surgem, é verdade, ONGs, empresários, políticos e intelectuais que percebem a dimensão do problema educacional e sua importância. Mas ainda são minoria, sua voz é tímida, e o discurso das corporações continua soberano.

A realidade, porém, mudou bastante desde 2002. O país deu um salto de crescimento econômico durante alguns anos, e preferimos falar mais sobre nosso futuro supostamente glorioso do que a respeito do problema que corrói as fundações desse sonho. Mas esse período passou, a euforia acabou, a estagnação voltou, as ilusões ruíram. O Cristo que a *Economist* colocava levantando voo já voltou à capa da mesma revista em voo despirocado rumo ao solo. O que era apenas ameaça futura se tornou realidade: não passa uma só semana sem que algum veículo de mídia fale sobre as dificuldades que as empresas têm para contratar gente qualificada. Mesmo depois de a ameaça se transformar em crise real e presente, o país ainda não acordou para o assunto.

Já que artigos publicados mensalmente não convencem, talvez uma dose concentrada, mais completa e abrangente, ajude a conquistar partidários para a causa. Por isso surge este livro: é mais uma tentativa de tirar a sociedade brasileira de sua zona de conforto e fazer com que encaremos nossos problemas educacionais com a urgência e o rigor que merecem.

Os textos que o leitor encontrará aqui são uma seleção de artigos publicados, entre julho de 2006 e setembro de 2013, na coluna mensal que mantenho na revista *Veja*. Aqui estão os textos originais, sem as reduções que se fizeram necessárias quando a minha verborragia foi além do que duas páginas de revista podiam comportar. E estão também notas explicativas e bibliografia detalhada, que permitirá aos mais interessados se aprofundar na questão. Para não atrapalhar a fluidez da leitura, as notas foram incluídas em uma seção final, reunidas a partir da página 233.

Os artigos aqui reunidos traduzem bem minhas ideias centrais sobre a questão educacional brasileira, que são basicamente as seguintes:

1) Há uma crise profunda em nosso sistema educacional, tanto público quanto privado, e sua solução é indispensável para que o país se desenvolva.

2) A criação de políticas públicas para a resolução desses problemas precisa vir amparada pelo conhecimento formal; há décadas de pesquisas empíricas sobre o que funciona e o que é irrelevante, e a discussão que ignora esse conhecimento em favor de opiniões ou experiências pessoais já nasce seriamente comprometida.

3) A literatura empírica sugere que fatores quantitativos — salários, investimentos, gastos em tecnologia — são irrelevantes ou bem menos importantes do que o foco em áreas como capacitação de professores e gestores e a ênfase em práticas de sala de aula eficazes. Portanto, precisamos mudar o diálogo nacional do primeiro grupo de assuntos para o segundo.

4) Professores não são vítimas. São adultos que tomam decisões racionais sobre suas vidas. Precisam ser responsabilizados por seu desempenho, como quaisquer profissionais.

5) Ainda que um entorno social de pobreza e baixa instrução dificulte o processo de ensino-aprendizagem, ele não o impossibilita nem pode ser usado como desculpa para o fracasso educacional. A escola precisa se adaptar à realidade de seu alunado (não vice-versa) e entregar educação de qualidade a alunos de todas as classes, credos e raças.

6) A ideologização da vida escolar é uma praga que precisa ser combatida. Não apenas porque a escola brasileira não está preparada para dar lições de moral a seus alunos como porque a existência de ambições totalmente subjetivas — como "a formação do cidadão crítico e consciente" — camufla o fracasso escolar nas tarefas mais mundanas. Precisamos que a nação entre em um consenso e garanta ao alunado um ensino ideologicamente neutro e de qualidade pelo menos nas etapas mais basilares da vida educacional, caso da alfabetização.

7) Os fracassos da educação não devem ser entendidos como parte de um complô de políticos e classes dominantes em prol da ignorância do

povo. Tais fracassos resultam de um cálculo racional de custos e benefícios de uma possível ação reformadora na área educacional. Hoje, com o grosso da população acreditando erroneamente que a qualidade da instrução recebida por seus filhos é excelente e, de outro lado, os sindicatos de professores e funcionários tendo enorme poder por conta de seus 5 milhões de membros, qualquer iniciativa mais corajosa de reforma está destinada a fracassar e terá grandes custos políticos para seus proponentes. Para mudarmos a qualidade da educação oferecida em nossas escolas, primeiro teremos de alterar a conversa na sala de estar do brasileiro médio. Para melhorarmos a oferta, precisaremos gerar demanda por educação de qualidade.

Durante esses oito anos de *Veja*, os pilares centrais da minha argumentação permaneceram basicamente inalterados. A área que sofreu mudanças foi a leitura que faço da intencionalidade dos diversos atores do processo educacional. Quando comecei a escrever sobre o assunto, tinha uma visão mais negativa dos profissionais da educação e mais positiva da população em geral. Acreditava haver uma vontade nacional por mudanças, barrada pela defesa intransigente que as corporações faziam do status quo, para a manutenção de seus benefícios pessoais. Hoje, acredito que a maioria da população é indiferente, o que gera enorme acomodação entre dirigentes políticos e, por extensão, entre diretores, funcionários e professores. Não acho que os profissionais da educação estejam ativamente empenhados no bloqueio de reformas — estão, isso sim, acomodados. Não são malévolos, apenas se renderam ao cinismo. Ainda há os bravos, que lutam contra a inércia reinante, e tive a oportunidade de conhecer muita gente assim em minhas andanças por escolas do país e através dos milhares de e-mails e cartas enviados por leitores. Mas eles são a minoria. A maioria está indo com a corrente: como ninguém cobra, eles não se preocupam. Como ninguém pressiona, eles estão à vontade. O mesmo clima parece permear a sociedade como um todo: é melhor continuar acreditando que está tudo bem do que se dar conta de que uma área fundamental da vida de seu filho tem enormes déficits. Antes eu me preocupava mais em desmontar um discurso mentiroso das corporações de ensino, hoje meu foco é falar com esses pais e mães e alertá-los para a realidade.

A tônica dos artigos que compõem o livro é negativa. Não há, afinal, motivos para alegria: estamos em situação periclitante e não estamos nem sequer mirando os caminhos certos para sair da adversidade. Foi nesse contexto que fiquei tão entusiasmado com uma viagem à China, em outubro de 2011. Fui conhecer o sistema educacional do país, especialmente da província de Xangai, que acabara de ter o melhor desempenho educacional do mundo no Pisa (Programa Internacional de Avaliação de Alunos), o mais respeitado teste de qualidade de educação.

A China aponta um caminho que o Brasil pode seguir. Não faria sentido, é evidente, nos espelharmos na Alemanha ou na Finlândia: são países ricos, sem grandes obstáculos a superar, que bebem em uma tradição de ensino de qualidade há décadas ou séculos. A China, não. É um país subdesenvolvido que teve seu sistema educacional totalmente desmontado pela revolução cultural (1966-1976). Além disso, os chineses têm o mesmo desafio que o Brasil: crescer de forma continuada, abandonar as áreas de baixo valor agregado (no caso chinês, a indústria de produtos baratos; no brasileiro, as commodities agrícolas e minerais), migrando para a produção de bens e serviços de alta tecnologia e valor.

A China conseguiu dar um incrível salto educacional gastando relativamente pouco (entre 2% e 4% do PIB nas últimas décadas) e substituindo a falta de pessoas qualificadas pela aplicação, com muito afinco, do feijão com arroz educacional. Claro, não podemos copiar o modelo chinês nem de qualquer outra nação, pois o bom sistema educacional é aquele que se encaixa às particularidades históricas e culturais — e ao projeto de futuro — do país. Mas eles podem nos servir de inspiração e apontar alguns caminhos. *O que o Brasil quer ser quando crescer?* termina com o relato dessa viagem à China, para não dizerem que não falei de flores.

Não posso dizer que desde a publicação da primeira edição do livro, em fins de 2012, muita coisa tenha mudado, mas do mar de espinhos despontam algumas flores. Em abril do ano passado, recebi um e-mail da professora Cleide Bastos, secretária da Educação do município de Ibipeba, cidadezinha de 17 mil habitantes tão perdida no interior baiano que sua atração turística mais próxima é o Parque Estadual Morro do Chapéu.

Cleide me contou que o prefeito da cidade, apesar de médico, tomou uma atitude altamente atentatória contra sua integridade física: distribuiu um exemplar deste livro a cada um dos professores da cidade. Cleide conta o que aconteceu a seguir:

"Bem, no início houve um tipo de revolta por parte da categoria ao receber e ler o livro, disseram que tinham recebido um presente de grego do prefeito. Achavam que você não gostava da nossa categoria. Só que as coisas mudaram, depois que viram que você 'mata a cobra e mostra o pau', pois tudo está comprovado através de pesquisas."

O livro, então, foi objeto de um quase festival na cidade, com direito a interpretação via literatura de cordel, paródias, teatro, banners e camisetas com a capa do livro e gente com vestimentas chinesas discorrendo sobre a educação daquele país. ("E no final, após a dança chinesa, ao invés do tae kwon do houve uma apresentação de judô, pois é o que temos na cidade", escreveu Cleide).

Sabe-se lá que outras reações o livro despertou nos milhares de mãos por que passou, mas só de ter conquistado os professores ibipebenses a iniciativa já está no lucro. Sinal de que as palavras e dados, afinal, seguem vivas e fortes em seu poder de mobilização e convencimento.

Se o que aconteceu em Ibipeba vai ser, no longo prazo, apenas uma excentricidade perdida na história ou um dos momentos em que se iniciou uma jornada de mudança histórica no país, quem vai decidir são leitores como você. As manifestações de junho de 2013 mostram que a insatisfação com o rumo atual do país é grande, e a necessidade de uma educação melhor é condição sine qua non para a melhoria. Os manifestantes ainda estão com o objetivo errado, clamando por um "padrão Fifa" (caro, opulento e corrupto) para nossas escolas, quando na verdade o que precisamos está mais para um "padrão Xangai" (barato e eficaz). Mas não importa que os primeiros passos não tenham sido os ideais: importa que a caminhada começou.

O que esse livro quer dizer, nas entrelinhas, é que essa marcha só chegará a bom termo se participarmos dela como caminhantes, não espectadores. Adoraria que você concordasse com o que lerá nessas páginas. Mas como o objetivo não é descrever a realidade e, sim, ajudar a alterá-la, a concordância silenciosa só pode ser vista como um começo. Se você gostar deste livro, portanto, peço-lhe um favor: socialize-o, especialmente com pessoas que você sabe que pensam diferente ou que nem pensam sobre o assunto. (Não há interesse financeiro no pedido: doei todos os meus direitos autorais a ONGs do setor.)

Algo que tem me surpreendido muito é como Margaret Mead tinha razão: é impressionante o poder de transformação que mesmo um pequeno grupo de pessoas, desde que comprometidas, pode gerar. Desde que comecei, em julho de 2011, a interagir mais com políticos por conta da defesa do projeto "Ideb na escola",* que visa expor publicamente os resultados do Índice de Desenvolvimento da Educação Básica na porta de entrada de cada instituição, me dou conta de que, às vezes, duas ou três vozes pedindo algo são suficientes para convencer os gestores públicos.

Se você gostar do que ler aqui, portanto, já sai com um dever de casa: converta pelo menos uma pessoa para a causa. Com ela, aja. Ligue para o seu vereador ou deputado, defenda a implementação do "Ideb na escola" em sua cidade ou estado. Mostre a um pai de aluno da escola pública o Ideb do colégio em que o filho dele está matriculado. Vá à associação de Pais e Mestres de uma escola e ajude seus membros a lutar pelas bandeiras certas. Escreva um artigo, crie uma página no Facebook, mobilize seus amigos nas redes sociais. Nas eleições que se aproximam, vote em candidatos que defendam a causa com ações, não apenas com blá-blá-blá.

O livro pergunta: o que o Brasil quer ser quando crescer? Quem dá a resposta é você.

São Paulo, março de 2014

---

* Mais informações em www.idebnaescola.org.br.

Agradecimentos

Não poderia deixar de registrar minha enorme gratidão às pessoas que me abriram as portas da revista *Veja* e me permitiram ter um diálogo mensal com milhões de brasileiros: o então *publisher* da Abril, Roberto Civita, e o diretor de redação, Euripedes Alcântara.

Em 2006, quando fui convidado para ser colunista da revista, com 29 anos recém-completados, confesso que por um breve instante achei que fosse piada. Não só por ser bastante jovem para o posto, mas porque meus pontos de vista sobre educação não apenas discordavam do consenso geral sobre o assunto, mas geravam — e continuam gerando — um agudo mal--estar na maioria dos leitores. Sabia que a *Veja* era lida em sala de aula por milhares de professores e que, além disso, o Grupo Abril tinha empresas no setor de educação. Imaginei que minha temporada na revista seria curta. Em algum momento as autoridades responsáveis haveriam de ceder aos assinantes ofendidos que pediriam minha cabeça ou eu mesmo haveria de pedir o chapéu frente a alguma recomendação para maneirar ou preservar algum parceiro de negócios.

Não sei quantos pediram a colocação deste pescoço na guilhotina, porque a revista não só me protegeu dos estripadores como nem me informou de sua existência. Fico sabendo de suas queixas apenas quando sou copiado em alguma correspondência ou quando as reclamações são públicas. Os anos foram passando e eu também não fiquei sabendo de nenhuma conversa em que ministro, governador ou prefeito tenha condicionado o fechamento de algum negócio ao meu silenciamento porque, novamente, fui blindado dessas pressões.

A análise sobre a situação educacional que você lerá neste livro mostra que a solução dos nossos problemas depende de irracionalidade. Pessoas, partidos e instituições precisarão sacrificar popularidade hoje para colher resultados num amanhã que ainda demorará muito tempo a chegar. Qualquer pessoa que leia os dados e faça uma análise fria e racional da situação haverá de se alinhar aos interesses das corporações de professores, não de alunos.

Este livro só existe porque eu estive e estou disposto a cometer essa irracionalidade. Mas para mim essa irracionalidade é fácil. Só me custa e--mails com xingamentos, comentários ásperos no Twitter, críticas públicas de um ou outro político ou dirigente sindical. A irracionalidade cometida pela direção da *Veja* é bem mais arriscada e custosa. Há de ter custado leitores, talvez anunciantes e clientes. Este é o teste definitivo do quanto alguém está comprometido com uma ideia: não o quanto se dispõe a dar, mas quanto está disposto a perder por ela.

A disposição da Abril para com a questão educacional brasileira é admirável. Sem a irracionalidade deles, a minha não seria possível. Agradeço a eles não apenas o que fizeram por mim mas, especialmente, o que deixaram de fazer. Nesses quase oito anos, não sofri cortes, sugestões ou pedidos. Compartilho com os amigos da *Veja* os acertos e contribuições que esses artigos possam trazer à discussão sobre o futuro do nosso país; os erros e omissões são de minha inteira responsabilidade.

1 A falência da educação brasileira

O sujeito que apelidou o Brasil de "país do futuro" se suicidou. Não é uma condenação, mas não deixa de ser um indício. Se Stefan Zweig estivesse vivo hoje, provavelmente se mataria de novo ao notar quão distante da realização sua profecia se encontra, mais de sessenta anos depois. Nosso futuro está penhorado porque não cuidamos do patrimônio mais importante que um país tem: sua gente. Se dependermos da qualificação dela para avançarmos, tudo leva a crer que continuaremos vendo os países desenvolvidos de longe e que, assim como a geração anterior viu o Brasil ser ultrapassado pelos tigres asiáticos, a nossa irá testemunhar a passagem de China, Índia e outros países menores. Enquanto os países de ponta chegam perto da clonagem humana, nós ainda não conseguimos alfabetizar nossas crianças. Não é exagero, infelizmente. O último levantamento do Inaf (Indicador Nacional de Alfabetismo Funcional realizado pelo Instituto Paulo Montenegro) mostrou que apenas 26% da população brasileira de 15 a 64 anos é plenamente alfabetizada.[1] Deixe-me repetir: três quartos da nossa população não seria capaz de ler e compreender um texto como este. Na outra grande área do conhecimento, a Matemática, a situação é igualmente desoladora: só 23%, segundo o mesmo Inaf, conseguem resolver um problema matemático que envolva mais de uma operação, e apenas esse mesmo grupo tem capacidade para entender gráficos e tabelas.

Esses indicadores são o produto final de um sistema de educação que apresenta deficiências, de modo geral, em todas as etapas do ensino, em todo o país (ainda que as tradicionais diferenças regionais também se manifestem na área educacional) e tanto nas escolas públicas como nas privadas. É um quadro que não pode ser creditado ao nosso subdesenvolvimento, pois países muito mais pobres tiveram (Coreia) e têm atualmente (China) desempenhos bem melhores que os nossos. Na área da educação, especialmente de ensino básico, nossos pares são os países falidos da África subsaariana.

O exemplo mais claro dessa falência é também o mais preocupante, por estar na origem de todo o sistema: o nosso índice de repetência nos primeiros anos. Segundo os dados mais recentes da Unesco, 31% de nossos alunos da 1ª série do ensino fundamental são repetentes.[2] Na nossa frente, apenas as seguintes "potências": Gabão, Guiné, Nepal, Ruanda, Madagascar, Laos e São Tomé e Príncipe. A taxa da Argentina é de 10%, a da China e da Rússia, de 1%, a da Índia, de 3,5%, e de praticamente zero nos países industrializados da OCDE (Organização para a Cooperação e Desenvolvimento Econômico). Na 2ª série, temos mais 20% de repetentes. É possível, portanto, que metade dos alunos que adentra nossas escolas tenha repetido uma série já no segundo ano de ensino. Isso não é apenas preocupante pelo efeito que a repetência tem na autoestima dos alunos nem pelo custo bilionário a mais gerado por eles. O que mais inquieta é: imagine a qualidade de um sistema de ensino que reprova a metade dos seus alunos justamente na fase em que se transmite o conhecimento mais básico, de ler e escrever; que torna eliminatório um período que é meramente um rito de passagem nos outros países. Se não conseguimos alfabetizar, conseguiremos ensinar Matemática, Química, Geografia? Conseguiremos ensinar nosso aluno a pensar? Conseguiremos torná-lo um cidadão consciente? Claro que não. Não conseguimos nem mantê-lo na escola até o seu término. A má qualidade perpassa todo o sistema.

O Saeb de 2003 (Sistema de Avaliação da Educação Básica), teste bienal do MEC que mede a qualidade da educação da 4ª, da 8ª e da 11ª séries, mostra não apenas a situação desesperadora de nosso ensino — na 4ª série, por exemplo, 55% do alunado estava em situação crítica ou muito crítica na área de leitura e só 5% tinha desempenho adequado —, mas o que é pior: desde a primeira edição, em 1995, os resultados médios só caem, tanto em Português quanto em Matemática (afora uma pequena subida em 2003, mas dentro da margem de erro).³ O resultado é um aluno que sai do ciclo inicial sem a menor condição de progredir na vida escolar. Mesmo que entenda aquilo que lhe for ensinado, não tem domínio suficiente da linguagem para exprimi-lo em uma prova. Assim, o retrato típico do nosso aluno é de alguém que vai repetindo de ano, progredindo aos trancos e barrancos. Aos 14 anos de idade, por exemplo, praticamente dois terços dos alunos estão defasados, cursando uma série destinada a pessoas de menor idade. Aqueles que chegam ao ensino médio (o antigo segundo grau) são poucos. E apesar da peneira do sistema — segundo a Sinopse Estatística da Educação Básica de 2005, temos 5,7 milhões de alunos na 1ª série do ensino fundamental e só 2,4 milhões na última série do ensino médio —, mesmo os que ficam têm um desempenho muito fraco.

O Pisa (Programa Internacional de Avaliação de Alunos) da OCDE testou jovens de 15 anos de quarenta países em sua edição de 2003. O Brasil ficou em posição de destaque, ainda que não pelos motivos desejados: amargamos o último lugar em Matemática, o penúltimo em Ciências e o 37º em leitura.⁴ Com essa qualidade sofrível, a educação brasileira deixa de ser o magnífico investimento que ela é em quase todo o mundo em todas as épocas e passa a ser um fardo para o aluno. Vale mais a pena ir trabalhar do que gastar horas e anos em aulas nas quais não se aprende quase nada.

O resultado é inescapável: abandono. Aos poucos bravos que ainda terminam o ensino básico apresenta-se a derradeira armadilha: aqueles que não têm dinheiro não conseguem entrar nas universidades privadas por falta de recursos, apesar da ociosidade de vagas dessas instituições, e tampouco têm acesso aos cursos concorridos e de maior prestígio no mercado de trabalho das universidades estatais, porque a quantidade risível de vagas oferecidas nessas instituições acaba sendo preenchida por quem tem dinheiro suficiente para arcar com os melhores colégios e cursinhos. O pobre fica de fora e o rico estuda de graça, custeado pelos impostos que recaem desproporcionalmente sobre aqueles de baixa renda. E assim se perpetuam nossas desigualdades.

Todo o acúmulo de erros e descasos da nossa educação culmina em um sistema de ensino superior raquítico, para muito poucos. Enquanto nossa taxa de matrícula nesse nível patina em 20%, ela já bate na casa dos

90% em países como Coreia e Finlândia, está acima dos 60% em vários países europeus, e mesmo entre os nossos vizinhos já está algumas ordens de grandeza mais adiante: 61% na Argentina, 43% no Chile, 39% na Venezuela, 32% no Peru (!).[5]

O círculo se fecha: nossa taxa de analfabetismo funcional é semelhante à taxa de matrícula universitária dos países desenvolvidos. Repito: temos de iletrados aquilo que outros países estão formando em bacharéis. Como escreveu Claudio de Moura Castro com a acuidade de sempre, precisamos de uma crise. E estamos nela, até o pescoço, ainda que não tenhamos nos dado conta. Neste espaço, você irá entender como chegamos aqui, por que colocar seu filho em uma escola particular não resolve problema nenhum, como a maioria dos fatores usualmente apontados como grandes responsáveis por nossas deficiências não passam de mitos, que impacto a crise educacional tem sobre as possibilidades de desenvolvimento do país e o que pode ser feito, concretamente, para que possamos resolver esse quadro lastimável e permitir que pensemos viver no país do futuro — sem que isso nos condene à autoimolação ou aos hospitais psiquiátricos.

Artigo publicado em julho de 2006

2 Muito investimento, pouco resultado

Quando se fala das carências da nossa educação, todos concordam que a coisa vai mal e, ato contínuo, já sacam da algibeira a resposta padrão: é o que colhemos por não investir no setor. Como a maior parte do gasto em educação vai para pagar o salário de professores, há uma segunda lamúria: "Com o salário que o professor recebe, só podemos ter essa qualidade de educação mesmo."

Para essas almas bem-intencionadas, o aumento do volume de recursos destinados à educação faria com que nossas crianças e jovens tivessem o desempenho de finlandeses e de coreanos. Em outras épocas, essa bravata respondia pelo nome de "falta de vontade política". Seria bom, ótimo, se isso fosse verdade: bastaria uma canetada de nossos governantes para que o problema se resolvesse. Infelizmente, não é. Nem o Brasil gasta pouco em educação nem o aumento do gasto é a panaceia para os nossos males.

Segundo os últimos dados do EAG (Education at a Glance), o mais respeitado levantamento de estatísticas educacionais internacionais compilado pela OCDE, o setor público do Brasil investe 3,4% do PIB em educação primária e secundária, contra 3,5% dos países da OCDE (os mais desenvolvidos do mundo — da Europa, da Ásia e da América do Norte).[1] No nível terciário, o Brasil gasta 0,8% do PIB, contra 1% dos países da OCDE. No total, incluindo todos os níveis de ensino, o Brasil gasta 4,4%

do seu PIB na educação, contra 4,9% dos países da OCDE. Gastamos mais do que o Japão e a Irlanda e praticamente o mesmo que a Coreia — alguns dos países com os melhores sistemas educacionais do planeta. Ou seja, gastamos praticamente o mesmo que os países desenvolvidos, e vem sendo assim há bastante tempo. Na edição de 2002 do EAG, por exemplo, o Brasil gastava 5,1% do PIB, contra 4,9% da OCDE.[2]

Apesar da semelhança do investimento, a diferença de resultados dos sistemas de ensino dos países da OCDE e o brasileiro é abissal: são países que superaram o analfabetismo há um século — enquanto nós ainda temos mais de 50% de iletrados na 4ª série — e hoje colocam mais de 50% de sua população (em alguns países, quase 90%) no ensino superior — enquanto o Brasil patina em 20% (dos quais 70% são matriculados em instituições privadas).[3]

Defrontados com esses dados, alguns defensores das teses monetaristas vêm com outro argumento: de que não se deve comparar o gasto brasileiro com aquele de países desenvolvidos, já que esses países já deram o salto educacional e agora só precisam manter a qualidade, enquanto o Brasil precisa investir muito para chegar ao nível de qualidade do Primeiro Mundo. Alguns dizem que o piso de investimento é de 6% do PIB. Para outros é 8%.* Alguns sugerem que precisamos converter a dívida externa em recursos para a educação. A sanha é infinita. Só há um problema com tais hipóteses: não há nada que as comprove.

A média de investimento da Coreia do Sul entre 1970 e 1995, período em que deu seu salto histórico na educação, foi de 3,5%, segundo dados da Unesco.[4] Em nenhum ano desse período o investimento passou de 5%. A China, que agora está empreendendo a revolução educacional sobre a qual os especialistas falarão pelos próximos cinquenta anos, gastou na década de 1990 pouco mais de 2% do seu PIB em educação — menos da metade dos gastos brasileiros![5]

Essas pinceladas sugerem algo que a literatura empírica confirma com mais rigor: não há relação entre a quantidade de dinheiro investido em

---

* Com o passar do tempo, a ambição dos monetaristas perdeu qualquer comedimento. O Plano Nacional de Educação, em tramitação no Congresso quando este livro estava sendo escrito, estabelece como meta simplesmente dobrar o investimento público em educação para incríveis 10% do PIB. (N. A.)

educação e seu resultado, como quer que se meça o resultado — tanto em termos de alunos matriculados quanto em relação à qualidade do ensino.

Sei que essas conclusões parecerão absurdas para o leitor medianamente informado. Ouvimos há tanto tempo a cantilena de que precisamos investir mais em educação, que o Brasil investe pouco, que a falácia tornou-se axiomática. Mas, infelizmente, a falta de investimentos não é o nosso vilão — o que nos coloca em uma posição muito incômoda, de ter de reconhecer que é uma questão da qualidade do trabalho dos envolvidos, o que requer medidas bem mais difíceis que o simples aumento de recursos. Também torna proibitiva a acomodação dos que se convenceram de que não podemos ter resultados decentes enquanto não aumentarmos significativamente o volume de gastos — estão aí as experiências coreana e chinesa, entre outras, para mostrar que podemos (aliás, devemos!) fazer muito mais com o que já temos.

Reconhecer que o dinheiro não é a bala de prata que salvará todos os problemas educacionais brasileiros também não significa afirmar que não há problemas de financiamento ou que pudessem ser sanados com mais recursos. Há, sim.

Em primeiro lugar, temos uma série de escolas com carências de infraestrutura básica. Segundo dados recentes do Inep (Instituto Nacional de Estudos e Pesquisas Educacionais Anísio Teixeira), mais da metade das escolas de ensino fundamental não têm biblioteca.[6] Há quase 800 mil alunos em escolas sem energia elétrica e quase meio milhão sem sanitários. Estudos mostram que esse tipo de investimento em infraestrutura básica é uma das maneiras mais rápidas e baratas de se obter uma melhora no desempenho do aluno.[7]

Em segundo lugar, há um grande desequilíbrio na distribuição do investimento público. Mandamos muitos recursos para quem menos precisa — os alunos das universidades públicas, dentre as quais há uma significativa fatia de filhos da elite — e muito pouco para onde é realmente importante: o ensino fundamental público, que atende à grande massa pobre do país. Nos quatro primeiros anos do ensino fundamental, investimos o equivalente a 11% do PIB per capita por aluno, contra 20% — quase o dobro — dos países da OCDE. A relação se mantém assim durante todo o ensino fundamental e o médio. Só muda, e de maneira vergonhosa, no ensino superior: enquanto os países da OCDE investem 43% de sua renda média por aluno universitário, o Brasil investe 127%.[8] É evidente, portanto, que precisamos transferir recursos do sistema universitário para a educação fundamental. E que em alguns locais — concentrados no Norte, no Nordeste e na zona rural — precisaremos investir mais em nossas escolas para sanar carências básicas. Mas devemos, como sociedade, ter bem claro que essas mudanças serão paliativos que não trarão ao país a transformação radical de que precisamos.

O mais triste não é virmos em um caminho errado. É querermos aprofundar ainda mais o desacerto. A atual proposta de reforma universitária submetida pelo Ministério da Educação não só não redireciona o foco da pasta rumo ao ensino fundamental como pretende aumentar ainda mais o gasto com as universidades, instituindo em lei que pelo menos 75% do orçamento do ministério seja dirigido ao setor universitário.* Para a educação fundamental, muitos defendem o aumento de gastos do Fundeb (Fundo de Manutenção e Desenvolvimento da Educação Básica e de Valorização dos Profissionais da Educação) e a elevação da vinculação orçamentária para a educação. O Brasil é o único país do mundo que conheço que determina em sua Constituição Federal (art. 212) um percentual mínimo de recursos do orçamento a ser investido em educação: 18% para a União e 25% para estados e municípios. Os "defensores da educação" querem aumentar esses valores, mesmo sendo de conhecimento público o grande número de fraudes com os recursos do Fundef (Fundo de Manutenção e Desenvolvimento do Ensino Fundamental e de Valorização do Magistério) e as maquiagens contábeis que estados e municípios praticam para se enquadrar à diretiva constitucional. Nos países em que a educação dá certo, o consenso social acerca de sua importância substitui a legislação. No Brasil, temos a ilusão de que a legislação substituirá o consenso. As consequências estão aí.

Enquanto não trocarmos o discurso de cifras e leis pelo de trabalho e resultados, estaremos apenas jogando mais e mais recursos em um sistema roto e incompetente, que vem produzindo ignorância, pobreza e atraso.

Artigo publicado em novembro de 2006

---

* A proposta, do então ministro Tarso Genro (PT-RS), felizmente não vingou. (N. A.)

3 Escola: templo do doutrinamento

Há um tempo fui convidado para prestar uma consultoria para o Ministério da Educação, em um programa de auxílio a prefeitos e secretários municipais. Uma das responsáveis pelo programa me entrevistou. No meio da conversa, quando eu falava animadamente sobre qualidade de ensino, a senhora me perguntou se a minha definição de qualidade era "qualidade social" ou "qualidade total". Pedi esclarecimentos sobre esses termos, dos quais nunca tinha ouvido falar. Foi a senha para que ela se lançasse em uma diatribe sobre o meu abissal desconhecimento de um vocabulário que havia anos já frequentava os movimentos sociais, tendo sido inclusive tema de debate no Fórum Social Mundial. Eu a fiz ver que era economista e não militante de ONG, e que se não conseguisse decodificar a sua semântica nossa entrevista teria de ser interrompida. Pois a junção da minha falta de familiaridade com a terminologia da companheirada com a menção da palavra "economista" parece ter despertado em minha interlocutora os seus instintos mais primitivos, e a conversa — e a consultoria — terminou ali.

Intrigado, perguntei a um amigo conhecedor da metafísica planaltina que diabos seriam aqueles tipos de qualidade. Ele me respondeu com uma metáfora etílica, bem ao gosto dos tempos que correm: "Suponha que você vai tomar um chope com amigos num boteco. Chegando lá, as cadeiras tão quebradas, a mesa tá torta, o chão tá sujo e o chope vem morno. Mas a conversa flui, é ótima; o congraçamento com os amigos é completo. A qualidade total do evento foi péssima, mas a qualidade social foi alta."

Quando debatemos os problemas da nossa educação, está implícito que pode haver dissensão sobre os métodos, mas há unidade no objetivo a ser alcançado. Dentre a sociedade, esse consenso provavelmente existe. Pais e alunos, empresários e profissionais liberais, gente simples e sofisticada querem uma educação que desenvolva as competências básicas para o mundo moderno, que possibilite a ascensão social através de uma carreira bem-sucedida e que dê ao aluno uma base sólida de conhecimentos e habilidades. O problema é que, quando delegamos essa missão a quem deve executá-la, entregamos a responsabilidade para um establishment que vê a sua missão de forma totalmente diversa. Concordamos que precisamos de uma educação de qualidade — mas a nossa é a qualidade total, e a do mundo educacional brasileiro é a qualidade social. Os chineses já diziam que não há bons ventos para quem não sabe aonde quer chegar. Enquanto tivermos uma cisão entre o que uns querem e outros praticam, não chegaremos a lugar algum.

A triste realidade é que nossas escolas viraram templos de pregação ideológica de um esquerdismo vulgar, de quem nunca leu Marx, aliada a um humanismo de passeata. Essa ideologia diz basicamente o seguinte: a função da escola é criar cidadãos "críticos e conscientes", engajados politicamente na transformação do mundo, com vistas a um planeta mais solidário e fraterno. O mundo atual é explicável de maneira simples: há oprimidos, e há opressores. E essa percepção afeta não apenas o que é ensinado e a forma como é ensinado, como a própria dinâmica do ensino — o trabalho em grupo é favorecido em relação ao trabalho individual, notas e provas são vistas com maus olhos, dever de casa é instituir a lógica do mundo do trabalho na infância, recompensar o mérito acadêmico e o esforço individual é premiar uma competitividade nefasta.

Essa ideologia também influi na percepção do próprio sucesso do ensino e de suas possibilidades: o discurso corrente entre o professorado e o pedagogês é de que não interessa ao mundo capitalista uma juventude crítica. E como, na cabeça deles, a função da educação é criar essa visão crítica, as estruturas do poder econômico e político obviamente conspiram para que a educação fracasse. Sem uma mudança do sistema, portanto, todos os esforços para dar uma educação melhor seriam inúteis ou, no máximo, uma gota d'água no oceano.

Essas constatações não são fruto apenas de leituras e conversas esporádicas com alguns educadores. Elas aparecem em qualquer pesquisa. No livro *O perfil dos professores brasileiros: o que fazem, o que pensam, o que almejam*, quando perguntados sobre quais seriam as finalidades mais importantes da educação, 72% dos professores apontaram "formar cidadãos conscientes"; 60,5% marcaram "desenvolver a criatividade e o espírito crítico". "Proporcionar conhecimentos básicos" ficou com apenas 9%. "Formar para o trabalho", esse crime!, foi apontado por 8%. O pendor ideológico fica ainda mais claro quando se nota que incríveis 55% dos mestres discordam da afirmação de que "a atividade docente deve reger-se pelo princípio da neutralidade política". Igualmente, quando instados a escolher qual valor seria mais importante entre a igualdade e a liberdade, mais de 75% ficam com a primeira.[1] A qualidade social também surge em outro dado: 62% dos professores concordam que "a melhor escola é aquela em que o aluno encontra professores amigos e ambiente agradável", segundo pesquisa de Tania Zagury.[2]

A ideologização do ensino, além desse lado quiçá folclórico e risível, tem consequências nefastas. No nível micro, porque vai contra as práticas que a literatura aponta como importantes para o sucesso acadêmico: professor presente e comprometido, com conhecimento do conteúdo que ensina, que usa avaliação constante e se utiliza bastante de dever de casa, por exemplo, são fatores desprezados pelos professores "libertadores". No nível macro, porque impele à desesperança e justifica o fracasso: os alunos não aprendem porque a sociedade não se importa, portanto não há nada que o professor possa fazer para melhorar a qualidade da educação, além de criar cidadãos conscientes que, em uma geração futura, poderão mudar essas estruturas carcomidas e parturejar a aurora do novo mundo.

Essa filosofia tem uma vantagem: é impossível saber ou medir se a educação está efetivamente criando um cidadão crítico e consciente. E a ideia de que a sociedade não se importa com a educação é uma mentira. Ora, se o que precisa ser consertado não está roto e se não se pode saber se os consertadores estão aptos para a tarefa, é certo que o atual estado de coisas perdurará ad eternum. Finalmente, no nível meta, o fantástico desse pensamento é que, como todas as profissões de fé, ele é imune ao escrutínio racional e justifica-se por si só. Se você tenta mostrar a um religioso que os terremotos se devem ao movimento das placas tectônicas e não à vontade de Deus, ele dirá que as placas tectônicas são criação de Deus ou que esse pensamento é coisa do diabo. Se você disser a um psicanalista que a terapia dele não funciona, ele tentará analisar as causas da sua agressividade. Da mesma forma, quando você diz ao professor-missionário que sua ideologização contribui para o fracasso do ensino, ele retorquirá que você é um reducionista, que o seu conceito de qualidade como o domínio de competências tais quais a leitura e aritmética faz parte da alienação do projeto neoliberal. Apresente a ele dados concretos e ele lhe dirá, como eu já ouvi depois de palestras para a categoria, que é preciso estar ciente da "intencionalidade" dos números, que "não são gerados no vácuo", sendo "produtos da criação humana". Em suma, os dados que lhes desagradam são fabricações, distorções. São dados selecionados por gente que quer demonstrar a falência do ensino público brasileiro, para depois privatizá-lo.

Enquanto a sociedade não conseguir convencer os professores de que, até para ser um revolucionário, o aluno precisa saber ler, escrever e fazer as operações matemáticas básicas, vamos gastar muito latim em discussões animadas, sem nenhum resultado concreto. A qualidade social será ótima, mas a total...

Artigo publicado em fevereiro de 2007

4 Professor não é coitado

O professor brasileiro é um herói. Batalha com afinco contra tudo e todos em prol de uma educação de qualidade em um país que não se importa com o tema, ensinando em salas hiperlotadas de escolas em péssimo estado de conservação. Tem de trabalhar em dois ou três lugares, com uma carga horária exaustiva. Ganha um salário de fome, é constantemente acossado pela indisciplina e desinteresse dos alunos e não conta com o apoio dos pais, da comunidade, do governo e da sociedade em geral.

Se você tem lido a imprensa brasileira nos últimos vinte anos, provavelmente é assim que você pensa. Permita-me gerar dúvidas.

Segundo a última Sinopse Estatística do Ensino Superior, no ano de 2005 havia 904 mil alunos matriculados em cursos da área de Educação, ou o equivalente a 20% do total de alunos do país.[1] É a área de estudo mais popular, deixando para trás Gerenciamento e Administração (704 mil) e Direito (565 mil). Ademais, é uma área que só faz crescer: em 2001, eram 653 mil alunos – um aumento de quase 40% em apenas quatro anos.

No mercado profissional, os números do professorado também são mastodônticos. Segundo dados da última Pnad (Pesquisa Nacional por Amostra de Domicílios), tabulados por Simon Schwartzman, há 2,9 milhões de professores em todo o país. Provavelmente a categoria profissional mais numerosa.[2]

Surge o questionamento: se a carreira de professor é esse inferno que se pinta, por que tantas pessoas optam por ela? Pior: por que esse interesse aumenta ano a ano? Seria uma categoria que atrai masoquistas? Ou desinformados?

A resposta é mais simples: porque a realidade da carreira de professor é bastante diferente da imagem difundida.

A maioria dos professores trabalha em apenas uma escola. Segundo o Perfil dos Professores Brasileiros, ampla pesquisa realizada pela Unesco, 58,5% têm apenas um local de trabalho. Os que fazem dupla jornada são pouco menos de um terço: 32,2%. Só 9%, portanto, trabalham em três escolas ou mais. Sua carga horária tampouco é das mais massacrantes: 31% trabalham entre uma e 20 horas em sala de aula por semana; 54% ficam entre 21 e 40 horas, e o restante trabalha mais de 40 horas.[3] Os professores costumam argumentar que seu trabalho se estende para fora da sala de aula, com correção de tarefas, preparação de aulas etc. Nisso, não são diferentes de todos os outros profissionais liberais — qual o médico que não estuda fora do consultório ou o advogado que não pesquisa a legislação nos horários fora do escritório?

O que os representantes da categoria não costumam mencionar são as vantagens da profissão: as férias longas, a estabilidade no emprego e o regime especial de aposentadoria (80% são funcionários públicos), e, especialmente, a regulamentação frouxa. No estado de São Paulo, 13% dos professores da rede estadual faltam ao trabalho a cada dia, contra 1% daqueles da rede privada.[4] Há um amontoado de proteções jurídicas para que essa ausência não redunde em perda salarial — infelizmente, não conseguimos blindar o aprendizado dos alunos contra as faltas docentes.

Não é correta, tampouco, a ideia de que os professores trabalham em estabelecimentos superlotados. Segundo os dados oficiais,[5] há 27 alunos por turma no ensino fundamental (de 1ª a 8ª série). A relação só sobe nos três anos do ensino médio, para 37 alunos por turma — dentro da normalidade, portanto.

Tampouco procede a ideia de que as escolas não têm as condições mínimas de infraestrutura para a realização de aulas. As histórias de escolas de lona ou de lata rendem muito noticiário justamente por serem a exceção, a aberração. Mais de 90% de nossas escolas de ensino fundamental têm banheiro, água encanada e esgoto; 87% têm eletricidade. Quase um terço tem quadra esportiva, e 42% têm computadores.[6] Certamente há muito o que melhorar, mas é igualmente certo que o nosso professorado não trabalha em condições infraestruturais sofríveis.

A ideia de um professor acuado pela violência também não se confirma quando contrastada com a frieza dos dados. Em 2003, um questionário respondido pelos professores durante a aplicação do Saeb (Sistema Nacional de Avaliação da Educação Básica) revela que apenas 3% dos professores haviam visto, naquele ano, alunos com armas de fogo; que só 5,4% dos professores já foram ameaçados; e 0,7% foi agredido por aluno(s).* São incidentes lamentáveis e que devem ser punidos com todo o rigor da lei. Essa quantidade de problemas, porém, está longe de indicar uma epidemia de violência tomando conta das nossas escolas.

Finalmente, a questão crucial: o salário. Há uma ideia encravada na mente do brasileiro de que professor ganha pouco, uma mixaria. É verdade que o professor brasileiro tem um salário absoluto baixo — o que se explica pelo fato de ele ser brasileiro, não professor. Somos um país pobre, com uma massa salarial baixa. O professor tem um contracheque pequeno, assim como têm os médicos, os carteiros, os bancários, os jornalistas e todas as demais categorias profissionais do país, com exceção dos congressistas (e de suas amantes).** Quando estudos econométricos comparam o salário dos professores com o de outras carreiras, levando em consideração a jornada laboral e as características pessoais dos trabalhadores, não há diferença para a categoria dos professores.[7] Ou seja, os professores ganham aquilo que é compatível com sua formação e seu trabalho, e ganhariam valor semelhante se optassem por outra carreira. Quando se leva em consideração a diferença de férias e

---

* Por um erro de interpretação, o texto publicado no artigo original mencionava que esses dados se referiam a "toda a carreira" do professor, em vez do ano em que o questionário foi aplicado. O texto que causou o equívoco — informativo do Inep n. 90, de 2005 — não estava mais disponível no site do Inep em setembro de 2012, mas foi arquivado pelo autor e está disponível para consulta. Os dados se referem a professores de Língua Portuguesa do 3º ano do ensino médio. (N. A.)

** A menção à amante de congressista se deve ao caso do então presidente do Senado Federal, Renan Calheiros (PMDB-AL), acusado de usar recursos de um lobista de empreiteira para pagar aluguel e pensão alimentícia à filha que teve com a amante. O escândalo foi inusitado, mas o desfecho foi o de costume: Renan foi absolvido por seus pares e a amante ganhou ainda mais dinheiro posando para a revista *Playboy*. (N. A.)

aposentadoria, o salário do professor é maior do que o restante. Estudo recente de Samuel Pessoa e Fernando de Holanda, da Fundação Getulio Vargas, também mostrou que o salário do professor de escola pública é maior do que aquele recebido por seu colega de escola particular.[8] Achados semelhantes emergem quando se compara o professor brasileiro com o de outros países. Enquanto aqui ele ganha o equivalente a uma vez e meia a renda média do país, a média dos países da OCDE (que têm a melhor educação do planeta) é de 1,3. Na América do Sul, os países com qualidade de ensino melhor que a brasileira têm professores que recebem menos: 0,85 na Argentina, 0,75 no Uruguai e 1,25 no Chile. Esses são dados um pouco defasados, de 2005.[9] É provável que atualmente o quadro seja ainda melhor, pois os estudos sobre o tema mostram que os rendimentos dos professores vêm aumentando à medida que mais deles têm diploma universitário. Segundo os dados da última Pnad, houve um aumento de 20% nos rendimentos dos professores da rede estadual e de 16% nos da rede municipal apenas entre 2005 e 2006.

Apesar de todos esses dados estarem amplamente disponíveis, perdura a visão de que o professor é um coitado e/ou um herói, fazendo esforços hercúleos para carregar o pobre aluno ladeira acima. Longe de ser uma questão apenas semântica ou psicológica, essa caracterização do professor é extremamente daninha para o progresso do nosso ensino, porque ela emperra toda e qualquer agenda de mudança. A literatura empírica aponta que há muito o que professores, diretores e gestores públicos podem fazer para obter melhorias substanciais no aprendizado de nossos alunos, mas é quase impossível ter qualquer discussão produtiva nesse sentido no Brasil pois, antes de mais nada, seria necessário "recuperar a dignidade do magistério", "dar condições mínimas de trabalho aos professores" etc. A mitificação do nosso professor impede que o vejamos como ele é: um profissional, adulto, consciente de suas decisões e potencialidades, inserido em uma categoria profissional que, como todas as outras, abriga muita gente competente, muita gente incompetente, muitos medíocres e que, portanto, deve receber não apenas encorajamento e defesas condescendentes, mas também cobranças, críticas construtivas e avaliações objetivas de seus méritos e falhas. Só assim melhoraremos o desempenho das nossas escolas e daremos um futuro ao país.

Artigo publicado em dezembro de 2007

5   E se plantássemos cérebros?

O Brasil tem uma área de 8,5 milhões de quilômetros quadrados. Mas pouco mais de um terço desse território é para os brasileiros. O restante — uma área de 5,4 milhões de quilômetros quadrados, equivalente a quase o triplo da área de França, Espanha, Itália, Reino Unido e Alemanha somadas — é destinado por lei às árvores e aos animais.[1] Não quaisquer animais, aliás: apenas aqueles que não geram divisas. A criação de bois e vacas não é permitida. O número é uma subestimação, pois inclui apenas as florestas federais e as reservas obrigatórias da área da Amazônia Legal e dos campos registrados pelo IBGE do resto do país. Faltaria ainda incluir as áreas protegidas por legislação estadual e municipal, áreas às margens de rios, reservas indígenas etc.

Mesmo nas áreas em que a atividade industrial é permitida, ela não escapa do controle — e dos custos — da polícia verde. Qualquer obra de grande impacto ambiental no país (fábricas, siderúrgicas etc.) deve pagar uma taxa de 0,05% do valor da obra ao Instituto Chico Mendes, órgão do Ministério do Meio Ambiente. Essa taxa deve gerar uma arrecadação de R$ 400 milhões no triênio 2008-2010.

Além disso, a empresa precisa também obter licenças do Ibama para operar. O caso de geração de energia é emblemático. Há anos o Brasil flerta com a escassez de energia, e há grande risco de o apagão voltar num futuro próximo. Apesar disso há, segundo o site do Ibama, 45 projetos de usinas hidrelétricas aguardando a expedição de licenças ambientais para iniciar a operação.[2] Uma delas, Tijuco Alto, se arrastou por sete anos antes de ter o pedido negado, e o novo pedido foi iniciado há quatro anos. As mais importantes são provavelmente as duas usinas do rio Madeira (RO), obras do PAC (Programa de Aceleração do Crescimento), responsáveis conjuntamente pela geração de 6.450 megawatts. O processo da maior delas, a do Jirau, foi aberto em 2005. Dois anos depois, em julho de 2007, foi expedida a licença prévia da obra — com 33 condicionantes.[3] Cumpridas tais condicionantes, virá a licença de instalação e só depois a de operação, sabe-se lá quando.

Os danos não serão sentidos apenas em caso de apagão — são perceptíveis desde já. No começo deste ano, o preço da energia elétrica no mercado atacadista subiu 91% em apenas uma semana, chegando ao patamar mais alto desde o racionamento de 2002.[4] Essa alta de um dos insumos básicos da produção causará cancelamento de investimentos, demissões e aumento de preços ao consumidor.

O orçamento da União de 2008 resume bem a punição a que o Brasil se impõe: o orçamento do Ministério do Meio Ambiente (R$ 2,9 bilhões) é mais do que o dobro daquele destinado ao Ministério do Desenvolvimento, Indústria e Comércio Exterior (R$ 1,3 bilhão).[5] Apesar de sermos um país jovem e pobre, investimos mais na conservação da nossa escassez do que na geração das riquezas futuras. Este não é um fetiche dos nossos governantes: é algo enraizado na sociedade brasileira. Conforme divulgado recentemente na coluna Radar, da revista *Veja*, somos um dos povos mais ligados às questões ambientais: 96% dos nossos compatriotas se dizem preocupados com o aquecimento global, contra 85% da média internacional.[6] Os programas jornalísticos da TV Globo transmitiram ano passado 281 matérias sobre questões ambientais — quase uma por dia.[7] É só no Brasil que a Ford produz um carro — este monumento à poluição e ao sedentarismo — chamado *Ecosport*.

O aquecimento global é um assunto que efetivamente merece a consternação planetária (ainda que, já desde Malthus, uma boa dose de ceticismo para com as previsões catastrofistas seja sempre recomendada). Faz todo sentido que os países desenvolvidos, que danificaram seu patrimônio natural (e, em muitos casos, aquele de suas colônias) enquanto enriqueciam, queiram agora usar um pouco dessa riqueza acumulada para melhorar a qualidade de vida de seus cidadãos, reconstruindo aquilo que foi danificado em seus países. Faz mais sentido ainda que queiram dividir a empreitada com países pobres, instando-os a preservar suas áreas naturais e poupando a atmosfera e os mares — não apenas para reduzir a fatia do ônus que lhes cabe, mas também pelo bônus adicional de impor aos países em desenvolvimento uma série de medidas restritivas ao seu crescimento.

O que espanta, no caso brasileiro, é que esse discurso tenha sido integralmente "comprado" por aqueles que certamente colhem mais custos do que benefícios com a preservação ambiental, da maneira como vem sendo praticada. Estudo recente do economista U. Srinivasan, da Universidade Berkeley, Califórnia (EUA), estima que os países ricos impuseram perdas ambientais de até US$ 7,4 trilhões aos países de renda per capita baixa e média (como o Brasil) por conta de suas ações no período 1961-2000.[8] Segundo o estudo, são estimativas conservadoras e não levam em conta todo o dano causado desde os primórdios da Revolução Industrial até os anos 1960. Nem, aliás, os danos atuais — sim, porque os países ricos propagam seus gases poluentes com voracidade maior do que a expansão de suas ideias preservacionistas. Segundo relatório do IPCC (Painel Intergovernamental sobre Mudanças Climáticas) de 2005, a América Latina é responsável por 5% do volume anual de emissão global de CO_2 — os Estados Unidos respondem sozinhos por 25%, e os outros países da OCDE por outros 24%.[9]

Aos defensores da fraternidade universal, que afirmam sermos todos igualmente responsáveis pelo destino do nosso planeta, pergunto: por que essa solidariedade toda só aparece na hora de socializar as perdas, e não os ganhos? Por que parece natural e aceitável dizer que nós brasileiros devemos preservar nossas florestas e rios para o bem dos europeus, mas parece ficção científica sugerir aos mesmos europeus que devolvam as toneladas de recursos naturais brasileiros que eles roubaram durante séculos de colonização? Por que eles podem defender nossas árvores e ficar com o nosso ouro?

Não estou defendendo o desmatamento da Amazônia nem a poluição de nossos rios. A beleza das paisagens imaculadas me maravilha tanto quanto ao manifestante do Greenpeace. Mas há uma questão de prioridade e de foco. Nosso foco deve ser o bem-estar do brasileiro, antes do bem-estar dos habitantes de outros países. Enquanto uma massa de brasileiros vive em condições sub-humanas, sinto-me moralmente impedido de defender a preservação do mico-leão-dourado. Se os países ricos querem que preservemos nossas florestas, que paguem por isso. Se querem evitar o desmatamento, por que não param de subsidiar seus agricultores e passam a transferir renda para os nossos? Precisamos defender nossos interesses e pensar na estratégia ambiental que interessa aos brasileiros. A generosidade é um lindo traço da espécie humana, mas ela precisa de um substrato material. Do contrário, passa a ser autofagia. Faz sentido, em um país com nossos índices de criminalidade, com nossos problemas de tráfico de drogas e contrabando nas fronteiras, deslocar mil homens da Polícia Federal para vigiar madeireiras no Pará, como o governo acaba de anunciar?[10]

No início do ano, foram revelados os últimos resultados do Inaf (Indicador Nacional de Alfabetismo Funcional).[11] De 2001 a 2007, o índice de pessoas plenamente alfabetizadas no Brasil permaneceu praticamente igual, passando de 26% a 28% da população adulta. São dados desesperadores. A cada dia, milhões de crianças vão para nossas escolas e saem delas sem conseguir ler e escrever ou dominar as operações aritméticas básicas. Nesse tipo de preservação, somos craques: já está garantido que os cérebros da nossa população permanecerão território virgem pelos próximos trinta anos. Assim, o país vai fechando suas possibilidades de desenvolvimento.

Fico imaginando, otimista, o que aconteceria com o Brasil se a nossa obsessão fosse a criação e a preservação de cérebros brilhantes. Se toda a energia despendida na preservação de florestas e animais selvagens fosse investida na consecução de um único, singelo e não tão difícil objetivo: garantir que todas as nossas crianças aprendam a ler e a escrever na 1ª série. Para começar, só isso bastaria. Que revolução seria se nos preocupássemos mais com a inteligência das nossas crianças e menos com as opiniões da intelligentsia estrangeira.

Se a colonização intelectual nos leva à cópia de todas as porcarias que vêm do hemisfério norte, do fast-food ao *blockbuster*, será que não podíamos também copiar o pragmatismo e o patriotismo que ajudaram a levar esses países para onde eles estão hoje?

Artigo publicado em março de 2008

6 Educação e capitalismo: aliados ou inimigos?

Virou consenso no Brasil associar o nosso fracasso educacional às maquinações do sistema capitalista/neoliberal. Segundo essa leitura, calcada em Marx, interessaria aos "poderosos", à "elite", que o proletariado não fosse instruído ou, no máximo, recebesse uma educação totalmente "alienante", para que não questionasse suas mazelas nem incomodasse o status quo e apenas continuasse fornecendo sua mão de obra barata para a manutenção do sistema. Essa leitura da situação tornou-se absolutamente hegemônica: vai da imprensa à academia, dos mais louvados pensadores sobre o tema à correspondência enviada a este articulista por professores dos grotões do Brasil.

Vejamos alguns exemplos.

Emir Sader: "A educação, que poderia ser uma alavanca essencial para a mudança, tornou-se instrumento daqueles estigmas da sociedade capitalista: fornecer os conhecimentos e o pessoal necessários à maquinaria produtiva em expansão do sistema capitalista, mas também gerar e transmitir um quadro de valores que legitima os interesses dominantes. Em outras palavras, tornou-se uma peça do processo de acumulação de capital e de estabelecimento de um consenso que torna possível a reprodução do injusto sistema de classes. [...] No reino do capital, a educação é, ela mesma, uma mercadoria. Daí a crise do sistema público de ensino, pressionado pelas demandas do capital [...]."[1]

Lucyelle Pasqualotto: "Podemos analisar que a educação como vem sendo historicamente organizada está para atender ao capital, numa sociedade inerentemente excludente e contraditória. [...] Oferece diferentes níveis, modalidades, métodos educacionais, a fim de dar continuidade ao seu elemento diferenciador e, ao mesmo tempo, apregoando o discurso da unificação e universalização da educação. Discurso este, (sic) que em uma sociedade capitalista, em que os meios de produção, inclusive o conhecimento[,] são propriedade privada, quando muito pode proporcionar uma educação mercantilizada, excludente e diferencial."[2]

Amelia Hamze: "Proporcionar a qualidade de ensino e a gestão democrática da escola levaria à invalidação da sustentação do poder amparada pelo Estado capitalista."[3]

Essas teses, como de costume, são apenas frutos da verborragia dos "pesquisadores" que as produzem. Não vêm embasadas por nenhuma tentativa de comprovação quantitativa — até porque a maioria de seus autores se confunde com qualquer operação matemática ou estatística que requeira sofisticação maior do que calcular o troco do táxi e costumam, convenientemente, mascarar essas deficiências sob um discurso ideológico segundo o qual a própria quantificação, do que quer que seja, seria uma vitória da superestrutura neoliberal, mercantilista. É pena, porque essa teoria — de que o capitalismo requer a falta de educação ou a educação de baixa qualidade — é facilmente conversível em uma hipótese testável. Se esses pensadores estivessem certos, seria de esperar que os países mais capitalistas fossem aqueles com os piores e mais excludentes sistemas educacionais, enquanto aqueles em que o capitalismo não conseguiu estender seus tentáculos malévolos deveriam ter populações formadas por cidadãos altamente instruídos e intelectualizados.

Mas, na realidade, o que ocorre é exatamente o oposto: quanto mais capitalista o país, melhor e mais abrangente é o seu sistema educacional.

Cruzei dados de 167 países para comparar seu nível educacional com um possível índice de sucesso do capitalismo. A relação fica clara no gráfico da p. 43. Os dados do eixo vertical são oriundos de uma pesquisa do Banco Mundial sobre a facilidade para se fazer negócios em diferentes países.[4] Não é uma medida direta de capitalismo — até porque esta não existe —, mas é bastante próxima: leva em consideração a dificuldade para se abrir e fechar uma empresa, obter crédito, proteger investidores, fazer cumprir contratos etc. No eixo horizontal está o índice de desenvolvimento educacional do país, medido pela ONU como parte do cômputo do IDH, o Índice de Desenvolvimento Humano.[5] Fazem parte desse índice de desenvolvimento educacional a taxa de alfabetização da população adulta e a taxa de matrícula dos níveis primário, secundário e terciário. A linha preta é o *trendline*, indicando a tendência da relação entre as variáveis. Cada ponto do gráfico corresponde a um país, e o asterisco é o Brasil.

Analisando os dados abaixo através da ferramenta estatística de regressão, vemos que o desempenho educacional explica, por si só, 47% da posição de um país na escala do capitalismo. A relação é estatisticamente fortíssima: a probabilidade que a percebida ligação entre as duas variáveis seja fruto de erro é inferior a 0,00000001%. Essa robustez não é casual: indica que o sistema capitalista exige sociedades com alto nível educacional, e quanto mais instruída é a população, mais capitalista o país tende a ser, e vice-versa.

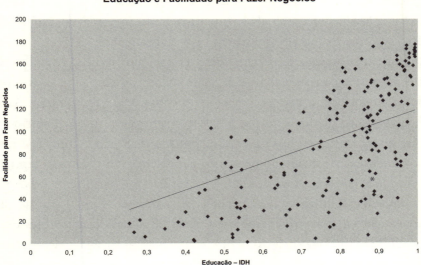

Por que no Brasil ainda se acredita no oposto? É a junção do mofo intelectual com a vigarice. Marx já cometia erros de interpretação da realidade ao escrever o *Manifesto do Partido Comunista* e *O capital*, há cento e cinquenta anos. Além disso, o que se aplicava àquela realidade histórica não se aplica à nossa — o capitalismo mudou, e muito, nesse século e meio. O período do início da Revolução Industrial era, sim, uma época em que a competência necessária ao trabalhador era mínima e a sua jornada de trabalho, desumana. Para apertar parafusos em uma linha de montagem esfumaçada por 16 ou vinte horas por dia, em repetição incessante, era necessário apenas saber ler, se tanto.

O capitalismo do século XXI, porém, é outro. O conjunto de habilidades e conhecimentos necessários é muito maior — até para se trabalhar em uma linha de montagem de uma fábrica é preciso capacidade analítica para lidar com um maquinário cada vez mais sofisticado. E quanto mais capitalista e desenvolvido um país se torna, diminui a importância das áreas fabril e de produção de produtos primários e aumenta o peso de setores de serviço e de alta tecnologia, em que o principal insumo é o cérebro das pessoas. Não é por acaso que alguns campeões do capitalismo, como Coreia e Estados Unidos, hoje se aproximam da massificação da matrícula de ensino universitário, com taxas beirando os 90%.[6] O profissional de sucesso do mercado internacional de hoje é a antítese do proletário da Inglaterra de Marx: precisa ser altamente capacitado em sua área e, ao mesmo tempo, ter uma formação multidisciplinar e abrangente.

Enquanto isso, nossos pensadores continuam recebendo soldo dos nossos impostos para suas análises em que até hoje, quase vinte anos depois da falência do socialismo, tentam mostrar como Marx tinha razão. A essa incapacidade de alguns se soma o oportunismo de muitos. Esse tipo de análise reverbera no professorado porque o seu corolário é simples: o insucesso educacional é resultado de uma sociedade corrompida pelo capitalismo. Eu quero ensinar, mas a superestrutura não me permite. A única maneira de se gerar uma mudança efetiva na educação é por meio de uma revolução social, e acreditar que o esforço individual de um professor ou diretor pode fazer qualquer diferença frente a forças sociais e históricas tão poderosas já seria uma rendição ao espírito atomista, ilusório, que é a marca do capitalismo. A falência intelectual pavimenta o caminho do conformismo e cinismo de cada um.

Essa prisão mental em que nos encontramos acaba por prender em amarras o próprio país. Esperando pela revolução social, abandonamos a possibilidade da revolução mais maravilhosa que existe: a que se dá pelo conhecimento. Silenciosa e pacífica, é a verdadeira redentora: perto de dominar a eternidade representada pelo saber, desapropriar uma fábrica ou fazenda parece brincadeira de criança.

O lado positivo dessa relação estreita é que teremos muito a construir no momento em que educadores e empreendedores se notarem parceiros e pensarem juntos o futuro do país. O negativo é que, enquanto tivermos um sistema educacional que só produz ignorantes ideologizados, continuaremos com esse capitalismo de araque. Não se produz um Vale do Silício com analfabetos funcionais.

Artigo publicado em abril de 2008

7 De pais e professores

Há uma relação bastante estranha na educação brasileira: aquela entre os professores das escolas e os pais dos alunos, especialmente nas escolas públicas. Vejamos: nossas escolas são um fracasso retumbante. Segundo o último Inaf (Indicador Nacional de Alfabetismo Funcional realizado pelo Instituto Paulo Montenegro), 72% da nossa população não é plenamente alfabetizada.[1] Já o Saeb (Sistema Nacional de Avaliação da Educação Básica) mostra que a qualidade do ensino vem caindo desde a primeira edição do exame, em 1995.[2]* Sabemos, através do último Saeb, que apenas cerca de 25% dos alunos de 8ª série sabem que "3/4" é igual a 0,75 e não 3,4. Oitava série! O Pisa (Programa Internacional de Avaliação de Alunos) de 2006 mostra que, entre 57 países testados, o Brasil fica em 54º lugar em Matemática e 52º em Ciências.[3] Segundo dados da Unesco, 24% de nossos alunos repetem de ano na 1ª série, contra 2,5% no Chile e 4% na Índia. Frente a esse quadro, seria de esperar que uma sociedade que gasta em torno de 4% do seu PIB com educação pública estivesse clamando por melhorias urgentes e se mostrasse profundamente insatisfeita com o de-

---
* Essa tendência de queda foi interrompida em 2007, e desde então observamos tímidas melhoras, mas o resultado de 2011 (fazendo-se uma média das três séries analisadas) ainda é inferior ao de 1995, em Português, e apenas um pouco superior em Matemática (246 pontos *vs.* 242). (N. A.)

sempenho da escola e de seus funcionários. Estes, por sua vez, deveriam temer a desaprovação dos pais e estar preocupados em melhorar seu desempenho. Pode-se dizer que, no Brasil, ocorre praticamente o oposto.

Em ampla pesquisa com professores, que resultou no livro *O perfil dos professores brasileiros: o que fazem, o que pensam, o que almejam*, a Unesco pediu aos docentes que identificassem, em uma lista com várias opções, quais os fatores que mais influenciam o aprendizado de seus alunos.[4] O vencedor, disparado, foi "acompanhamento e apoio familiar", com 78% dos votos. "Competência do professor" ficou com apenas 32%. Em outra grande pesquisa qualitativa organizada pela Unesco e pelo Inep (Instituto Nacional de Estudos e Pesquisas Educacionais Anísio Teixeira) — publicada no livro *Repensando a escola: um estudo sobre os desafios de aprender, ler e escrever* — os autores declararam o seguinte: "Chama a atenção a frequência com que professores e diretores se referem à questão da família dos alunos: muito do que acontece de bom e de ruim na escola é explicado pela origem familiar. [...] Uma pergunta [aos professores] do tipo 'como você avalia o nível de leitura dos alunos da 4ª série?' é respondida da seguinte maneira: 'eles são fracos, não sabem ler muito bem, não gostam de ler porque em casa ninguém incentiva'. Raramente é colocada a função primordial da escola na tarefa de ensinar a ler a qualquer aluno, de qualquer origem familiar ou social."[5] Em vários seminários com professores de que participo, uma das primeiras perguntas da plateia depois da exposição costuma sempre ser a respeito da família do aluno: como seria possível ensinar com uma família que "não apoia".

Seria de se esperar que a família brasileira estivesse enfurecida com uma escola que, além de não cumprir o seu papel no ensino de seus filhos, ainda decide transferir a responsabilidade para o próprio aluno e sua família. Negativo. Os pais brasileiros estão contentes com a escola do filho. Em pesquisa do Inep com 10 mil pais, a nota que eles deram para as instalações da escola do filho foi de 8,1. Cerca de 81% têm uma percepção positiva dos diretores da escola, dizendo que eles "resolvem os problemas". Por volta de 83% acham que os professores estão preocupados em ensinar e dar boas aulas. A nota dada à qualidade do ensino é 8,6 (!).[6]

Para entender como os pais podem considerar tão boa uma escola de resultados tão ruins, e por que os professores os percebem como desinteressados, falta a variável fundamental da equação: entender quem são esses pais.

O dado mais importante a notar é que 58% têm o ensino fundamental incompleto. Só 3% têm diploma universitário. Três quartos nunca ou raramente leem jornais e livros; 7% acessam a internet. São pessoas de baixíssima formação acadêmica e pouco grau de informação. Como para eles é difícil julgar a qualidade do ensino, uma variável intangível, eles costumam usar como indicador aquilo que é visível. Comparam a escola que cursaram com a do filho e percebem: os prédios são mais limpos e bonitos, há merenda de boa qualidade, há transporte escolar, o filho recebe uniforme e livros didáticos e, fundamentalmente, há matrícula garantida. Cinquenta e sete por cento dos pais dizem que a escola do filho é melhor que a escola que cursaram. O pai fica contente pelo fato de o filho ter as oportunidades escolares que ele não teve. Não tem conhecimento suficiente do processo escolar nem acesso a fontes de informação mais aprofundadas que lhe permitam entender que a qualidade do ensino do filho é fraca. Da mesma maneira, o seu pouco envolvimento na vida estudantil do filho não é fruto de desinteresse ou desamor. Ele é facilmente compreensível quando entendemos que uma pessoa com ensino fundamental incompleto é minimamente alfabetizada. Uma mãe, ouvida em um grupo focal no estudo da Unesco citado acima, descreveu da seguinte forma a tentativa de ajudar seu filho no dever de casa: "A professora mandou uma lição para meu filho. Tinha a zebra, o desenhozinho da zebra na palavra. Daí era pra ele achar cinco palavras com as duas primeiras letras de zebra e cinco com as duas últimas. Eu olhei revista, jornal e não consegui achar as cinco palavras com 'z' nem as cinco com 'b'. Achei duas de cada! Começa a embaralhar, sabe? Não consigo." Note que a dificuldade com a escrita da mãe é tão grande que, além de não conseguir identificar a letra que procura, ela procura a letra errada: "b" não faz parte das duas primeiras ou duas últimas letras de "zebra". Não é preciso ser psicólogo para imaginar a profunda frustração e humilhação sentida por uma mãe que, por conta de suas próprias carências, não consegue ajudar o filho a fazer o dever de casa. Tampouco são necessários poderes mediúnicos para imaginar que quem passa por esse tipo de constrangimento relutará em repeti-lo com grande constância. Pode haver sensação pior do que a incapacidade de ajudar um filho a completar uma tarefa banal?

Nossos professores precisam se resignar ao fato de que os pais de seus alunos podem dar uma contribuição limitada ao ensino dos filhos. Devem entender que a incapacidade de ajudar os filhos com deveres de casa ou a estudar não é fruto de menosprezo por sua educação, mas sim de despreparo. Nossa escola precisa se preparar para educar as crianças brasileiras, filhas de pais e mães brasileiros, inseridos na realidade brasileira. Sem dúvida seria tudo mais fácil se os pais de seus alunos fossem finlandeses ou coreanos: a família é, sim, um elemento importante no aprendizado dos filhos. Mas o fato é que a realidade brasileira é essa. Por mais que um professor se lamente e condene os pais dos seus alunos, ele não fará com que aquele pai se torne um companheiro de estudos do seu filho. A família brasileira está dada, não será mudada através da atuação do professor em sala de aula. Em uma situação como essa, a atuação de cada professor é ainda mais importante: a escola é a porta de saída que o aluno tem de um ciclo intergeracional de ignorância e miséria. Longe de poder lavar as mãos e culpar os outros, é nessa situação de dificuldade geral que os funcionários de uma escola devem se preocupar em dar sempre mais de si.

Essa mudança de comportamento dentro da escola se dará quando houver pressão nesse sentido, vinda de fora dos muros. A grande dificuldade é chegar aos pais dos alunos, lhes informar que a escola de seu filho é fraca, que aquilo que ele acha bom é, na verdade, muito ruim, e que a cobrança que hoje vem do professor para o pai deve ter sentido inverso. Essa é uma missão ingrata. Primeiro, porque se trata de dar más notícias a quem acredita que tudo vai bem. Segundo, por ter de inverter a percepção filosófica de grande parte da nossa população a respeito do Estado brasileiro, que deve parar de ser visto como o provedor generoso que concede benefícios e passar a ser encarado como o prestador de serviço que está aí para atender a vontade do cidadão, financiado pelo imposto que nós pagamos.

Como se isso não bastasse, ainda temos de penetrar a redoma da incomunicabilidade dos semiletrados, que não lerão esse artigo, nem as notícias dos jornais sobre educação, nem qualquer livro sobre o assunto. Precisamos de um pouco de civismo. Precisamos que os bacharéis que colocam seus filhos em escolas particulares ajudem seus concidadãos menos afortunados a clamar por uma escola pública melhor. A opção por ignorar o que se passa à nossa volta só continuará nos levando à barafunda do desconhecimento e do atraso.

Artigo publicado em junho de 2008

8 Dinheiro não compra educação de qualidade

É comum ouvirmos professores praguejando contra o neoliberalismo e a onipresença do dinheiro nos assuntos humanos. Falam sobre a importância de uma educação para a formação de valores, de cidadãos críticos etc. Só há uma notável exceção: quando o dinheiro em questão é aquele investido na educação e no pagamento dos próprios professores. Nesse caso — e apenas nesse caso — até os líderes dos sindicatos stalinistas defendem que a principal ferramenta para uma educação de melhor qualidade é o dinheiro. E o principal uso desse dinheiro deveria ser o aumento do salário dos professores. Se ganhassem mais, os professores seriam mais motivados, o que faria com que a qualidade da educação melhorasse. Argumento curioso, já que os professores são os primeiros a enfatizar a incrível dedicação que adotam em seu dia a dia, beirando o heroísmo.

Pesquisas indicam que a maioria dos professores está satisfeita com a carreira e não pensa em abandoná-la.[1] Quando o assunto é dinheiro, porém, eles se apresentam como desmotivados e descontentes, e apontam o vil metal como a única saída para o aprendizado dos alunos. A despeito dessa inconsistência, o argumento dos professores foi incorporado pela sociedade. Em parte porque a proposição é perfeitamente lógica — melhor pagamento está normalmente associado a melhor qualidade de serviço — e em parte porque as lideranças da categoria vêm martelando o mesmo discurso há mais de vinte anos, praticamente sem opositores. Esse discurso contaminou a sociedade e, por fim, as políticas para o setor. No começo da gestão de Fernando Henrique Cardoso, criou-se o Fundef (Fundo de Manutenção e Desenvolvimento do Ensino Fundamental e de Valorização do Magistério), que destinava 60% dos seus recursos a aumentar salários de professores. Depois de sua implementação, a qualidade da educação brasileira caiu. O governo Lula, por sua vez, criou o Fundeb (Fundo de Manutenção e Desenvolvimento da Educação Básica e de Valorização dos Profissionais da Educação), mantendo a mesma destinação de recursos aos professores. A qualidade da educação continuou a cair. Se algum médico prescrevesse um remédio e, logo depois, a saúde do paciente piorasse, este provavelmente rejeitaria o aumento da dosagem do mesmo remédio. Quando o assunto é a nossa educação, porém, o recado da realidade é constantemente ignorado em favor da teoria.

Foi assim que, no começo do mês de julho, o Congresso Nacional decidiu injetar mais dinheiro na educação e aumentar o salário dos professores. O Senado Federal aprovou o fim da DRU (Desvinculação das Receitas da União) para a área da educação, o que deve aumentar o orçamento do MEC em R$ 7 bilhões por ano. No mesmo dia, aprovou também um piso salarial nacional de R$ 950 para todos os funcionários da educação. Nota-se que os parlamentares tomaram essa medida pensando unicamente no aprendizado de nossos alunos: a mesma lei garante que o benefício seja estendido a funcionários aposentados e determina que o professor só pode passar dois terços de sua jornada de trabalho em sala de aula.

Com exceção da parte dos aposentados e da diminuição do tempo passado em sala de aula, o projeto tem lógica. Assim como era muito lógica a ideia de que, se as doenças se espalham pelo sangue, um bom tratamento à base de sanguessugas só pode melhorar a saúde. Assim como era lógica — óbvia! — a ideia de que a terra é fixa e os astros que a orbitam. Ou que um computador jamais conseguiria bater um bom enxadrista. Todas essas lógicas encontram apenas um pequeno obstáculo: não são verdadeiras. A realidade se encarregou de comprovar o erro.

A questão do financiamento da educação não é uma área para opiniões, mas para medições. Não é preciso conjecturar a respeito do impacto dos salários sobre a qualidade do ensino — basta medi-lo. E há pencas de estudos empíricos que fazem exatamente isto: verificam o desempenho de centenas de milhares de alunos em testes padronizados, computam os salários de seus professores e o volume de investimentos de suas escolas, adicionam outras variáveis de interesse — nível de educação e financeiro dos pais dos alunos, experiência do professor, infraestrutura da escola etc. —, jogam tudo em uma ferramenta de análise estatística e medem a importância de cada variável para o aprendizado do aluno. A maioria aponta não haver relação significativa entre salários de professores e desempenho dos alunos, nem entre volume de gastos por aluno e o seu aprendizado.[2] Alguns dizem que o Brasil investe pouco em educação, como se esta fosse a razão de todos os nossos males. Não é verdade: nosso setor público investe entre 4% e 5% do PIB em educação, valor parecido com o investido pelos países ricos. O gasto é malfeito — vai muito para as universidades e muito pouco para o ensino básico —, mas não é pequeno.

Outros argumentam que não podemos comparar o nosso gasto com o gasto atual dos países desenvolvidos. Precisaríamos gastar entre 7% e 8% do PIB para chegar aonde eles estão, pois é isso que os países gastam quando dão seus saltos educacionais. Desculpem a sem-cerimônia: é mentira. No período 1970-1990, a Coreia do Sul gastou em média 3,5% do PIB em educação; Irlanda: 5,6%; China: 2,3%; Hong Kong: 2,8%; Reino Unido: 4,9%. Até a Finlândia, com seu estado de bem-estar social, ficou em 5,7%. Para não ser injusto, é forçoso reconhecer que houve, sim, nesse período, um grupo de países que gastou mais de 7% do PIB em educação. São eles: Quênia, Namíbia, Seychelles, Barbados, Martinica, Suriname, Armênia, Azerbaijão, Jordânia, Mongólia (a campeã, com 12,9% — não é piada), Tajiquistão, Uzbequistão, Noruega e Suécia.[3] Desnecessário comentar.

Quero deixar claro que não acredito que o aumento de recursos para a educação ou o aumento de salário dos professores irá causar um mal. Acredito inclusive que, em alguns casos, o aumento pode trazer bons resultados — se o MEC investir os recursos adicionais para melhorar a infraestrutura de escolas que estão caindo aos pedaços e dotá-las de bibliotecas e laboratórios, por exemplo. Há ampla evidência de que tais investimentos repercutem positivamente sobre o desempenho dos alunos.[4] Simplesmente não acredito que dar mais dinheiro a professores e diretores que estão nas escolas hoje, sem exigir nenhuma contrapartida ou melhorar sua capacitação, trará um ensino de melhor qualidade. O problema principal dos funcionários de nossas escolas não é motivação: é preparo. E falta de preparo não se resolve com salário, mas com mais e melhor treinamento.

Alguns defendem que um aumento de salários atrairia novos e melhores profissionais ao magistério. Que não adianta aumentar o salário dos professores em 20% ou 30%: seria necessário dobrá-lo ou triplicá-lo, de forma a torná-lo comparável ao salário das carreiras ditas nobres. Há dois problemas com a ideia: primeiro, não tem respaldo empírico. Segundo, mesmo que seja verdadeira, o orçamento de prefeituras e municípios simplesmente não comportaria um salto assim. Segundo o artigo 212 da Constituição Federal, estados e municípios devem gastar 25% de seu orçamento com educação. De acordo com a OCDE, o Brasil gasta hoje 70% dos recursos educacionais com salário de professor.[5] Dobrar o salário do professor significaria destinar 35% dos orçamentos de estados e municípios à educação. Triplicar levaria a verba a 52%. Não há estado ou municipalidade que possa arcar com essa carga.

Olhando para os estudos sobre educação das últimas décadas e para a própria experiência brasileira, fica difícil acreditar que teremos uma educação virtuosa enquanto os bilhões de reais que gastarmos forem investidos em um sistema ineficiente, muitas vezes corrupto, composto por pessoas que não têm o preparo necessário para exercer suas funções. A investigação sobre os efeitos dessas novas leis seria uma instigante questão acadêmica, não fosse o pequeno detalhe de que estamos falando de algo que afeta diretamente os mais de 50 milhões de alunos que povoam nossas escolas. E os seus 50 milhões de sonhos e projetos de vida que jamais verão a luz do dia, em parte pelo nosso fetiche por uma ideia que a realidade já comprovou ser falsa.

Artigo publicado em setembro de 2008

9 Violência escolar: quem é a vítima?

"A agressão de estudantes a colegas, funcionários da escola e sua infraestrutura é um tema popular na mídia e uma grande preocupação do público. Contudo, a análise de estatísticas de criminalidade sugere que o problema da violência escolar é enormemente exagerado. Ademais, há um lado da violência escolar que recebe relativamente pouca atenção. A vitimização de alunos por professores, administradores e outros funcionários da escola, frequentemente sob a rubrica de medidas disciplinares, é raramente reconhecida como possível agravante do mau comportamento, da alienação e da agressão por parte dos alunos." Esse trecho me veio à mente ao ler a celeuma gerada por incidentes em escolas de São Paulo na semana passada, em que professores e funcionários foram agredidos, e uma escola foi depredada. Mas o trecho não se refere a esses episódios. É a introdução de um artigo escrito nos Estados Unidos, em 1998, pelos pesquisadores Irwin Hyman e Donna Perone, sobre a questão da violência escolar naquele país.[1]

É surpreendente a semelhança entre as realidades do Brasil de 2008 e dos EUA de dez anos atrás. Pois aqui no Brasil nós também só temos olhos para um lado da violência escolar: a dos alunos contra professores e funcionários. E as condenações são rápidas e abrangentes. No jornal *Folha de S.Paulo*, a colunista Barbara Gancia se referiu assim à questão da violência nas escolas: "É melhor declarar a falência do ensino público e lacrar de vez os portões de todas as escolas do estado de São Paulo. [...] Eles [os alunos baderneiros] não são melhores nem piores do que os adolescentes que vieram antes deles. Apenas imitam o comportamento que veem ao seu redor, tomando para si o mesmo código de sobrevivência que vigora em todas as comunidades carentes em que a lei não se faz presente. [...] Esperar que, diante da autoridade do professor, eles se transformem em cordeirinhos é não enxergar que temos em mãos uma geração que se perdeu."[2]

É desnecessário dizer que os jovens que infringem a lei e os códigos de civilidade devem ser punidos. Lugar de infrator não é no banco da escola, mas em centros de reclusão. É óbvio também que há jovens desajustados, e também que a convivência em um entorno de violência e degradação social favorece a criminalidade. É igualmente certo que todos os professores e funcionários do Estado devem ser protegidos da violência pela polícia — em seu local de trabalho e fora dele, como qualquer cidadão.

Assim como devemos condenar o infrator, porém, é preciso entender o meio que o gerou. Não porque isso o exima de culpa, mas para que se possam criar políticas públicas que diminuam a probabilidade de que mais jovens enveredem pelo mesmo caminho. E a realidade que o Brasil não quer ver é que a maior vítima de agressão no nosso sistema escolar é o aluno.

A maioria de nossas escolas está longe de ser essa refém da criminalidade que aparece nos jornais. As estatísticas oficiais, colhidas pelo MEC junto aos professores de todo o país, pintam um quadro menos sombrio. Um informativo do Inep (Instituto Nacional de Estudos e Pesquisas Educacionais Anísio Teixeira) a esse respeito mostrou que 4,2% dos professores tinham visto alunos com armas brancas; e 2,9%, com armas de fogo na escola; 5,4% foram ameaçados por um aluno e 0,7% foram agredidos fisicamente por um aluno.[3] Repita-se: a agressão a qualquer professor, carteiro ou técnico de futebol é intolerável e deve ser punida. Mas onde está a epidemia de violência que aparece nas manchetes? Ela vem de dados produzidos pelos sindicatos de professores. Na semana que passou, por exemplo, uma pesquisa do Udemo indicou que 86% das escolas de São Paulo sofreram algum tipo de violência em 2007.[4] O que é o Udemo? Qual a metodologia da pesquisa? Os dados são confiáveis? Uma simples passada de olhos sugeriria muita cautela. Afinal, a instituição é o Sindicato de Especialistas de Educação do Magistério Oficial do Estado de São Paulo. Não há explicação sobre a metodologia da pesquisa em seu site, apenas a menção de que, das 5.300 escolas consultadas, só 683 mandaram respostas. "Os demais diretores não responderam por motivos vários, dentre os quais, provavelmente, o excesso de trabalho." Um levantamento "imparcial", vê-se.

Infelizmente, não há nenhum levantamento que permita quantificar os incidentes de violência sofridos pelos alunos nas escolas brasileiras, tanto por parte de professores, como de funcionários e de colegas. As agressões sofridas por alunos só se tornam notícia quando atingem um grau dantesco. Como o do menino Felipe Gonçalves da Conceição, 12 anos, que fraturou os dois punhos e o pé esquerdo durante a aula de Educação Física e, mesmo assim, foi obrigado a voltar para a aula e impedido de ligar para os pais.[5]

Esses casos, porém, são os que menos importam. Até porque, espera-se, ocorrem muito raramente. A pior agressão sofrida pelos alunos é a intelectual: aquela de um sistema de ensino que não está muito preocupado com o seu aprendizado, que despreza a sua inteligência, que mói seus sonhos e o condena ao subemprego e à pobreza, que culpa o aluno e seus pais pelo fracasso da escola.

Em pesquisa recente, 90% dos alunos da 4ª série de escolas públicas atribuíram a si mesmos a responsabilidade pelo fato de algum dia virem a ser reprovados.[6] Temos uma escola que tira dezenas de horas, dias e anos da vida dessas crianças e jovens com aulas chatas, de didática atrasada. Quando alguém tem a ousadia de dizer isso, os professores respondem em uníssono: "Só quem está no dia a dia da escola é que pode falar sobre o que acontece lá, saber as verdadeiras dificuldades." É uma maneira conveniente de afastar todos os membros da sociedade sobre o debate acerca da educação, que é uma área vital não apenas para educadores, mas para todo o país. Mas mesmo quando se observa a realidade dentro das escolas, o relato é o mesmo, se não pior.

Um estudo recente da Unesco, chamado *Repensando a escola: um estudo sobre os desafios de aprender, ler e escrever*, mandou pesquisadores e observadores a 225 escolas de dez estados.[7] A pesquisa revelou coisas interessantes. Alunos da 4ª série tinham dificuldade em preencher o campo que perguntava seu sexo nos questionários, pois não sabiam o que era "masculino" e achavam que "fe-minino" identificava os garotos. É uma escola que insiste na disciplina e coíbe a criatividade e a curiosidade do aluno. Oitenta e oito por cento dos alunos responderam que a definição do bom aluno é aquele que obedece a professora. "Fazer muitas perguntas" ficou com apenas 8% dos votos. É uma escola em que a pregação ideológica substitui a preocupação com o saber e em que o viés político contamina até os níveis mais altos da administração escolar. A característica do bom diretor é "ser democrático na tomada de decisões" para 90% dos próprios diretores. "Conhecer e aplicar as regras de administração escolar" só levou 64% das preferências. Os professores se têm em alto conceito, ao contrário da sua impressão sobre os alunos. Quando um aluno é reprovado, por exemplo, os professores atribuem a culpa ao aluno (39%) e a seus pais (24%). Os próprios professores só são os culpados segundo 2% da categoria. Quando um aluno não faz o dever de casa, 77% dos professores apontam a preguiça como culpada. Trinta por cento dos alunos pesquisados dizem ter medo dos professores, e 13% afirmam sofrer humilhações.

Diz o relatório da pesquisa: "Na maioria das salas de aula observadas, ou dos professores observados, não parecia haver preocupação com o planejamento e este, quando havia, era pouco estimulante, limitando-se quase que exclusivamente a seguir o livro didático, tornando as aulas enfadonhas e de pouco interesse. As aulas são monótonas, sem alegria, sem novidades, sem recursos." O recurso "didático" mais frequentemente observado era a cópia pura e simples de matéria do quadro-negro. Isso não é dar aula, muito menos educar. Se temos um sistema educacional que trata os alunos como mimeógrafos, que atribui a dificuldade deles à preguiça ou à pobreza e que se recusa em fazer uma autoanálise, não é de surpreender que os alunos se revoltem com essa instituição, e a tratem com o mesmo desprezo com que são tratados por ela.

Artigo publicado em novembro de 2008

10 O amor constrói, mas não ensina a tabuada

Um espectro ronda a educação brasileira. É a "Pedagogia do Afeto", e está mais para Gasparzinho do que para alma penada.

Na teoria, ela bebe de fontes sérias, que vão da Psicologia Transpessoal de Abraham Maslow às ideias de Inteligência Emocional de Daniel Goleman. Aplicada à pedagogia, significaria alterar as práticas de sala de aula para incentivar a introdução da afetividade na relação aluno-professor e entre os próprios alunos, com o objetivo de criar um ambiente de bem-estar na escola que melhore o ensino e a aprendizagem. Assim como a maioria dos professores brasileiros se diz construtivista sem jamais ter lido Piaget ou entendido sua teoria, também a Pedagogia do Afeto tem uma aplicação que, em seu simplismo, pouco tem a ver com a matriz teórica. No Brasil, usa-se essa definição para uma ideia algo difusa de que o fundamental de uma escola, de um professor, é dar afeto aos seus alunos e desenvolver com eles uma relação pessoal, suprindo a suposta carência de afeto sentida pelas crianças brasileiras.

Essa visão se espalha com enorme rapidez. Em pesquisa recente de Tania Zagury com uma amostra grande de professores de todo o país, 62% dos entrevistados disseram que "a melhor escola é aquela em que o aluno encontra professores amigos e ambiente agradável".[1] Grupos de escolas particulares adicionam o coraçãozinho da sua pedagogia afetiva em seus anúncios, e a teoria é agora o norte pedagógico da LBV (Legião da Boa Vontade).

A Pedagogia do Afeto apresenta três vantagens importantes a seus adeptos. A primeira é que ela é de difícil mensuração (como se mede o amor?), de forma que é impossível dizer se funciona ou não. A segunda é que o uso do afeto serve como um antídoto ao fracasso de nossas escolas naquela que deveria ser sua primeira tarefa: transmitir conhecimentos da cultura universal e desenvolver o raciocínio analítico e a curiosidade do alunado. Sempre é conveniente defender-se do fracasso técnico atrás do véu propiciado por uma causa nobre. Afinal, o que é saber trigonometria frente a estar com o coração transbordante e em contato com sua alma? Finalmente, o terceiro benefício é que a Pedagogia do Afeto apresenta uma alternativa mais simpática para explicar o insucesso da escola em relação a seu principal concorrente, a ideologização do ensino que pretende formar o "cidadão crítico e consciente". Você pode reclamar que seu filho não está aprendendo porque está sendo doutrinado, mas como atacar aqueles que se preocupam em criar um ambiente amoroso em sala de aula? Já vejo os seus simpatizantes pensando: "Mas o que esse cara defende, então? A pedagogia do ódio?" É um prato cheio para os maniqueístas.

Mais que uma ferramenta cínica para cobrir nossa abissal incompetência no ensino, a Pedagogia do Afeto se encaixa como uma luva a duas vertentes da nossa cultura, especialmente populares entre os professores. A primeira é o maximalismo. Não basta ao docente brasileiro ser um profissional competente que consegue dar cabo de sua missão primeira (e nada simples) de transmitir aos seus alunos todo o conhecimento e desenvolver as habilidades intelectuais para navegar em um mundo crescentemente complexo. Isso é pouco. É preciso, além disso, desenvolver valores éticos, melhorar a autoestima do alunado, preservar o meio ambiente e prezar a diversidade. O bom professor precisa ser um herói, um abnegado, um missionário, um Quixote lutando contra uma sociedade que o ignora e o desrespeita.

A segunda vertente, muito estimulada pelo governo atual, é de que o brasileiro legítimo é um batalhador, que se esforça contra todas as adversidades. Se triunfa ou não, é irrelevante: o que importa é que não desiste nunca. E o faz mantendo, no processo, a simpatia e a cordialidade brejeira que ainda nos farão a Roma dos trópicos. Em suma, o processo e o esforço são mais importantes que o resultado. E o resultado do processo escolar — que deveria ser, antes de todo o resto, o aprendizado — fica de lado. A escola brasileira parece acreditar que terá cumprido sua missão se criar um sujeito bem-ajustado, que não puxa os cabelos dos coleguinhas, ainda que não saiba a tabuada nem consiga escrever dois parágrafos concatenados.

A origem intelectual desse vírus que vai poluindo nosso discurso educacional é difusa, já que se trata de um apanhado de diversos pensamentos desconexos. Seus maiores praticantes no Brasil são Içami Tiba e Gabriel Chalita. Os escritos do primeiro se destinam mais a pais que a professores, e se caracterizam pela superficialidade e autopromoção típica dos manuais de autoajuda. Seu *magnum opus, Quem ama, educa!*, destila todos os assuntos imagináveis sobre educação dos filhos em apenas trezentas páginas, com uma bibliografia de dezessete autores.[2] É inócuo.

Já Chalita se vale de citações de grandes pensadores para convencer os leitores incautos e incultos de que se trata de um trabalho de densidade intelectual. Sob esse disfarce, esconde-se uma retórica insidiosa, com o objetivo claro de bajular os docentes, a fonte de votos do "pensador" que virou político. Na cosmovisão chalitiana, os professores são os heróis da nossa educação e as vítimas de um fracasso que é da civilização, não da escola. No autoexplicativo *Educação: a solução está no afeto*, Chalita tenta passar do plano teórico à sala de aula, para descrever como seria uma aula afetiva: "Em matemática, física ou química, como se abordaria esse tema? Seriam feitas reflexões sobre as sensações humanas, o medo, a solidão. As retas, o plano, a trigonometria das ruas do Rio de Janeiro em que conviveram amigos — Vinicius, Toquinho, Tom Jobim [...]." Então tá. Adiciona: "Nada substitui o velho lar. A educação por conta do Estado e das instituições não funciona."[3] Assertiva curiosa para alguém que foi secretário da Educação do estado de São Paulo. Pelo menos a afirmação é consistente com sua práxis. Em seus quatro anos no cargo, os alunos sofreram: houve uma queda de 700 mil alunos no número de matrículas nos níveis fundamental e médio, as taxas de aprovação e conclusão do ensino fundamental caíram e mais de trezentas escolas foram extintas.[4] Mas com muito afeto.

Artigo publicado em março de 2010

11 Brasil: a primeira potência de semiletrados?

Quando voltei ao Brasil, depois de anos no exterior, queria montar rapidamente meu escritório. Contratei, então, um desses serviços de secretariado virtual para me ajudar enquanto iniciava o processo de contratação de uma equipe permanente. Notei que a secretária virtual não era um gênio, mas achei que quebraria o galho. Certo dia, mandei um e-mail a ela pedindo que me conseguisse o contato do cônsul brasileiro em Houston, nos Estados Unidos. Informação que pode ser encontrada sem dificuldade na internet em poucos minutos. Mas passaram-se cinco minutos, cinco horas e nada.

Três dias depois, recebi um e-mail da fulana: "Sr. Gustavo, procurei na Cônsul e até na Brastemp, mas ninguém conhece esse tal de Houston." Pensei que era piada. Reli. Não era. Para quem havia ficado alguns anos construindo teses acadêmicas sobre a importância da educação para o desenvolvimento das nações, através do seu impacto na produtividade de uma população, estava ali o exemplo pronto e acabado de como é difícil produzir algo quando a ignorância campeia. É assim para uma pessoa, uma empresa e um país.

Os economistas Gustav Ranis, Frances Stewart e Alejandro Ramirez ilustraram essa relação de forma clara. Analisaram 76 países durante um período de 32 anos. Dividiram os países de acordo com dois critérios: crescimento econômico e desenvolvimento humano (neste caso, medido através de uma combinação de indicadores de educação e saúde). Usando essas duas dimensões, você pode ter duas situações de equilíbrio (quando o lado humano e o econômico são igualmente altos ou baixos) e duas de desequilíbrio (quando o humano é alto e o econômico baixo e vice-versa). Surgem algumas conclusões interessantes do estudo.[1]

A primeira é que as situações de desequilíbrio duram pouco. Se um país tem muito crescimento econômico e pouco CH (Capital Humano), ele tende a parar de crescer — caso do Brasil nas décadas de 1960 e 1970 — ou a aumentar seu lado humano.

A segunda: é muito difícil sair de uma situação de equilíbrio negativo. Mais da metade dos países que tinham baixo crescimento e baixo CH em 1960 permaneciam empacados na mesma posição na década de 1990.

A terceira é que o crescimento econômico, quando desacompanhado de evolução do lado humano, dura pouco: de todos os países que tinham alto crescimento econômico e baixo CH no início do período, nenhum conseguiu chegar ao equilíbrio em alto nível. Todos, sem exceção, terminaram o período com baixo crescimento e baixo CH.

A quarta, e mais importante, é que a estratégia de privilegiar o lado humano dá frutos muito melhores do que aquela que enfatiza só o lado econômico: dos países que começaram o período com alto CH e baixo crescimento econômico, um terço chegou ao nirvana da alta renda e alto nível humano; um terço continuou com um lado mais desenvolvido que o outro, e apenas um terço regrediu para o final trágico do baixo crescimento e baixo CH.

O resumo da ópera é o seguinte: é muito difícil passar de uma situação de subdesenvolvimento e chegar ao chamado Primeiro Mundo. Mas, se o período 1960-1992 servir de guia, das duas estratégias possíveis — privilegiar o crescimento econômico *vs.* privilegiar o crescimento humano — a primeira se mostrou um fracasso total, e só através da segunda é que um terço dos países chegou ao seu objetivo desejado.

Esse aprendizado é, hoje, especialmente importante para o Brasil. Apesar de todo o oba-oba com o país nas capas de revistas e jornais estrangeiros, o país está, na verdade, perigosamente próximo de repetir a trajetória do fim da década de 1960: ser um colosso em termos de crescimento econômico e esquecer a formação de sua gente. Essa estratégia tem destino certo: a falta de gente qualificada faz com que o processo emperre e o crescimento acabe. Temo, inclusive, que seja tarde demais para evitar parte desse enredo: várias indústrias, especialmente as ligadas à engenharia, já têm seu crescimento cerceado pela impossibilidade de encontrar gente qualificada. O problema será muito pior nos próximos vinte anos, à medida que a demanda por pessoas bem-formadas for aumentando e as escolas continuarem formando incompetentes.

Há três diferenças importantes entre o momento atual do Brasil e o tempo do Milagre Econômico.

A primeira é que o atraso educacional brasileiro em relação aos países desenvolvidos aumentou consideravelmente. Há trinta anos o ensino superior era um nível para poucos mesmo nos países mais ricos. Um levantamento feito em 2000 mostrou que a porcentagem de adultos com diploma universitário no Brasil era bastante parecida com aquela de outros países — um ou dois pontos percentuais a menos que Chile e Argentina e três a quatro pontos menos que Itália e França, por exemplo.[2] Quando se olha para a taxa de matrícula atual do ensino universitário, porém, nota-se que o Brasil tem uma diferença de vinte pontos percentuais para nossos vizinhos latino-americanos e de quarenta ou mais pontos para os países desenvolvidos.[3]

A maioria dos brasileiros não se dá conta de quão ruim é a educação nacional. Uma pesquisa de 2009 sobre alfabetização, feita pelo Instituto Paulo Montenegro, mostrou que apenas 25% da população adulta brasileira é plenamente alfabetizada.[4] Nenhum país jamais se tornou potência com uma população de semianalfabetos. É improvável que o Brasil seja o primeiro, mesmo com todos os recursos naturais de que dispomos.

Segunda diferença: nos anos 1960-1970, falava-se pouquíssimo sobre educação. Hoje, a questão está em pauta. O problema é que a maioria dos discursos ainda é pré-científico (ou anticientífico) e continua insistindo em teses furadas e demagógicas: de que o Brasil investe pouco e que o principal problema é o salário do professor.

A terceira e última é que na época do Milagre Econômico vivíamos uma ditadura, inserida no polo pró-americano no contexto da Guerra Fria, e hoje somos uma democracia altiva em um mundo multipolar. Se, então, nossos males nos eram impostos por um regime autocrático, hoje temos liberdade e responsabilidade por nossos destinos. Os problemas e os erros são todos nossos, e as soluções também terão de ser.

Artigo publicado em abril de 2010

12 | Aula de ética é em casa, não na escola

Estou começando a procurar escolas para o meu filho e fico impressionado com o que tenho ouvido e lido das escolas que procuro. Ouve-se falar pouco no desenvolvimento cognitivo, em aprendizagem, em ciências exatas. Menos ainda alguém se referindo a pesquisa empírica ou descobertas da neurociência. Em compensação, um tema é praticamente unânime: cidadania, ética. É uma distorção que me preocupa.

Em primeiro lugar, porque parece presumir que o ensino da matéria já é uma questão resolvida, e que se ater a ela é algo menor, reducionista, "conteudismo". Não é. O Brasil vai muito mal nessa área, como atestam todos os nossos testes educacionais, e não apenas nas escolas públicas. As escolas privadas brasileiras também são, em geral, ruins — apenas têm a sua deficiência mascarada pelos problemas ainda mais graves das escolas públicas. No Ideb (Índice de Desenvolvimento da Educação Básica), escala do Ministério da Educação, as escolas privadas obtiveram nota média seis, em uma escala que vai até dez.[1] No Pisa (Programa Internacional de Avaliação de Alunos), teste de qualidade de ensino desenvolvido pela OCDE, descobrimos que os 25% mais ricos do Brasil têm desempenho educacional pior que os 25% mais pobres dos países desenvolvidos.[2]

Ainda falta muito, portanto, para que possamos considerar a transmissão de conhecimento como tarefa cumprida. Sei que há uma corrente de pensamento no país que acha que podemos e devemos fazer tudo ao mesmo tempo, e que priorizar a ética não significa descuidar do conteúdo. Deixo esse assunto para outro artigo, mas já adianto que não acredito que isso seja possível com o nível de institucionalização a que chegamos no Brasil. Atualmente, por exemplo, o MEC exige que os livros didáticos de Matemática (sim, Matemática) atuem na construção da cidadania, estimulando "o convívio social e a tolerância, abordando a diversidade da experiência humana". Seria melhor se esse espaço do livro e o tempo do professor fossem dedicados à atividade não trivial de familiarizar o aluno com os conceitos básicos da disciplina.

E mesmo quando a escola conseguir cumprir essa função, porém, não creio que deva partir para a seara da ética de forma ostensiva, por uma série de razões.

Em primeiro lugar, porque o desenvolvimento ético de uma criança é uma prerrogativa de seus pais. Acredito que um pai tem direito a infundir em seu filho padrões éticos divergentes do senso comum, que costuma nortear as escolas. Dou um exemplo claro: hoje, a questão da preservação ambiental virou um imperativo ético, e as escolas marretam esse tema insistentemente. Para mim, conforme já exposto em outro artigo, o comportamento ético em um país no nível de desenvolvimento brasileiro deveria ser o de privilegiar o desenvolvimento material humano, mesmo que isso cause o desmatamento. O que me parece antiético é deixar gente sem renda para que árvores sejam preservadas. Não gostaria, portanto, que um professor ensinasse a meu filho o contrário.

O segundo problema é que não acredito que os professores brasileiros estejam preparados para travar a discussão profunda e multifacetada que o tema exige, sem que ela resvale num discurso panfletário, rasteiro, frequentemente ideologizado. Não imagino, por exemplo, que o utilitarismo, o hedonismo ou o epicurismo sejam ensinados em pé de igualdade com correntes filosóficas que pregam as vertentes mais clássicas da moralidade judaico-cristã. E, sem esse contraponto, não se está ensinando ética, mas sim fazendo doutrinamento.

Essa dinâmica está diretamente atrelada a outro problema, que é a relação hierárquica que caracteriza o ensino formal. Se uma escola fizesse uma disciplina de ética opcional ou não avaliada, creio que seria possível que houvesse alguma evolução verdadeira por parte do alunado. Mas, no momento em que esse tema virou transdisciplinar e vale nota, é óbvio que os alunos minimamente atilados saberão conformar suas respostas às expectativas e inclinações de seus professores. Quando eu estava na escola, a maioria dos professores de História, Português, Geografia e de outras ciências humanas era marxista. Isso fazia com que eu e muitos outros colegas nos certificássemos de que toda resposta em prova incluísse alguma lenhada na burguesia e uma conclamação à construção de um mundo mais fraterno. Não por convicção, mas porque o nosso esquerdismo *fake* rendia notas melhores. Tenho certeza de que os mensaleiros, anões do orçamento, sanguessugas e demais patifes também pregavam a justiça universal em seus tempos de escola.

Surge aí mais um problema do ensino-cidadão, que é a sua total inutilidade. A psicologia evolutiva demonstra que há um substrato ético que é genético e comum à nossa espécie e a alguns primatas. Complementando essa camada, acredito que a formação de uma consciência ética está indissociavelmente atrelada às experiências de vida, não a ensinamentos acadêmicos. Essa consciência se forma através de um sistema de recompensas e punições trabalhado primordialmente pelos pais de uma criança, desde seus mais tenros anos. É o receio da perda do amor paterno que nos leva a agir de forma ética, em um mecanismo inconsciente. Posteriormente, soma-se a essa base a história de uma pessoa e a fortaleza institucional do local em que ela vive. O psicólogo Steven Pinker relata o exemplo do que aconteceu, literalmente da noite para o dia, quando a polícia de Montreal entrou em greve: uma cidade até então pacata e segura viu-se engolfada por uma onda de criminalidade que só cessou com o fim da paralisação.[3] A população não sofreu um desaprendizado coletivo naquele período: ela agiu como muitos de nós agiríamos em um cenário onde as violações éticas são permitidas. Conhecer Sócrates ou Nietzsche não vai alterar o comportamento da maioria das pessoas. Para serem íntegras, elas precisam receber orientação de seus pais e, depois, saber que desvios antissociais serão punidos.

Alguns professores acreditam que podem sanar, com sua atuação, as deficiências da família e do Estado. É ilusão. Um estudo recente das pesquisadoras Maria Fátima Rocha e Aurora A. C. Teixeira, da Universidade do Porto, investigou a cola em 21 países e apontou haver relação direta entre a desonestidade em sala de aula e o índice de corrupção do país.[4]

Para aqueles que estão pensando que este articulista é um defensor da escola amoral, explico-me. Acredito, sim, que a ética tem papel importante na escola, mas na ação, não no discurso. Cabe à escola criar um ambiente de total liberdade intelectual, sem esquecer da aplicação diária dos princípios éticos que norteiam a vida em sociedade. Com coisas simples e em todas as matérias: as aulas devem começar no horário, os professores não devem faltar, os alunos violentos devem ser punidos, as regras da escola devem ser aplicadas a todos.

E eis aí o cerne da questão: ao mesmo tempo em que são incompetentes e doutrinárias no ensino da ética, nossas escolas são antiéticas em sua prática. O exemplo mais claro: a cola. No estudo citado, descobre-se que 83% dos universitários brasileiros já colaram, um dos índices mais altos do mundo; 100% dos alunos brasileiros já viram alguém colando. Nos meus tempos de aluno, havia gente colando na grande maioria das provas. É difícil imaginar que os professores não percebessem o que estava acontecendo. Em vários casos, os professores notavam e então caminhavam pela sala, parando perto do "colador", às vezes chamando seu nome. Mas, se não me falha a memória, em onze anos de escola jamais vi um único aluno perder a prova, a nota do bimestre ou sofrer sanção mais séria por um delito que é provavelmente o mais grave para um ambiente em que se preza o saber. O ensino da ética, em uma realidade assim, é um deboche. Mais do que um deboche, é um desserviço: ao falar sobre o tema e praticar o oposto, a mensagem implícita de nossas escolas é que esse negócio de ética e cidadania é papo furado, pois já na escola os trapaceiros se dão bem. Melhor seria não falar nada.

Artigo publicado em junho de 2010

13 Na educação, a esquerda é elitista

Desde a estabilização macroeconômica, a educação passou a ser o maior entrave ao desenvolvimento brasileiro. Mas, ao contrário da hiperinflação, o cerne do problema educacional brasileiro não é conceitualmente complicado. Ainda não conseguimos alfabetizar plenamente nossas crianças, por exemplo. Algo que já foi feito por outros países há mais de cem anos. A não ser que você seja do time que acredita que a fonte dos nossos problemas é a "falta de dom" das nossas crianças, fica claro que nossa dificuldade não é técnica, mas política.

Não é aquela visão ingênua de que não há "vontade política" ou, pior ainda, a leitura conspiratória de que "as elites" não querem educar o povo. Ocorre que cada candidato ou governante, ao tratar do tema educacional, se defronta com a seguinte opção: se ele comprar a briga e quiser mexer a fundo nas práticas educacionais que nos levam ao atraso, irá suscitar uma violenta oposição dos trabalhadores da educação e de seus sindicatos, com direito a greves, protestos etc. E ainda que a ousadia talvez lhe renda alguns editoriais elogiosos em jornais, a massa do eleitorado (que nem lê jornais) não o apoiará. Porque essa população está, segundo apontam todas as pesquisas, satisfeita com a qualidade da educação de seu filho, e culpa o próprio filho pelo insucesso que é do sistema.* Abraçar a causa educacional é um suicídio político: não rende votos e causa uma oposição ferrenha. Faz sentido, nesse cenário, que a maioria dos governantes prefira se ocupar de questões menos espinhosas e de resultados mais imediatos.

É importante entender, assim, por que os trabalhadores da educação no Brasil são tão avessos a reformas educacionais, e por que suas posições têm tanto impacto. O primeiro foco de análise deve ser a liderança de sua categoria: os sindicatos. A resposta aí é simples. Ao contrário do que muita gente parece pensar, os sindicatos de trabalhadores em educação não têm como função primordial pensar no bem do Brasil e na melhoria da qualidade da nossa educação. Seu interesse é pela defesa de seus filiados. Não é o sindicato dos alunos: é o sindicato dos professores, dos funcionários. E é absolutamente natural que assim o seja, aliás, e não há aqui nenhuma condenação a esse papel.

A questão é por que essa visão dos sindicatos virou quase que consensual sobre a educação brasileira; por que ela tem tanto poder. Afinal, na maioria dos casos, a população consegue identificar quando o interesse de uma categoria é lesivo ao interesse do país, e respalda seus governantes na luta contra esses interesses particulares. Por que é diferente em educação?

Eu diria que o componente fundamental aqui é ideológico.** Os sindicatos de professores conseguiram solidarizar a maioria da população por-

---

* A mais emblemática pesquisa que demonstra esse fato foi realizada pelo Inep (Instituto Nacional de Estudos e Pesquisas Educacionais Anísio Teixeira), citada anteriormente, em que os pais de alunos da escola pública dão uma nota de 8,6, em escala de zero a dez, para a qualidade do ensino que o filho recebe. É uma avaliação de educação de Primeiro Mundo, ainda que a realidade seja definitivamente de Terceiro: o Ideb (Índice de Desenvolvimento da Educação Básica) do ano da pesquisa (2005), também em escala de zero a dez, foi de 3,2 no último ano do ensino fundamental. A qualidade percebida da escola brasileira é quase três vezes (!) maior do que sua qualidade real. Enquanto perdurar essa dissonância, não há chance de que os pais se engajem ativamente. Ninguém luta para melhorar algo que já é percebido como excelente. (N. A.)
** A esse respeito, mudei de opinião desde a publicação deste artigo. Hoje acredito que a solidariedade dos pais para com as más escolas e os maus professores é causada primordialmente por seu desconhecimento do processo educacional. A maioria dos pais tem uma escolaridade tão baixa que não consegue avaliar por conta própria a qualidade da escola dos filhos. E como a maioria dos pais matricula os filhos em apenas uma escola e permanece nela durante vários anos, eles não têm uma experiência em boa escola para comparação. O professor parece desfrutar, no imaginário popular, da mesma aura do médico: o sujeito que sabe mais do que você,

que desfiam um rosário que cai como música aos ouvidos do brasileiro médio: não apenas o aluno brasileiro é um coitadinho, desamparado pelos pais e pela sociedade, como o próprio professor é um bravo herói que luta contra todas as adversidades. Apoiar essa batalha dos professores é apoiar Davi contra Golias, é escolher a justiça social. A proposição ilógica de que o professor pensa primordialmente no interesse do aluno, e não em si mesmo, virou axioma. Esse é um discurso que tem ampla aceitação: convence o populacho vitimizado e também a intelligentsia de esquerda, que forma as opiniões mesmo dos estratos mais ilustrados. O curioso é notar como praticamente todas as bandeiras defendidas por esses nobres baluartes do socialismo vindouro acabam prejudicando especialmente aqueles que deveriam ser seus maiores beneficiários: a população mais pobre. Vejamos alguns exemplos.

A causa em que a esquerda educacional conseguiu maior êxito é na defesa da universidade pública e gratuita. Qual o efeito dessa política? Tirar os mais pobres das universidades públicas, especialmente dos cursos mais disputados e que são, por sua vez, aqueles que têm melhores resultados no mercado de trabalho. Um exemplo simples e ilustrativo: entre os alunos aprovados no vestibular de Direito da Universidade de São Paulo em 2009, 25% têm renda familiar acima de vinte salários mínimos; no curso de enfermagem, são só 2%.[1] Os cursos mais elitizados são mais concorridos e, por serem mais concorridos e pelo número de vagas limitadíssimo oferecido pelas universidades públicas brasileiras (em 2008, foram apenas 277 mil vagas em todo o país),[2] neles só entram os candidatos mais preparados. E os candidatos mais preparados são, via de regra, os filhos das famílias ricas, que estudaram em escolas particulares. Não há nada de surpreendente e nem de novo nisso. Pelo contrário: sempre foi assim e é lógico que assim o seja. Cria-se o mito de uma universidade aberta a todos, mas em realidade só os ricos têm a chave da suíte; aos pobres cabe o elevador de serviço.

---

usa essa sabedoria para o seu bem e, portanto, deve ser obedecido, jamais questionado. Com o agravante de que qualquer pessoa sabe, devido a seus próprios sintomas, se o trabalho do médico foi eficaz, mas desconhece as ferramentas objetivas de medição da qualidade da escola de seu filho. Assim, pode ficar confiantemente satisfeita com a qualidade de uma escola que, na realidade, é péssima. (N. A.)

Outra ideia defendida pela esquerda é da amplidão do currículo. Esses pensadores veem que os filhos de família rica estudam em escolas que oferecem aulas variadas, estudam línguas, fazem esportes etc. Notam que isso não é oferecido aos alunos pobres. E se insurgem contra essa injustiça, fazendo com que tudo aquilo que os pais de alunos ricos podem oferecer a seus filhos seja oferecido também, compulsória e gratuitamente, aos filhos da escola pública. Ocorre que o tempo de sala de aula é finito e o preparo dos professores brasileiros, precário. O que acontece? Quando o governo aprova, por exemplo, a obrigatoriedade do ensino de Filosofia e Sociologia no ensino médio, isso significa que uma escola que hoje já não consegue ensinar o básico tem que dividir sua atenção, seus recursos e sua grade horária com outras matérias, diluindo ainda mais o aprendizado do jovem. Isso faz com que o aluno carente possa falar de alienação e de mais-valia, mas seguirá sem saber a tabuada ou conseguir escrever uma carta de apresentação. Seguirá distante das boas faculdades e depois dos bons empregos. Seguirá, enfim, sendo pobre.

Outro pensamento fixo dos nossos protossocialistas é a oposição ao mérito. A meritocracia, para os pensadores da nossa educação, seria uma maneira de inserir a lógica capitalista no mundo escolar e tratar de forma diferente aqueles que deveriam ser iguais, e inserir um elemento de competição naqueles que deveriam ser colaboradores. Essa visão tem dois desdobramentos: "rotular" os alunos através de resultados de provas ou de notas num boletim seria um atraso e uma violência, e remunerar os diferentes sistemas educacionais e seus profissionais de acordo com o seu desempenho seria um crime. Apesar desse lindo palavrório, a literatura empírica mostra claramente que em educação, como em tudo na vida, quanto mais se trabalha, melhores são os resultados.[3] Alunos que fazem mais dever de casa e mais provas aprendem mais. E alunos de sistemas em que os professores não faltam às aulas e se preocupam com a utilização produtiva do tempo de aula também têm desempenho melhor. Enquanto as escolas públicas tratam os desiguais como iguais e estimulam a acomodação, os filhos dos ricos aprendem mais por estarem em contextos que exigem mais.

O programa da esquerda educacional brasileira é francamente elitista. É o que há de mais poderoso na manutenção das nossas grandes diferenças sociais (os estudos quantitativos sobre o assunto sugerem que a desigualdade educacional explica entre 40% e 50% da desigualdade de renda).[4] É um dos grandes — e terríveis — paradoxos dessa terra estranha em que traficante cheira, cafetão se apaixona e prostituta goza, e em que, na educação, os defensores do socialismo privilegiam a burguesia e os maiores agentes do proletariado são órgãos da imprensa de elite e ONGs financiadas por empresários.

Artigo publicado em julho de 2010

14 Educação de qualidade: de volta ao futuro

Quando se fala no mau estado da educação pública do Brasil, muitas das lideranças políticas e dos cidadãos bem-intencionados sugerem que o caminho para o futuro é o resgate do passado, quando as escolas públicas eram referências de excelência. Infelizmente essa não é uma opção. Mas não pela razão comumente apontada, a tecnologia. Ao ouvir alguns dos teóricos da educação atual é de se pensar que o cérebro humano, moldado em milhões de anos de evolução, sofreu uma metamorfose causada pelo uso, durante alguns anos, de internet, video games e assemelhados, capazes de tornar toda a metodologia pedagógica exitosa dos últimos séculos em algo ultrapassado e condenado ao esquecimento. Curiosamente, as pesquisas empíricas não só não indicam essa relação de indispensabilidade da tecnologia para a escola atual, como mostram que a presença de computadores nas escolas não tem nenhum impacto sobre o aprendizado.[1]

Os fatores mais importantes para a qualidade da educação são — e serão pelo futuro previsível — seus atores principais: professores e alunos. E o perfil do alunado e do magistério de 2010 e das próximas décadas é bastante diferente daquele que povoava nossas escolas em meados do século XX.

Em 1950, quando meu pai frequentava uma escola pública, havia 5 milhões de alunos no atual ensino fundamental, contra os 31 milhões que existem hoje. A taxa de matrícula, naquela época, era de 48%. Hoje, beira os 100%. No equivalente ao atual ensino médio, então, nem se fale: segundo o IBGE, eram 390 mil alunos em 1950, representando taxa de matrícula de 8,8%. Atualmente, são quase 10 milhões de alunos.[2] Apesar de aquela escola ser pública e gratuita, era uma escola para poucos. Aqueles que chegavam aos últimos anos do ensino básico tendiam a ser filhos de famílias de bom nível social e cultural. A pesquisa demonstra, cabalmente, que o fator mais importante na previsão do desempenho acadêmico de um aluno é o nível educacional e cultural de seus pais, de forma que um sistema escolar ocupado pela fatia superior da população tem tarefa bem mais fácil do que uma rede massificada, que atende a um grande número de alunos de famílias com grandes déficits de renda e instrução.

Aqueles alunos ainda contavam com outra vantagem: professores — especialmente professoras — excepcionalmente bons. Esse é um dado curioso que emerge de alguns estudos sobre a carreira docente nos Estados Unidos e que muito provavelmente se aplica ao Brasil: o machismo foi um grande aliado do ensino de qualidade. No período pré-revolução sexual, havia pouquíssimas carreiras que uma mulher de bom nível social e intelectual podia trilhar, e ser professora era a principal delas. No mundo em que (felizmente, diga-se) o feminismo fez grandes avanços, mulheres que na geração de suas mães estariam condenadas a optar entre a vida doméstica e a carreira de professora agora podem ser médicas, advogadas, jornalistas.[3] A não ser que tenhamos um inimaginável retrocesso social, esse é um progresso que não será perdido. O que é ótimo para a sociedade como um todo, mas ruim para os nossos alunos, que perdem professoras mais qualificadas. Já seria difícil manter o nível do professorado em um cenário de crescimento agressivo das matrículas (e, consequentemente, do número de professores e professoras empregados), mas a tarefa é ainda mais complicada quando temos de conviver com a liberação sexual daquelas que tradicionalmente ocupam as funções do magistério (até hoje, 82% dos professores da educação básica são mulheres, segundo a Sinopse do Professor da Educação Básica 2009).[4]

A segunda mudança importante no professorado americano, que contribuiu ainda mais para a deterioração da qualidade do ensino daquele país, foi a crescente sindicalização da categoria.[5] Sindicatos mais fortes obtêm uma série de vantagens para seus membros, e a pesquisa em educação vem demonstrando que muitas dessas vantagens aos professores são inócuas ou até maléficas para os alunos. Sindicatos mais poderosos pressionam para que o grosso da verba de educação seja gasto em aumentos salariais e diminuição do número de alunos em sala de aula, duas variáveis que não têm relação com a qualidade do ensino.[6] Também pressionam para que os professores trabalhem menos horas por dia e tenham mais férias, para que possam faltar mais e para que seus membros não precisem ser avaliados ou prestar contas — todas variáveis negativas para o ensino. No caso americano, o efeito mais pernicioso dos sindicatos foi a imposição de salários unificados para toda a categoria, o que desmotiva os mais ambiciosos a entrar na carreira. Infelizmente não há estudos do gênero para o Brasil, mas dada a semelhança da carreira docente e do papel dos sindicatos em ambos os países, imagino que aqui tenhamos fenômeno parecido.

O tempo em que a escola pública brasileira era de boa qualidade, portanto, não pode ser reproduzido atualmente. Jamais teremos novamente uma rede pública de ensino em que professores e alunos eram poucos e de nível intelectual acima da média, de classe social e interesses parecidos, em que professoras viam sua atividade como um sacerdócio, e não uma carreira. Para voltarmos a esse cenário, precisaríamos retroagir a uma sociedade machista e ainda mais elitista do que já é. Não é possível nem desejável. Precisamos voltar a ter uma educação de grande qualidade, mas a boa escola brasileira do futuro não pode ser copiada de nosso passado. Nem tampouco pode ser copiada de outros países como receita pronta, pois o sistema de educação de um país — especialmente os de excelência — são elementos endógenos de uma sociedade, produtos históricos de suas culturas e projetos de nação. Teremos de caminhar com nossas próprias pernas, levando em consideração a realidade de alunos e professores que temos em nosso país. Assim como é tacanho culpar a pobreza de nossos alunos pelo fracasso de nossas escolas, também acho canhestro sugerir que precisamos revolucionar a carreira do professor, atraindo um novo (e melhor) público para a área. Podemos fazer muito mais com o que temos. Não há aluno que não possa aprender. E não há professor que não possa ensinar.

Como bem diz o ex-premiê espanhol Felipe González: um outro mundo é possível, mas este é manifestamente melhorável.

Artigo publicado em outubro de 2010

15 Como melhorar a educação brasileira

Parte I: Práticas de sala de aula

Otto von Bismarck dizia que nunca se mente tanto como em véspera de eleição, durante a guerra ou depois da caça. No que tange às eleições, espero que esteja certo, porque naquela que me parece a área mais nevrálgica para o desenvolvimento futuro do Brasil — a educação — é melhor que o que foi prometido durante a última campanha presidencial seja apenas retórica eleitoreira. Pois todos os candidatos se aferraram a um discurso quantitativo já superado (mais escolas, mais vagas, mais dinheiro) e evitaram a discussão que importa: como melhorar significativamente a qualidade da educação de nossas escolas.

O que fazer para que o Brasil evolua com a magnitude e a rapidez necessárias? Para mim, o caminho está na junção de três fatores: práticas de sala de aula, formação dos professores e administração escolar. Neste artigo, falo da primeira ponta do tripé.

Mesmo com o baixo nível de formação de nossos professores e diretores escolares, há uma série de medidas que podem ser aplicadas hoje mesmo, em qualquer sala de aula, que tendem a melhorar significativamente o desempenho do alunado.

Antes, uma nota conceitual. Quando se fala aqui em melhorar o desempenho do aluno, o que se busca é o aprendizado, medido através de testes como Saeb (Sistema Nacional de Avaliação da Educação Básica), Prova Brasil (exame do MEC/Inep que avalia estudantes do 5º e do 9º anos), Pisa (Programa Internacional de Avaliação de Alunos) e outros, do Brasil e do exterior. A base para as recomendações que vão a seguir é a literatura empírica sobre o tema, publicada em revistas acadêmicas, em que os dados são tratados com rigor estatístico. Ou seja, não são teorias, nem opiniões e hipóteses deste colunista, mas sim fruto de medição.

Se tivesse que resumir toda essa literatura — centenas de estudos, de vários países e anos — em uma regra de ouro, diria: o tempo de contato entre o aluno e o professor é muito valioso e escasso, e deve ser usado apenas para atividades educacionais. Tudo aquilo que pode ser feito fora da sala de aula deve ser feito fora da sala de aula.

A primeira prática de um professor efetivo é, portanto, o uso eficiente do tempo de aula. Muitos professores chegam atrasados em suas salas. Perdem tempo fazendo chamada, dando recados e advertências. É um desperdício. O mais grave ocorre depois. Para muitos dos nossos professores, "aula" significa encher o quadro-negro de matéria e pedir aos alunos que a copiem, depois passar exercícios e pedir que os resolvam, e finalmente, se sobrar tempo, tirar uma dúvida ou outra. É um erro. Se copiar texto é algo que pode ser feito em casa, então deve ser feito em casa. Exercícios, se feitos individualmente pelo aluno, também.

O tempo em sala deveria servir para que professores e alunos conversassem sobre o texto lido antecipadamente e os exercícios feitos em casa. A segunda prática virtuosa, portanto, é o dever de casa. As pesquisas mostram que alunos que têm de fazer dever de casa frequentemente aprendem mais, especialmente a partir da 4ª série. Um estudo feito em São Paulo mostrou que alunos de professores que prescrevem e corrigem o dever de casa aprendem mais do que aqueles que simplesmente o prescrevem. E alunos de professores que, ao corrigir o dever, comentam e explicam os erros e acertos, aprendem mais do que aqueles cujos professores apenas marcam o "certo" ou "x".[1]

Relacionada ao dever de casa também está a questão dos exercícios feitos em sala de aula: são contraproducentes. Subtrai tempo de aula para algo que o aluno pode fazer em casa.

As provas seguem a mesma lógica: alunos que são testados com maior frequência aprendem mais. Faz sentido: quanto mais provas, mais o aluno tem de estudar. Quanto mais estuda, mais aprende.

Outro dado importante: bom material didático ajuda. Um bom livro didático, por exemplo, organiza e estrutura a prática de sala de aula.[2] Uma das demandas do professorado brasileiro é por autonomia. Cada professor se sente no direito de reinventar a roda e criar seu próprio currículo e método de ensino. Na maioria dos casos, e especialmente quando a qualificação do profissional é baixa, é receita para o insucesso.

Um aspecto importante para determinar aquilo que o professor faz em sala de aula é o quanto ele sabe sobre o que está fazendo/falando. No Brasil, há uma ênfase muito forte na diplomação universitária dos professores de ensino básico. É uma percepção acertada, já que a pesquisa sugere que professores com ensino superior obtêm melhores resultados (o mesmo não se verifica, curiosamente, com os níveis pós-superiores, como mestrado e doutorado, que se mostram irrelevantes para o aprendizado no ensino básico).[3] Porém, o diabo está nos detalhes: mais importante que obter o canudo é ter se formado na área em que vai ensinar. A pesquisa mostra que o salto do aprendizado se dá quando o professor cursou faculdade da disciplina que ele ensina.[4] Um professor formado em Matemática dará uma aula de Matemática melhor do que outro formado em Pedagogia ou História.

A maioria das pessoas acredita também que o tempo de atenção dado a cada aluno é fator importante para o aprendizado, por isso tendem a querer salas de aulas menores ou com mais de um professor por sala. Nada sugere que essas medidas tragam resultados. É melhor ter um ótimo professor dando aula para 35 alunos do que dois medianos ensinando em turmas de dezoito.

Outro erro comum que cometemos é o de acreditar que a tecnologia e a infraestrutura são fatores determinantes para o aprendizado. Costumo ouvir, depois de palestras, as reclamações dos nossos professores de que são forçados ainda a conviver com "cuspe e giz" na era da internet. Felizmente para eles, cuspe e giz não estão obsoletos, porque são apenas mecanismos de expressão de uma tecnologia ainda sem par: o cérebro humano. A literatura empírica indica que dar a infraestrutura básica — quadro-negro, cadeira e carteira para todo aluno, prédio protegido das intempéries do clima, com energia elétrica — melhora muito o desempenho do alunado. Mas, depois disso, as adições físicas não têm efeito. Inclusive a presença de computadores na escola, o que é deveras surpreendente. Depois do básico, o resto é por conta do professor.

Se você é daqueles que gostaria de melhorar a qualidade da nossa educação mas não sabe como, um bom começo é instar a escola de seus filhos ou do seu bairro a seguir essas práticas simples e eficazes. Não nos transformarão, em um piscar de olhos, numa Finlândia ou Coreia. Mas são um bom começo.

Artigo publicado em novembro de 2010

16 Como melhorar a educação brasileira

Parte 2: Formação de professores

Já falamos sobre medidas simples que qualquer professor pode tomar em sala de aula e que devem levar, segundo a pesquisa empírica, a melhorias do aprendizado dos alunos. Apesar de podermos melhorar muito nossa educação com os professores que temos, não nos iludamos: não bastam medidas de sala de aula para dar ao Brasil a educação de que precisamos. Enquanto nossos professores continuarem recebendo a formação que hoje obtêm no ensino superior da área, nossos alunos terão desempenho fraco.

Ocorre com a formação dos professores algo semelhante ao que vemos com os alunos: enquanto aqueles acreditaram que a promulgação de uma lei que obriga todos os professores a terem diploma universitário significaria um salto de qualidade da educação, esses ainda acreditam que a vaga em uma escola leva automaticamente ao aprendizado. Mas nossa história recente demonstra que a vaga, quer seja na universidade para o professor, quer seja na escola para o aluno, é apenas o primeiro passo. Condição necessária, mas longe de ser suficiente, para a resolução dos nossos problemas. Hoje temos poucos dos chamados professores leigos — mais de dois terços dos nossos mestres do ensino básico têm diploma universitário.[1] Mas a formação costuma errar na ênfase, no conteúdo e na prática.

A literatura mostra que os alunos se beneficiam quando o professor estudou a área que ensina. Há pesquisas também relacionando a nota média do professor em seu curso de formação ao aprendizado do aluno: quanto melhor o desempenho do professor em sua faculdade, mais seus alunos aprendem.[2] A seletividade e a qualidade da universidade em que o professor se formou também afetam positivamente o alunado. Esses não são dados muito surpreendentes — costuma ser assim em todas as profissões —, mas vão contra o pensamento e a prática das nossas instituições formadoras. Há uma ênfase maior, no Brasil, nos aspectos genéricos do ensino do que na formação em áreas específicas. Isso acaba gerando uma lacuna de professores qualificados para algumas áreas, especialmente as exatas. O último Censo Escolar revelou, por exemplo, que só um em cada quatro professores de Física são formados na área. Em Química, pouco mais de um terço. Segundo os últimos dados sobre o ensino superior brasileiro, temos um contingente enorme nas faculdades na área de Educação: 825 mil pessoas.[3] Dessas, porém, temos quase 280 mil em Pedagogia; 100 mil estudando formação para professores de Educação Física; e 120 mil na área de Letras. Em Matemática só 56 mil; Química, 16 mil; e Física, menos de 13 mil.

Mesmo nos cursos de matérias específicas, a situação é desalentadora. Estudo de equipe da Fundação Carlos Chagas, liderado por Bernardete Gatti, analisou os cursos de formação de professores de centenas de faculdades.[4] Cinco problemas em particular chamam a atenção. Em primeiro lugar, o caráter excessivamente teórico dos cursos. Nossa universidade, criada para ser formadora de pensadores de elite e pesquisadores, não está focada na capacitação de professores para encarar a realidade de uma sala de aula brasileira. Segundo, há uma desconexão entre os ensinamentos pedagógicos e os conteúdos específicos da matéria. Assim, quem cursa a área de Matemática aprende bastante de Matemática e também de Pedagogia, mas não aprende a fazer a ponte entre os dois: como unir o conhecimento das duas áreas em uma técnica que seja capaz de ministrar aulas competentes. É como se, na faculdade de Medicina, o sujeito dominasse anatomia e conhecesse tudo de farmacologia, mas não aprendesse a fazer um diagnóstico e, a partir dele, prescrever o remédio certo. Outro problema importante é o viés ideológico de muitos desses cursos, que estão mais preocupados em formar os batalhadores de vanguarda da criação do novo homem e da nova sociedade, e não "reles" ensinadores de matéria. Esse não é apenas um fenômeno espontâneo, ditado pelo próprio pendor salvacionista de muitos dos que se interessam pelo magistério mundo afora, mas é também incentivado por nosso governo. Nas diretrizes do Enade (Exame Nacional de Desempenho de Estudantes) de 2008, na área de formação em Ciências, por exemplo, o futuro educador é incentivado a entender seu papel como "agente transformador da realidade, compreendendo a ciência como uma atividade social".[5]

O quarto problema de nossos cursos, decorrente do viés teórico-academicista, é o desdém com que é tratada uma parte absolutamente crucial da formação do professorado: o estágio. Esse é um período em que, por lei, o futuro professor deveria passar em escolas reais, aperfeiçoando sua prática junto a professores experientes, corrigindo seus erros. Não é o que acontece. Segundo Bernardete Gatti e equipe, praticamente não há planos de estágio, nem indicações claras de como seriam sua supervisão e seu acompanhamento. O estágio parece ser tratado mais como algo destinado a "cumprir tabela" do que a realmente aprimorar o ensino. Finalmente, o último problema: a academia brasileira vê a área de formação de professores como algo de baixo prestígio e valor. Nossas grandes mentes não estão engajadas no desafio de como criar cursos eficazes de formação de professores.

O resultado de tudo isso é que os professores saem de suas faculdades sem os instrumentos necessários para dar uma aula em que os alunos aprendam. Por isso é que nos deparamos com dados como esses, expostos na pesquisa que deu origem ao livro *A escola vista por dentro*: em entrevistas com professores alfabetizadores, mais de 80% afirmam ter aprendido a alfabetizar "na prática" ou "com a experiência".[6] Mas alfabetizar é algo que exige saberes que não se aprendem na prática, e apesar de os professores em questão serem extremamente generosos consigo mesmos — de zero a dez, sua autoavaliação no quesito "domínio dos conteúdos das disciplinas que leciona" ficou entre 8,8 e 9,1 — a realidade teima em lhes desmentir: o mesmo estudo mostrou que só um em cada cinco alunos de 1ª série teria condições efetivas de passar de ano.

O que fazer para alterar esse quadro? Basicamente, o oposto do que fazemos hoje. Precisamos focar nossos cursos de formação de professores na realidade prática de sala de aula, dando menos ênfase à teoria. Precisamos não apenas aprofundar o ensino de matérias específicas, como também melhorar a ligação entre o conteúdo e a didática, transformando o conhecimento em práticas de sala de aula. Devemos encarar o estágio como o elemento fundamental desse processo, em que o ensino aplicado é testado, com supervisão rigorosa, e o futuro professor tem a chance de corrigir seu curso e aprimorar sua prática antes de ser responsabilizado por uma turma de escola. Precisamos de uma campanha para elevar a importância dos cursos de formação de professores dentro das universidades brasileiras, dando status, prêmios e reconhecimento aos que se dedicam a essa área. Precisamos abolir o viés ideológico e ter certeza de que, antes de formar futuros revolucionários, nossos professores consigam ao menos formar gente que saiba ler, escrever e fazer as operações matemáticas básicas. Precisamos tornar os cursos de formação de professores mais exigentes, mais difíceis. Outra ferramenta importante, que vem sendo continuamente referendada pela literatura empírica, é a certificação de professores: exigir que todos os futuros professores passem por um teste que meça seus conhecimentos e preparos para a docência, garantindo que não teremos mais em sala de aula gente totalmente despreparada.[7] Além de garantir padrões mínimos de qualidade, a criação de um processo de certificação tem servido, em alguns países europeus, para permitir a entrada de profissionais formados em outras áreas à docência de modo mais simples. No Reino Unido, por exemplo, profissionais de outras áreas devem fazer curso de apenas um ano e, demonstrando proficiência no teste de certificação, podem se tornar professores sem ter de fazer três ou quatro anos de formação exclusiva sobre o tema. Alguns países vêm também aliando a certificação teórica com estágios probatórios: o futuro professor precisa demonstrar suas aptidões no estágio em sala de aula para receber seu diploma.

Por que ainda não se faz nada disso no Brasil? Por que permitimos que os responsáveis por nossos filhos tenham formação pior do que médicos, advogados e engenheiros? Os coordenadores desses cursos irão lhe dizer que o problema está nos próprios alunos: que as pessoas que vão para o magistério só o fazem por falta de alternativa, por não conseguirem entrar em outros cursos, e que portanto não têm interesse ou dedicação por aquilo que estudam, e não se pode exigir muito deles. Mas isso é mentira. Uma pesquisa do Instituto Paulo Montenegro (ligado ao Ibope), intitulada "Ser Professor", mostra que só 8% dos professores das grandes capitais brasileiras entraram por acaso na profissão. Só 2% dizem ter ido dar aulas por não encontrar outro emprego; 81% se acham importantes para a sociedade, 78% dizem ter orgulho de ser professores; e 72% se dizem apaixonados pela profissão.[8]

O verdadeiro problema, estimado leitor, é você. Somos nós, a sociedade civil. Para haver uma mudança real na formação de professores, é preciso que a sociedade respalde as lideranças políticas empenhadas na reforma, porque essa reforma significa que os governantes — especialmente o Ministério da Educação nas universidades federais e o governo de São Paulo junto à USP e à Unicamp — precisarão intervir forçosa e radicalmente sobre esses cursos, alterando-os de cima a baixo.* É curioso: nossos governantes criaram coragem para invadir o morro do Alemão, mas as universidades públicas continuam sendo consideradas território perigoso demais para a penetração do Estado. Esculachar bandido armado de metralhadora é mais fácil que peitar os doutores da academia, que permanecerão livres para perpetrar seus delitos intelectuais, e ainda serão pagos por nós para isso. Enquanto não houver demanda social por mudanças efetivas, as reformas serão cosméticas. É possível criar uma certificação de professores e posar de moderno e preocupado, mas colocando a exigência em patamar tão baixo que não estimulará ninguém. Nossas elites continuam desconsiderando o problema da educação, achando que ele se restringe à escola pública. É a mesma ilusão do morador de Ipanema que acreditava que a violência do Alemão não o afetaria. Afinal, onde você acha que o professor que dá aula em escola particular se formou? Na Suíça?

Artigo publicado em dezembro de 2010

---

* Ainda que a maioria das matrículas dos cursos de formação de professores esteja nas universidades privadas, são as universidades públicas que ditam as referências para o setor, de forma que é delas que deverá partir a mudança para que tenha amplo alcance. (N. A.)

17 Como melhorar a educação brasileira

PARTE 3 (FINAL): DIRETORES DE ESCOLAS

A qualidade da liderança é um atributo decisivo do sucesso de qualquer organização coletiva, seja ela um time de futebol, uma empresa ou um país. Na educação não é diferente. Assim, a administração escolar — tanto no nível das Secretarias e Ministérios da Educação quanto na direção de uma escola — é o terceiro item de fundamental importância na melhoria do nosso ensino e conclui essa trilogia de artigos sobre o tema, que começou falando das práticas de sala de aula e da formação de professores. Divido este artigo em duas partes. Na primeira, faço um levantamento do que a literatura empírica aponta como os fatores importantes de uma administração escolar virtuosa. Na segunda, explico por que muitos desses fatores não têm aplicabilidade no quadro atual da educação brasileira.

Antes de começar, um alerta: a literatura empírica, econométrica, ainda está longe de conseguir identificar a totalidade dos fatores que compõem o professor perfeito ou o diretor perfeito. Apesar dessa ignorância, há muito que já se sabe, e é disso que vamos falar.

O que deve fazer um bom administrador escolar? Um fator importante é ter a casa em ordem. É importante que a infraestrutura da escola esteja em dia: paredes, telhados, eletricidade. Uma escola limpa também tende a ter alunos que aprendem mais. É importante que todas as salas tenham quadro-negro, cadeiras e mesas para os alunos. Não faltar materiais de ensino também é positivo. Dois elementos importantes que toda escola deveria ter: laboratórios de ciências e bibliotecas. No quesito biblioteca, é bom ter não apenas uma disponível na escola, como uma versão menor dentro de cada sala de aula. Em termos de tecnologia, um implemento que faz diferença são máquinas de xerox.[1] E é só.* A literatura sugere que a presença de computadores não está associada à aprendizagem, e nem a instalação de espaços mais suntuosos, como ginásios esportivos, teatros etc. (O que não quer dizer que essas áreas não façam bem ao espírito, mas aqui estamos nos atendo àquilo que é relevante ao aprendizado do aluno.)

Outra decisão importante da liderança escolar, e que vem causando bastante polêmica ultimamente, diz respeito ao regime seriado *vs.* progressão automática ou em ciclos. O único estudo que conheço que comparou esses dois sistemas, no Brasil, chegou à conclusão de que eles são indiferentes para o aprendizado do aluno.[2]

Em termos de administração financeira, compete ao administrador evitar os dois maiores desperdícios de recursos: diminuir o número de alunos em sala de aula e aumentar o salário de professores. Ambas as variáveis não geram mais aprendizagem.

A parte mais importante da administração escolar, porém, não tem a ver com prédios e sistemas, mas com pessoas. Cabe ao líder a tarefa-chave de recrutar, treinar, motivar e reter os bons profissionais (especialmente professores e diretores) e identificar e afastar os maus.

Ainda sabemos pouco quem são os bons diretores e como atraí-los e motivá-los. Conheço apenas dois estudos quantitativos sobre o impacto de mecanismos de seleção de diretores: um deles aponta que diretores eleitos têm alunos com desempenho melhor do que aqueles indicados por políticos, e o outro sugere que essa variável é indiferente.[3] Nos últimos anos, li-

---

* Obviamente a máquina de xerox não traz, sozinha, nenhum ganho ao processo educacional. O que provavelmente explica esse efeito é o fato de que nas escolas que não têm o equipamento o professor perde muito tempo passando textos para que os alunos copiem. Essa perda de tempo é que deve causar o desempenho inferior dos alunos em escolas sem copiadoras. (N. A.)

derados por Minas Gerais, alguns estados e municípios têm adotado um sistema que envolve a realização de provas qualificatórias e, num momento seguinte, eleições. Me parece um processo superior à eleição ou à indicação política, mas ainda é preciso mais pesquisa sobre o tema.

Há um estudo focado na remuneração do diretor no Brasil, e ele indica que o salário do diretor tem correlação com o aprendizado do seu aluno.[4] Faz sentido. Segundo Ilona Lustosa, diretora da Fundação Lemann, focada na questão da administração escolar brasileira, o perfil do profissional que opta pela direção escolar é justamente o do professor um pouco mais ambicioso que a média, que pretende se manter na carreira, mas quer ganhar mais do que um professor comum. É de esperar que um profissional assim se esforce mais à medida que seu salário aumenta.

Outra questão importante é o número de horas-aula. Aqui, a literatura se divide: nos países desenvolvidos, o número de horas é insignificante para a aprendizagem. Nos países em desenvolvimento, dentre eles o Brasil, número de horas-aula é importante.[5] Como a diferença estatutária de número de horas-aula entre o Brasil e os países da OCDE não é muito significativa (oitocentas horas/ano para nós *vs.* novecentas, em média, para eles), creio que a conclusão mais importante a se tomar é que é preciso se fazer cumprir a jornada mínima de horas-aula no Brasil. Inês Miskalo, coordenadora de educação formal do Instituto Ayrton Senna, que atende a milhões de alunos em todo o país, atesta que, na prática, a carga horária prevista em lei não é cumprida. "Há lugares em que ter seiscentas, 650 horas-aula por ano é visto como um sucesso", diz ela. Antes de pensarmos em ensino de tempo integral, portanto, devemos nos certificar de que a carga prescrita em lei seja cumprida. Já nos traria um bom salto no aprendizado. O problema do absenteísmo docente está relacionado a essa questão: as pesquisas são praticamente unânimes em apontar que professores que faltam mais têm alunos que aprendem menos.

Por que os professores faltam às aulas ou, em última instância, abandonam o magistério? A literatura vem sugerindo que fatores não financeiros têm enorme importância na motivação dos professores de seguirem na carreira. Um fator importante é o "clima escolar": em escolas em que há responsabilização coletiva por resultados, onde os professores se sentem partícipes de uma tarefa compartilhada e importante, os resultados são melhores. Outro resultado: nas escolas em que os alunos aprendem mais e onde há menos alunos de minorias há menos abandono de professores.[6] Esse achado é triste porque contrasta com outra descoberta importante: o impacto de um bom professor é desproporcionalmente maior em um mau aluno e em alunos de baixo nível socioeconômico. A melhor política, portanto, seria alocar os melhores professores para as piores escolas, mas isso aumentaria o risco de que muitos deles abandonassem a carreira, especialmente os mais jovens e mais preparados. Além de melhorar o clima escolar, há outro recurso efetivo que pode ser usado pela direção de uma escola: programas de *coaching*, em que os professores "em risco" e os mais jovens recebem a orientação de um mentor: um professor mais experiente que ajudará nas frustrações e nos desafios que a carreira enseja. É importante que o bom professor não se sinta solitário e isolado, que seja constantemente amparado. A literatura mostra que os anos de carreira de um professor não têm relação com o aprendizado do seu aluno, mas os anos de permanência em uma mesma escola, sim.[7]

Outro fator importante para o sucesso de uma escola é que o diretor tenha autonomia para contratar e demitir seus professores.[8] As pesquisas mostram que é extremamente difícil identificar um bom futuro professor no momento de sua contratação, mas algumas características têm se mostrado importantes: ter estudado na faculdade a área que vai ensinar e ter cursado uma universidade concorrida têm efeito no aprendizado do aluno. Ter feito pós-graduação, não. Um estudo recente nos Estados Unidos aponta que a utilização de um conjunto de variáveis cognitivas e não cognitivas dos futuros professores leva a resultados positivos.[9] Em termos de regime de trabalho, ao contrário dos desejos dos sindicatos, a maioria da pesquisa mostra que não faz diferença, para o aprendizado do aluno, quantos empregos o professor tem.[10]

Finalmente, a meritocracia: os estudos vêm mostrando que planos de meritocracia que pagam bonificações a professores individuais não têm resultados significativos. Aqueles em que o pagamento é feito à escola, sim.[11] Faz sentido: ensinar é tarefa sequencial e coletiva. Se o aluno teve uma péssima aula de Matemática na 2ª série, dificilmente se sairá bem na 4ª.

Mas muito do que vai acima ainda não pode ser implantado na maioria das escolas brasileiras. Em primeiro lugar, porque segundo o último levantamento do Inep (Instituto Nacional de Estudos e Pesquisas Educacionais Anísio Teixeira) a respeito, quase 60% dos diretores escolares brasileiros são fruto de indicação política.[12] Na maioria dos casos, são apadrinhados de políticos: "Chega ano eleitoral e é um terror, todos têm medo de ser demitidos. O diretor vira cabo eleitoral do seu padrinho", diz Ilona Lustosa. "No primeiro ano [do mandato] não se faz nada, pois o governo está voltado a corrigir os erros do antecessor. No último, também não, pelo medo do que vai ocorrer depois. E mesmo no meio, o diretor sofre o impacto da eleição da outra esfera [estado ou município], que frequentemente causa mudanças de pessoal", confirma Inês Miskalo. Em segundo, porque mesmo os bem-intencionados são despreparados: não há nenhum curso de graduação em administração escolar, e os únicos dois cursos de pós-graduação na área (da Anhembi-Morumbi em parceria com a Fundação Lemann em São Paulo e da Escola Superior de Propaganda e Marketing com a ONG Parceiros da Educação no Rio Grande do Sul) foram implantados apenas em 2010 e não contam nem com cem alunos, somados. Em terceiro, porque na maioria dos estados o diretor é um funcionário público com estabilidade na carreira, praticamente indemissível, que não tem nenhum incentivo lógico a ter grande performance no cargo. (Nos últimos cinco anos, por exemplo, só 17 diretores foram exonerados em todo o estado de São Paulo; na rede municipal de São Paulo, apenas dois.) Em quarto, porque o diretor de escola brasileiro é atolado por uma burocracia sem fim e acaba sendo muito mais um preenchedor de formulários do que um líder pedagógico ou motivador de pessoas. E, finalmente, porque os diretores não têm controle sobre a variável principal do processo educacional: não podem contratar bons professores ou demitir os incompetentes.

Esse quadro é assim porque a função mais importante de uma escola para as lideranças políticas é servir de cabide de empregos e fonte de poder político, através da influência que a escola tem sobre uma comunidade. O aprendizado dos alunos importa menos. Enquanto for assim, não há literatura empírica que resolva.

Artigo publicado em janeiro de 2011

18 Como os pais podem ajudar na aprendizagem dos filhos

Os pais zelosos costumam fazer grandes esforços pela educação de seus filhos. Têm razão. Há poucas áreas da vida de uma pessoa que não são direta e positivamente influenciadas pela sua educação. Estudo aumenta a renda, diminui a criminalidade e a desigualdade, tem impactos positivos sobre a saúde e diminui até a chance de o indivíduo se tornar vítima da violência urbana.[1] Muitos pais, porém, concentram seus esforços no lugar errado: procuram escolas caras, com instalações vistosas e tecnologicamente avançadas, e entopem seus filhos de atividades extracurriculares. A pesquisa empírica, ainda que esteja longe de poder prescrever um mapa completo de tudo aquilo que os pais podem fazer para que seus filhos cheguem a Harvard, já identifica uma série de fatores importantes (e outros irrelevantes) para o sucesso acadêmico das crianças.

Comecemos pelo início. Ou, aliás, antes dele: na escolha do parceiro(a). As pesquisas revelam que o fator mais importante para o aprendizado das crianças é o nível educacional de seus pais.[2] A escolarização dos pais é mais importante do que a escolarização dos professores (três vezes mais importante, para ser exato) e do que qualquer outra variável ligada à educação — inclusive a renda dos pais (um aumento de um ano da escolaridade dos pais tem impacto nove vezes maior sobre a escolaridade dos filhos do que um aumento de 10% da renda).[3] Não é que a renda dos pais não seja importante: ela é, sim, em todo o mundo. Mas a escolaridade é mais. Muito do que atribuímos ao nível de renda dos pais é, na verdade, determinado por seu nível educacional, pois pessoas mais instruídas acabam ganhando mais dinheiro.

Nascido o filho, uma boa notícia: não há, que eu saiba, comprovação de que qualquer dos métodos de aceleração de desenvolvimento cognitivo para bebês tenha qualquer impacto. Alguns, como a linha de produtos "Baby Einstein", por exemplo, foram recentemente identificados como tendo inclusive uma relação negativa com desenvolvimento vocabular.[4] As pesquisas também vêm demonstrando que não há correlação do QI (Quociente de Inteligência) de uma criança em idade pré-escolar e seu desempenho futuro (a relação começa a aparecer lá pelos 8 ou 9 anos), de forma que não há razão para desespero se o seu filho não estiver fazendo cálculo infinitesimal antes de abandonar as fraldas.[5]

Não há, igualmente, impactos positivos para os bebês que frequentam creches. Há, sim, impactos significativos e bastante relevantes para as crianças que frequentam a pré-escola. Falaremos mais sobre ela em outro artigo, mas quem puder colocar o filho na pré-escola estará dando um importante empurrão ao seu desenvolvimento, que perdura a vida toda.

Finda a pré-escola, os pais que têm a sorte de poder colocar seus filhos em escolas particulares se deparam com a decisão que parece ser a definitiva: em que escola colocar o rebento? A boa notícia é que essa decisão é bem menos importante do que parece ser. A má é que o trabalho dos pais não termina depois da decisão de onde matricular o filho. Pelo contrário: a literatura mostra que o que acontece dentro de casa é mais importante do que a escolha da escola. Um estudo recente, por exemplo, decompôs a diferença de performance entre escolas públicas e particulares no Saeb (Sistema Nacional de Avaliação da Educação Básica realizado pelo MEC), e encontrou o seguinte: 80% da diferença de aprendizagem dos alunos dos dois sistemas pode ser explicada pelo nível sociocultural dos pais do aluno. Outros 10% eram atribuíveis ao que se chama *peer effects*, ou seja, o efeito de estar em uma sala de aula em que os colegas também têm alto desempenho. Só 10% da diferença entre o sistema público e o privado eram atribuíveis a características da própria escola.[6] Ou seja, se um pai de uma escola particular mediana colocasse seu filho em uma escola pública mediana, seu aprendizado cairia apenas 20%. Se os colegas da escola particular fossem para a escola pública, o aprendizado de todos cairia só 10%.

Isso não quer dizer que a escola não importa, obviamente. Ela importa, e muito. Mas as diferenças mais relevantes são entre sistemas escolares de países ou regiões distintas. Dentro do mesmo sistema, em termos de aprendizagem, as diferenças são menos importantes do que a maioria imagina. Para os pais preocupados em escolher a melhor escola possível para o sucesso acadêmico do seu filho, o Enem (Exame Nacional do Ensino Médio) é um bom sinalizador. Não é uma ferramenta definitiva, já que a participação no exame é opcional, gerando uma amostra não aleatória, mas é um bom começo. Para escolas com resultados parecidos no Enem, usaria, como critério de "desempate", as práticas consagradas de sala de aula e os critérios de formação de professores e gestores detalhados na trilogia de artigos sobre "Como melhorar a educação brasileira".

O mais importante que os pais podem fazer, porém, está dentro de casa, diuturnamente. O acesso e apreço a bens culturais, especialmente livros, é fundamental. A quantidade de livros que o aluno tem em casa é apontada, em vários estudos, como uma das mais importantes variáveis explicativas para o desempenho dos alunos.[7] É claro que não basta ter livros: é preciso lê-los, e viver em um ambiente em que o conhecimento é valorizado. Alunos que leem mais têm desempenho melhor, importando pouco o que leem: a correlação é observada para livros, jornais e revistas. Alunos que tiveram pais que leram para eles na tenra infância têm melhor desempenho. Pais envolvidos com a vida escolar dos filhos e que incentivam os filhos a fazerem dever de casa têm impacto positivo (curiosamente, o envolvimento dos pais no ambiente escolar tem se mostrado irrelevante).[8] Porém, pais que fazem o dever de casa com (ou pelo) seu filho geram piora no desempenho acadêmico, por melhores que as intenções sejam.

Morar perto da escola ajuda. Em uma resenha de oito estudos sobre o tema, os oito indicaram relação negativa entre distância casa-escola e aprendizado dos alunos.[9] Talvez essa relação influencie outro detrator do aprendizado: o absenteísmo. Aluno que falta à aula é, em geral, aluno que aprende menos.[10] Outro fator negativo é o trabalho: alunos que trabalham além de estudar aprendem menos.[11] Infelizmente não conheço estudos sobre o impacto do trabalho sobre os alunos universitários, mas aposto que parte da enorme diferença de qualidade entre as universidades brasileiras e as americanas se deve ao ambiente de dedicação exclusiva que estas impõem aos seus alunos.

Ter computador em casa também tem resultados mensuráveis sobre o aprendizado.[12] Quem pode comprar um, que o faça.

Finalmente, falemos sobre aspectos psicológicos. Um dos grandes esforços dos pais modernos é aumentar a autoestima de seus filhos. Na educação, seu impacto é incerto: de 14 estudos analisando o assunto, só em metade se viu relação positiva entre autoestima e aprendizado.[13] Em outro estudo, descobriu-se que o impacto do desempenho acadêmico é três vezes mais importante que a autoestima do jovem do ensino médio para a determinação do seu salário quando adulto.[14]

Os fatores que têm impacto sobre o aprendizado são outros: gostar de estudar,[15] ter maior motivação,[16] aspirações de futuro mais ambiciosas,[17] persistência e consistência são todas variáveis que estão correlacionadas a melhores notas.[18] Os pais não podem incutir em seus filhos todas essas virtudes (e a interessante discussão sobre quanto controle os pais têm sobre os destinos de seus filhos é tema para outro artigo), mas há muito que podem fazer para criar ambientes domésticos mais propícios ao surgimento ou fortalecimento dessas características.

Por fim, duas ressalvas. Ser bom aluno não significa ser feliz ou ser bom cidadão ou quaisquer outras virtudes que são tão ou mais desejadas pelos pais que o sucesso acadêmico dos filhos. Elas simplesmente não estão mencionadas aqui porque não é minha área de estudo. Segundo, talvez falte nessa lista — por ser simplesmente imensurável — o mais importante que um pai pode dar a seu filho: amor.

Artigo publicado em fevereiro de 2011

19 Universalização da educação infantil: solução ou armadilha?

Nos últimos anos temos visto o florescimento de uma vasta literatura científica, multidisciplinar, demonstrando o incrível poder que os primeiros anos de vida de uma pessoa têm na determinação de uma série de fatores — da saúde à riqueza — de sua idade adulta. À medida que a pesquisa avança, nota-se que a idade para o surgimento de características importantes vai retrocedendo: sabe-se hoje que eventos que ocorrem na vida intrauterina do indivíduo têm impactos que perduram até sua morte.

Esse avanço do conhecimento vem embasando uma mudança de políticas públicas, especialmente nos países desenvolvidos, no sentido de se intervir cada vez mais cedo, com foco maior nas famílias em estado de vulnerabilidade. A ciência sugere que intervenções são menos eficazes se forem deixadas para o início da escola formal, quando algumas das diferenças entre as crianças que provêm de ambientes diferentes já estão sedimentadas. Um estudo acompanhou 42 recém-nascidos por três anos nos Estados Unidos e mostrou que, aos 3 anos de idade, os filhos de pais instruídos tinham um vocabulário de 1.100 palavras, enquanto os filhos de pais que dependiam de programas de governo dominavam apenas 525 palavras, menos da metade.[1] O QI (Quociente de Inteligência) das crianças do primeiro grupo era de 117; o do segundo ficava em 79. Estudos subsequentes mostraram que essas diferenças eram ainda perceptíveis aos 9 anos.

Assim, o primeiro esforço de muitos países foi começar a educação mais cedo, na pré-escola, o que na legislação brasileira atual significa crianças de 4 e 5 anos (antes da mudança de legislação do ensino fundamental, essa idade era de 5 e 6 anos).

O impacto positivo da pré-escola é atestado por literatura científica extensa. Estudos feitos no Brasil demonstram que alunos que cursaram a pré-escola têm desempenho acadêmico melhor do que aqueles que não a cursaram.[2] Essa diferença persiste por todas as séries, e aparece também em exames padronizados como o Saeb (Sistema Nacional de Avaliação da Educação Básica). Alunos que têm melhor desempenho tendem a gostar mais da escola e, portanto, a não abandoná-la. A hipótese é confirmada pelos dados: alunos que cursaram a pré-escola têm maior probabilidade de completar todos os níveis de ensino. E não só na escola: até a taxa de conclusão do ensino superior é maior. O impacto vai além da vida escolar e se estende à vida adulta: no Brasil, um estudo sugere que aqueles que fizeram pré-escola têm salário 16% mais alto que os que não a cursaram.[3] Estudos americanos demonstram também que a pré-escola tem impactos negativos sobre a criminalidade.[4]

Por todos esses benefícios, vários países, entre eles o Brasil, vêm perseguindo o caminho da universalização da educação infantil, especialmente na idade da pré-escola (antes dela vem a creche, cujos efeitos educacionais aparentam ser nulos). Já estamos bastante avançados: aproximadamente 78% de nossas crianças estavam na pré-escola em 2009.[5] Usando o critério da Unesco, que é comparável internacionalmente, tínhamos 65% de taxa de matrícula, número elevado, comparável a vários países líderes em educação.[6]

Há, porém, uma diferença fundamental entre o esforço de universalização da educação infantil no Brasil e nos países desenvolvidos: enquanto nesses países o movimento se deu depois que todas as necessidades basilares de sua educação escolar foram atendidas, no Brasil ele está sendo usado (e vendido à população) como solução para as graves deficiências do nosso sistema educacional.

A pré-escola, que é um belo aditivo a um sistema escolar, é vendida no Brasil como parte indispensável deste. Especialmente quando falamos de alfabetização, parece que a pré-escola é condição necessária para o seu sucesso.

A experiência internacional demonstra claramente a falácia deste argumento. Nenhum dos países que deram saltos educacionais importantes nas últimas décadas teve a universalização da pré-escola como conquista anterior ao êxito na alfabetização e no ensino regular de modo geral. Em 1975, por exemplo, a taxa de matrícula na pré-escola na Finlândia era de 32%; na Noruega, de 13%; na Coreia do Sul, de 3%; e no Reino Unido, de 21%. Mesmo em 1980, quando muitos desses países já começavam a dar importantes sinais acerca da melhoria de sua educação, nenhum tinha nem metade da população na pré-escola. Na Finlândia, até há pouco o melhor sistema educacional do mundo, a taxa de matrícula na pré-escola ainda em 1990 era de 33%. O exemplo mais claro da dispensabilidade da pré-escola vem da China. Em 2008, último ano disponível, sua taxa de matrícula nesse nível era de 44%.[7] Um ano depois, o mesmo país apareceu em primeiro lugar no mundo no Pisa (Programa Internacional de Avaliação de Alunos), exame que mede o conhecimento dos jovens de 15 anos.[8]

A expansão da pré-escola vem ganhando popularidade porque, como qualquer expansão, é bem-vista por todos. Políticos gostam de inaugurar escolas e criar vagas. Os honestos, porque isso melhora sua popularidade. Os desonestos, porque melhora suas contas bancárias — nada como uma boa obrinha pra desviar recursos e gerar "doações" de empreiteiras.

"Mas se os efeitos da pré-escola são positivos, que mal há nisso?", alguns haverão de dizer. "Expandir a pré-escola não deve significar deixar de lado as lutas pela melhoria do ensino fundamental", pensarão os panglossianos. Ocorre que, na realidade, não é assim. Em qualquer organização da iniciativa privada, por exemplo, sempre há dezenas de projetos com retorno positivo que podem ser perseguidos, mas as organizações bem-sucedidas implementam apenas um número muito pequeno dessas oportunidades. Por uma questão de estratégia e foco: não há tempo nem recursos humanos para se fazer tudo bem-feito. É preciso, então, priorizar aquilo que é mais importante e que dá maior retorno. As organizações públicas e educacionais têm as mesmas limitações que qualquer organização humana mas, no Brasil, acham que podem (e devem) fazer tudo ao mesmo tempo, e que conseguirão fazer tudo bem-feito. A realidade está aí para provar seu engano.

Precisamos fugir da armadilha da expansão do ensino para o nível infantil por duas razões. A primeira é conceitual: há mais de dez anos, com a universalização do acesso ao ensino fundamental, nosso maior problema deixou de ser a quantidade (matrículas, vagas, verbas etc.) para se tornar a qualidade da educação: aprendizagem. Mas as reformas que geram qualidade requerem esforços, brigas com as corporações do ensino, interferência nas universidades, fim do loteamento político de cargos. Enfim, uma série de medidas que são tão importantes para o povo brasileiro quanto desagradáveis para nossos políticos e muitos professores e funcionários escolares incompetentes. Por isso, ainda não conseguimos, como país, focar na qualidade do ensino. E assim continuamos aparecendo nas últimas posições de vários indicadores globais de educação. Já há relativamente pouco que se possa fazer, quantitativamente, pelo ensino fundamental. Se, como sociedade, conseguirmos fazer com que nossos líderes se atenham a esse nível e não escapem das batalhas que importam, teremos verdadeiros e importantes avanços. Se, porém, perdermos o foco e deixarmos que as atenções se voltem para a tenra infância (hoje os de 5 anos, daqui a pouco os de 3...) perderemos mais dez ou quinze anos até finalmente descobrirmos que, ops!, apesar de todos os progressos na pré-escola, nossos alunos continuam chegando à 4ª série sem saber ler nem escrever.

A segunda razão é objetiva. Temos uma enorme e urgente batalha a travar, quase vergonhosa: precisamos alfabetizar 100% de nossas crianças até a 2ª série. Essa precisa ser uma obsessão, pois sem essas fundações sólidas não há como erguer o edifício do conhecimento. E o que a experiência internacional mostra é ser perfeitamente viável — aliás, é o normal — alfabetizar crianças que não passaram pela pré-escola, já na 1ª série. Os ganhos para o país da eliminação do analfabetismo serão muito maiores do que aqueles oriundos da universalização da pré-escola. Essa é a batalha que temos à nossa frente. Admitir distrações é quase cometer crime de guerra.

Artigo publicado em março de 2011

20 Hora de peitar os sindicatos

Quando se fala sobre a política da saúde em relação ao tabagismo, os representantes dos fabricantes de cigarro raramente são trazidos para o debate. Essa exclusão não se dá pelo seu desconhecimento do tema, já que eles claramente conhecem o produto mais do que a maioria de seus interlocutores, ou porque haja algum preconceito contra eles — entendemos que estão fazendo esse trabalho para sustentar suas famílias e não por um desejo de matar milhões de pessoas por ano. Desconsideramos suas opiniões porque sabemos que elas não terão em mente o bem público, mas única e exclusivamente o ganho de sua empresa. São partes interessadas na questão e, portanto, sabemos que seu julgamento será influenciado por vieses potencialmente conflitantes com o interesse comum.

Na área da educação, que é tão importante quanto a da saúde, não é assim. Se você tem frequentado a imprensa brasileira nas últimas décadas, sua visão sobre educação será provavelmente idêntica à dos sindicatos de professores e trabalhadores em educação. Você deve achar que o país investe pouco em educação, que os professores são mal remunerados, que as salas de aula têm alunos demais, que os pais dos alunos pobres não cooperam, que deficiências nutritivas ou amorosas na tenra infância fazem com que grande parte do alunado seja "ineducável" e que parte do problema da nossa educação pode ser explicado pelo fato de que as elites não querem um povão instruído, pois aí começarão os questionamentos que destruirão as estruturas do poder. Não importa que todas essas crenças (exceto a última, que simplesmente não resiste à lógica) sejam demonstravelmente falsas quando se cotejam décadas de estudos empíricos sobre o assunto. Todas elas vêm sendo defendidas, ad nauseam, pelas lideranças dos trabalhadores da educação. E, como são muito pouco contestadas, acabaram preenchendo o entendimento sobre o assunto no consciente coletivo, e já estão de tal maneira sedimentadas na mente da maioria das pessoas que todas as evidências do contrário são imediata e automaticamente rechaçadas. É como se ainda negássemos a ligação entre cigarro e câncer de pulmão.

A sociedade brasileira parece não reconhecer que os sindicatos de professores pensam no bem-estar de seus membros, e não da sociedade em geral. Incorporamos a ideia de que o que é bom para o professor é, necessariamente, bom para o aluno. E isso não é verdade. Cada vez mais a pesquisa demonstra que aquilo que é bom para o aluno na verdade faz com que o professor tenha que trabalhar mais: passar mais dever de casa, mais testes, ocupar de forma mais criativa o tempo de sala de aula, ter uma formação aprofundada no assunto que leciona. E aquilo que é bom para o professor — aulas com menos alunos, maior salário, mais férias, estabilidade no emprego, maior liberdade para montar seu plano de aula e para faltar ao trabalho quando for necessário — é irrelevante, ou até maléfico, para o aprendizado dos alunos.

É justamente por haver esse potencial conflito de interesses entre a sociedade (representada por seus filhos/alunos) e os professores e funcionários da educação que o papel do sindicato vem ganhando importância e que os sindicatos são tão ativos politicamente, convocando greves, passeatas, manifestando-se publicamente com estridência etc., da mesma maneira que a indústria tabagista ou de bebidas faz mais lobby do que, digamos, os fabricantes de fralda.

Uma das razões que tornam os sindicatos tão poderosos é que eles funcionam. Estudo do fim da década de 1990 mostrou que, dentre os professores brasileiros, a sindicalização era o fator mais importante na determinação do seu salário: os filiados tinham salários 29% mais altos que os independentes.[1]

Outras pesquisas que estudam o papel do sindicato dos professores encontram resultados curiosos. Um estudo de um economista de Harvard tentando entender o porquê da queda da qualidade das pessoas que optaram pela carreira de professor nos Estados Unidos entre 1961 e 1997 encontrou dois fatores: um deles, explicando três quartos do problema, era a crescente sindicalização dos professores, que gerava compressão salarial (o outro fator era a emancipação feminina, já discutida aqui em artigo anterior).[2] Quando um sindicato "se adona" de uma categoria, a tendência é que os salários de seus membros deixem de ser um reflexo de seu mérito individual e passem a ser resultado de seu pertencimento a alguma categoria que possa ser facilmente agregável e discernível — como ter x anos de experiência ou ter feito uma pós-graduação, por exemplo —, pois só assim é possível estabelecer negociações salariais coletivas para milhares de membros. E só com negociações coletivas é que se torna possível a um sindicato controlá-las. Talvez seja por isso que os aumentos salariais tenham se provado ferramenta tão ineficaz na melhoria da qualidade da educação: as pessoas mais competentes parecem não fugir do magistério pelo salário ser alto ou baixo, mas sim por seu salário não ter nenhuma relação com seu desempenho. Nenhum ás quer trabalhar em um lugar em que recebe o mesmo que os vagabundos e incompetentes. Talvez seja por isso que outro estudo mostrou, paradoxalmente, que a filiação a um sindicato afeta de forma significativamente negativa a satisfação dos professores com a sua profissão.[3] É o preço a pagar pelo aumento salarial.

O outro estudo que conheço sobre o tema é do alemão Ludger Wossmann, que comparou dados de 260 mil alunos em 39 países.[4] Uma de suas conclusões é que nas escolas em que os sindicatos têm forte impacto na determinação do currículo os alunos têm desempenho significativamente pior.

Quando ouvir um membro desses sindicatos se pronunciando, portanto, é mais seguro imaginar que suas reivindicações prejudicam o aprendizado do que o contrário. E especialmente quando a questão for salarial, é preciso levar em conta que não apenas os professores são beneficiados por seu aumento, como os sindicatos também, já que são mantidos por cobranças determinadas através de um percentual do salário.

Antes que a patrulha trate de colocar palavras na minha boca, me adianto: não sou contra a existência de sindicatos de professores, nem contra o lobby da indústria do cigarro, da bebida ou das armas. O direito de livre associação e expressão é um pilar inviolável de um estado democrático, que está acima até mesmo do aprendizado de nossos alunos. Só acho que os sindicatos e seus representantes devem ser vistos pelo que são: defensores de seus próprios interesses. Seu peso no discurso público deve ser ponderado por essa realidade.

Esse insight gera dois impactos importantes. O primeiro é de que os defensores da melhoria educacional do país estamos sós. O sindicato dos professores não é nosso parceiro e a união dos alunos deixou há muito de defender os interesses educacionais do alunado, trocando-o pela generosa teta do erário público e pelo triste mercantilismo da emissão de carteiras vale-desconto. Não podemos esperar que movimentos organizados abracem a causa da educação: precisamos gerar nós mesmos essa união, que será inclusive boicotada pelo status quo.

O segundo impacto é de que toda vez que uma organização com esses nobres fins se forma, o cacoete de buscar uma parceria com os representantes dos professores é o beijo da morte. Se quisermos defender exclusivamente o interesse do alunado, a relação com os sindicatos de trabalhadores da educação será provavelmente adversativa, talvez neutra, jamais colaborativa. Ou você já viu oncologista fazer parceria com a Souza Cruz ou o "Sou da Paz" de mãos dadas com a Taurus?

Artigo publicado em abril de 2011

21 O que o Brasil quer ser quando crescer?

Você sabe qual é o plano estratégico do Brasil? Quais são as nossas metas, aonde queremos chegar? Que tipo de país queremos ser no futuro? Eu confesso não saber. Os slogans e prioridades dos últimos governos não apontam para um programa positivo, sobre nossos anseios e planos, mas sim para uma agenda negativa: sabemos aquilo que não queremos ser. Não queremos ser um país excludente, mas sim "um país de todos". Queremos a perseverança — "sou brasileiro e não desisto nunca" — apesar de não estar claro qual o objetivo da persistência. Dilma agora fala na "erradicação da miséria" como seu grande objetivo. Ainda que nobre, tampouco aponta um rumo, apenas indica o que não queremos ser. Há inúmeras maneiras de ser um país de todos e em que não há miséria. A União Soviética se enquadrava nesse molde. A Suécia dos dias que correm, também. A Alemanha também seria boa candidata. Mas esses três países são bastante diferentes, e chegaram a esse ponto por meio de caminhos distintos. Qual será o nosso? Seremos o celeiro do mundo? Tentaremos quebrar a escrita e nos tornar a primeira nação a alcançar o patamar do Primeiro Mundo através da exportação de bens primários? Seremos um centro industrial? De baixa ou alta tecnologia? E a nossa economia política? Manteremos essa pseudossocial-democracia que vem imperando por inércia? Que nível de desigualdade de renda iremos tolerar, que peso o Estado terá? Sucumbiremos ao apelo do consumismo, à la Estados Unidos, ou privilegiaremos o tempo livre e a exploração cultural, como faz a França? As questões se acumulam e eu, pessoalmente, não conheço nenhuma liderança política ou intelectual que tenha esboçado um projeto completo de país para a geração de nossos filhos e netos. Pode ser que esse improviso dê certo. Pode ser que tropecemos no modelo ideal à medida que fazemos o caminho. Mas creio que estamos mais propensos a validar o antigo ditado chinês, segundo o qual não há bons ventos para quem não sabe aonde quer chegar.

Uma das áreas que mais sofrem com essa indecisão é a educação. Há uns cinco anos fiz uma consultoria para o nosso Ministério da Educação analisando o trajeto de países que, no passado ou atualmente, tiveram grandes avanços em sua educação. Analisamos dez países que podiam dar algumas lições ao Brasil: Alemanha, Argentina, Austrália, Coreia, Chile, China, Espanha, Irlanda, Reino Unido e Tailândia.

Uma das conclusões do estudo foi a de que nos países em que os saltos educacionais acompanharam saltos de desenvolvimento a modelagem do sistema educacional estava profundamente atrelada ao projeto estratégico da nação. Isso se dá de duas maneiras.

A primeira é que a visão de futuro que essas nações perseguem é o elemento primeiro e fundamental a nortear as ações de governantes e lideranças da sociedade civil da área educacional. Assim como a infraestrutura, a tributação, as relações exteriores e muitas das demais áreas que são responsabilidade de governantes, a educação não funciona autonomamente: ela se subordina a um projeto de país.

A segunda é que não apenas o objetivo educacional está atrelado ao objetivo econômico-estratégico, mas também o tipo de educação priorizada é determinado pelo caminho escolhido pelo país para atingir seu objetivo de crescimento. Esse modelo de crescimento, por sua vez, deriva de uma série de características e vantagens comparativas específicas ao país em questão. Tanto a China quanto a Irlanda buscam se desenvolver, mas optam por caminhos bastante distintos. A China, com seu enorme território e população, quer ser a fábrica do mundo, começando pelos itens de baixo valor agregado e gradualmente subindo os degraus necessários rumo às indústrias mais desenvolvidas. Seu sistema educacional acompanha e abastece a empreitada: a educação básica da província de Xangai recentemente ficou em primeiro lugar no mundo no Pisa (Programa Internacional de Avaliação de Alunos), e nas universidades o governo faz um esforço concentrado para repatriar os cientistas de origem chinesa que hoje trabalham nas grandes universidades ocidentais. A China preserva sua indústria, interfere no câmbio e exporta para o mundo. A educação chinesa é rígida, tradicionalista, competitiva.

Já a Irlanda é pequena demais para adotar estratégia semelhante. No fim dos anos 1980, transformou-se em um país de grande abertura para o mundo e de baixos impostos. Valeu-se de um ativo importante — falar inglês — para atrair empresas globais. Preocupou-se em ter uma população qualificada em todos os níveis: até hoje, tanto no ensino secundário quanto no universitário, o aluno pode escolher entre uma escola acadêmica, que leva à universidade, e uma escola vocacional/profissionalizante, que leva, também no ensino superior, a institutos técnicos. O jovem sai do sistema educacional com uma educação de ponta, quer ele vá ser cientista e advogado, quer gerente de banco e agente de viagens. Poderá trabalhar, com competência e criatividade, nas empresas estrangeiras que adotam a Irlanda como sua base na Europa.

No Brasil, que tem um dos piores sistemas educacionais do mundo, as coisas são ao contrário. Não temos um projeto de país e a educação é desconectada de qualquer visão macro. Não é percebida como uma ferramenta estratégica para o desenvolvimento, mas como um fim em si mesmo, como um direito do cidadão e ponto. Quando os educadores se referem à sociedade, o objetivo mais frequente não é de perquirir seus anseios, mas de reclamar. Não fossem os malditos pais dos alunos (que não cooperam, são incultos, bebem, mimam seus filhos, divorciam-se deixando famílias desestruturadas etc.) e a escola brasileira geraria os resultados de uma Finlândia. Pior ainda, o pensamento educacional brasileiro é tão original e autóctone quanto a arquitetura que recria o neoclássico parisiense no topo de espigões às margens de rios fétidos. Somos o pior tipo de colonizados: formalmente livres, mas intelectualmente amarrados às antigas metrópoles, incapazes de pensar sozinhos. Nossa teoria educacional é importada de outros países, porque o que dá gabarito é estar inserido na discussão dos temas candentes na Europa ou nos Estados Unidos, mesmo que a discussão lá seja a respeito dos problemas deles, que não têm nada a ver com os nossos.

A sociedade civil precisa recuperar nossa educação e subordiná-la aos interesses nacionais. Precisamos criar uma geração de pensadores que se esqueça dos simpósios em Madri e pense no que funcionará para alfabetizar as crianças de Madureira. E precisamos de um projeto de país — criado aqui, tendo em mente nossa cultura, recursos e instituições — que oriente e catalise todo esse esforço. Enquanto esse projeto não chega, nossa escola deve se mobilizar para construir o primeiro passo, comum a qualquer projeto futuro: toda criança plenamente alfabetizada ao fim da 2ª série.*

Artigo publicado em maio de 2011

---

* Atualmente, dados o avanço da pesquisa sobre o assunto e a dimensão do nosso atraso, acredito que precisamos ser mais ambiciosos, e estabelecer como meta a alfabetização das nossas crianças já no final do primeiro ano do ensino fundamental. (N. A.)

22 Pra pobre analfabeto... tae kwon do!

No mês de maio, tive a oportunidade de acompanhar uma equipe de reportagem do *Jornal Nacional* em um projeto chamado "JN no Ar — Blitz da Educação". Visitamos uma cidade de cada região do país, definida por sorteio. Em cada cidade, conhecemos a pior e a melhor escola pública, de acordo com o Ideb (Índice de Desenvolvimento da Educação Básica), que congrega informações sobre o aprendizado dos alunos e as taxas de aprovação, atribuindo a cada escola uma nota em escala que vai de zero a dez.* Em cinco dias consecutivos, passamos por Novo Hamburgo (RS), Vitória (ES), Caucaia (CE), Goiânia (GO) e Belém (PA). As matérias resultantes foram exibidas diariamente no *Jornal Nacional* e estão disponíveis no site do programa.

Não se pode dizer que as dez escolas visitadas são uma amostra representativa da educação brasileira, visto que a seleção não foi totalmente aleatória, mas creio que se aproximam bastante do quadro geral do país. As visitas não trouxeram nenhuma grande surpresa para quem é familiarizado com a educação brasileira, mas adicionam uma concretude que às vezes falta nas pesquisas citadas nessas páginas. Por isso, compartilho alguns aprendizados e experiências, resumidos abaixo.

---

* O índice foi idealizado pelo autor no livro *A ignorância custa um mundo: o valor da educação no desenvolvimento do Brasil*. São Paulo: Francis, 2004. (N. E.)

A importância da direção/gestão. Quando falamos em educação, focamos na figura do professor, que é o ator principal do processo e é quem tem contato direto com os alunos. Mas, assim como em qualquer organização humana, por trás dos talentos individuais é preciso haver uma gestão que oriente os esforços e dê um sentido ao todo. Nas escolas, é o diretor. É impressionante como é possível notar grandes diferenças entre as escolas através de pequenas diferenças no discurso dos diretores. Nas escolas ruins, os diretores normalmente não sabiam quantos alunos estudavam lá. Diziam coisas como "uns setecentos", "na faixa de 350". Nas escolas boas o diretor sabia o número exato e respondia sem titubear. Nas escolas ruins, há uma certa frouxidão sobre aquilo que deve ser ensinado e como. Os diretores, invocando a "democratização" ou o "processo coletivo da construção do saber", deixam os professores mais à vontade para que definam o que é melhor para seus alunos. Nas escolas boas, é bastante claro para todos — e costuma estar em documento escrito e distribuído a professores e pais — o que será ensinado a cada ano, de que maneira e usando que materiais. Nas escolas boas há disciplina — sem repressão, apenas ordenamento. Nas ruins, balbúrdia.

Envolvimento dos pais. As escolas boas se esforçam para atrair os pais para dentro da rotina escolar. Na escola de Novo Hamburgo (E.M. Jacob Kroeff), as reuniões com pais eram marcadas para as 19h. Muitos pais faltavam. A diretora ligou para os faltantes para descobrir o porquê da ausência. Ouviu que as reuniões eram muito cedo, não dava tempo de chegar do trabalho. As reuniões então foram alteradas para as 20h. O quorum aumentou. Na escola boa de Goiânia (E.M. Francisco Bibiano), a diretora espera os pais todos os dias, no portão da escola, tanto na entrada quanto na saída dos alunos, e conversa com quem ali estiver. Desde o primeiro ano a família recebe um boletim com notas e comentários extensos ao fim de cada bimestre. Na escola ruim de Belém, ao contrário, há um total descaso para com os pais. As reuniões são marcadas durante a manhã ou à tarde, horários impossíveis para qualquer trabalhador. A direção e os professores comunicam eventuais problemas dos filhos por bilhetes — mesmo sabendo que a maioria é semianalfabeta. Cumprem os rituais, mas é só.

Cultura do sucesso *vs.* tolerância ao fracasso. Já dizia Ambrose Bierce que o dicionário é o único lugar em que sucesso vem antes de trabalho. As boas escolas obtêm desempenhos mais altos porque trabalham duro para isso. E o primeiro passo dessa caminhada é ter a expectativa do sucesso, com metas ambiciosas. Os diretores e os professores das escolas que funcionam querem que seus alunos aprendam. Mesmo com todas as dificuldades do entorno. Quando o aluno não aprende, eles chamam os pais, criam aulas de reforço, insistem. Chamam para si a responsabilidade. Já as escolas fracassadas aceitam seu insucesso como normal. Aliás, nem reconhecem o insucesso como seu: a responsabilidade é sempre de um ente externo, fora do controle da escola. Pode ser "o sistema", os políticos, os pais, os alunos ou a sociedade. Nunca é com eles. Essa terceirização da responsabilidade gera uma certa indolência. Na escola de Goiânia com Ideb baixo, os alunos estavam praticamente analfabetos no 4º ano (!). Perguntei se faziam algum trabalho de reforço para recuperar o prejuízo. "Sim, três horas diárias!", me disse a diretora, orgulhosa. Pedi pra ver essa aula. Ficava num espaço em que 60% eram cobertos por um tatame, outros 20% estavam tomados por instrumentos musicais. Os alunos ficavam apertados nos 20% restantes, em espaço sem lousa ou material didático. Perguntei o porquê do arranjo peculiar e me disseram que metade do tempo de aula era usado para lições de tae kwon do. Devotar metade da aula a atividade esportiva, com alunos analfabetos no 4º ano, é uma confissão de abandono.

Uso do material didático. Nas boas escolas, professor e alunos usam o material didático como apoio, o que dá uma organização ao processo de ensino. Na escola boa de Caucaia (E.M. Celina Sá Morais) usa-se um material de um programa do governo do estado para alfabetizar alunos na idade certa. Professor e alunos são conduzidos por um caminho que dá certo, sem a necessidade de reinventar a roda a cada dia. Nas más escolas, o material didático não é usado ou o professor o utiliza para substituir a aula. Na mesma Caucaia, na escola ruim, a atividade dos alunos consistia em ler o livro didático e responder às perguntas do próprio livro. A professora ficava ali, olhando. Isso pode — e deve — ser feito como dever de casa, não em tempo de aula. Na escola ruim de Novo Hamburgo, a tarefa era pior ainda: o professor entregava jornais aos alunos, que ficavam lendo durante uns vinte minutos, soltos. A menina sentada ao meu lado ficou lendo as propagandas de clínicas de emagrecimento...

Monitoramento e avaliação constantes. Nas boas escolas, há avaliação constante e formal. Na boa escola de Goiânia, a diretora se reúne com professores e coordenadores quatro manhãs por semana, entre 7h e 7h45 da manhã, horário de início das aulas. No quinto dia, ela se encontra com os pais dos alunos que estão com dificuldades. Nas escolas ruins, os métodos de avaliação são "holísticos", "informais" e "coletivos", o que costuma ser uma desculpa para dar nota boa ao aluno bem-comportado, mesmo que ele não esteja aprendendo nada.

O poder do bom professor. É impressionante a diferença que um professor pode fazer, mesmo nas condições mais precárias. Na escola ruim de Vitória, as turmas estavam vazias e a escola acabou se tornando destino de alunos recusados por outras escolas. As aulas das séries mais avançadas a que assisti eram péssimas; muito tempo perdido com abobrinhas ou com aluno refazendo o dever de casa. Professores usando um tom agressivo e condescendente com os alunos. Aí entrei na turma do 1º ano, de uma professora chamada Alecsandra. A sala estava cheia de livrinhos. Os alunos tinham o mesmo material didático que a professora. Ela escrevia na lousa com cuidado, para que as letras saíssem bonitas e fáceis de entender. Falava baixo e atenciosamente com os alunos. Engajava-os, fazendo perguntas a todos. E, com três meses de aula, muitos já estavam demonstrando sinais sólidos de alfabetização. Qualquer professor que culpe "o sistema" deveria passar por uma aula assim para voltar a acreditar em si mesmo.

P.S. Sugestão aos nossos congressistas: criem uma lei que obrigue todas as escolas públicas do país a colocar seu Ideb em placa de um metro quadrado ao lado da porta principal de cada escola, em uma escala gráfica mostrando que a nota vai de zero a dez. E que conste, embaixo, o Ideb médio do município e do estado. A maioria dos pais e dos professores hoje não sabe se a escola do filho é boa ou ruim, e se esperarmos que consultem o site do MEC, seremos o país do futuro por muitas gerações. Gostou da ideia? Quer ajudar? Mande um e-mail para o seu deputado e o pressione.

Artigo publicado em junho de 2011

23 Precisamos de educação diferente de acordo com a classe social

No artigo anterior, lancei aos nossos congressistas uma sugestão: que façam uma lei determinando que toda escola pública coloque uma placa de boa visibilidade em sua entrada principal, com o Ideb (Índice de Desenvolvimento da Educação Básica) daquela escola. A lógica é simples. Em primeiro lugar, todo cidadão tem o direito de saber a qualidade da escola que seu filho frequenta. Hoje esses dados estão "escondidos" em um site do Ministério da Educação. Não é razoável achar que um pai, que nem sabe o que é o Ideb, irá encontrar esse site. Já que o dado existe e é de grande relevância para a vida do aluno e para sua família, não vejo nenhuma razão pela qual ele não seja divulgado para valer. Em segundo lugar, acredito que essa divulgação pode colaborar para quebrar a inércia da sociedade brasileira em relação às nossas escolas. Essa inércia está ancorada em uma mentira: que nossas escolas são boas. Os pais de nossos alunos, tanto das escolas públicas quanto das particulares, acham (em sua maioria) que a escola de seus filhos é muito melhor do que ela realmente é (em outra oportunidade falarei sobre as escolas particulares). Não é possível esperar uma mobilização da sociedade em prol da educação enquanto esse engano persistir. Ninguém se indigna e mobiliza para combater algo que lhe parece estar bem. E não acho que seja possível a aprovação de qualquer reforma importante enquanto a sociedade não respaldar projetos de mudança, que hoje são sempre enterrados pelas pressões corporativistas.

A sugestão do artigo desencadeou dois movimentos rápidos, enérgicos e antagônicos. Por um lado, houve grande acolhimento da ideia dentre os reformistas. Ela deu origem a dois projetos de lei no Congresso, dos deputados Edmar Arruda e Ronaldo Caiado, que já chegaram à Comissão de Educação da Câmara, onde serão relatados por Lelo Coimbra. Já foi aprovada como lei municipal em Teresina, em projeto de Ronney Lustosa, e tramita como lei estadual no Piauí e no Mato Grosso. Está em discussão em outras cidades, dentre elas São Paulo, onde o vereador Floriano Pesaro e o secretário de Educação Alexandre Schneider desenvolvem o projeto de lei. Vários veículos de mídia já apoiaram a ideia, dentre eles a revista *Veja*, o jornal *Folha de S.Paulo*, o Grupo RBS, o Grupo ORM e o jornal *O Globo*. Nizan Guanaes cedeu o talento do seu Grupo ABC para trabalhar na formatação gráfica e normatização da placa.*

Ao mesmo tempo, a ideia vem sofrendo resistências. As críticas são interessantes: escancaram uma visão amplamente difundida sobre os nossos problemas educacionais que não podemos mais ignorar ou tentar contornar. Precisam ser endereçadas. São compartilhadas por gente em governos, na academia, por jornalistas e "ongueiros". É uma mistificação inclusiva, que acolhe gente de todas as idades, geografias, níveis de renda e intelectual.

Agruparia essa visão em três grupos, que postulam o seguinte: 1. Para o aluno pobre, o objetivo principal é estar na escola; se aprender, é lucro; 2. O objetivo da escola deve ser o bem-estar do professor; 3. É impossível esperar que o aluno pobre, que mora na periferia em família desestruturada, aprenda o mesmo que o aluno de classe média ou alta. Claro, ninguém diz isso abertamente, mas é o corolário do seu pensamento. Vejamos exemplos.

Grupo 1: O secretário de Educação do Rio Grande do Sul, José Clóvis de Azevedo, declarou, em evento oficial em que palestrou, a respeito de

---

* Desde a publicação deste artigo, o projeto foi implementado em vários outros municípios e estados, incluindo a cidade do Rio de Janeiro, e os estados de Minas Gerais e Goiás. Projetos de lei seguem tramitando em várias outras regiões. Mais detalhes podem ser obtidos no site: www.idebnaescola.org.br. (N. A.)

uma escola que tem o mais baixo Ideb de uma cidade da grande Porto Alegre, que "o importante dessa escola não é o Ideb, mas o fato de ser uma escola inclusiva", já que recebe alunos de áreas de baixa renda etc. Essa é apenas uma manifestação mais tosca e descarada de um sentimento que você já deve ter encontrado em uma roda de conversa quando, por exemplo, alguém defende a escola de tempo integral porque tira a criança da rua ou do contato com seus amigos e familiares.

É como se os pobres fossem bárbaros e a função da escola fosse civilizar a bugrada. O próprio MEC utiliza o conceito de "qualidade social" da educação, em contraposição à "qualidade total", esta última se referindo ao aprendizado dos alunos. Não conheço nenhuma definição acurada e objetiva do que seria a "qualidade social", então utilizo a definição de um site da UFBA (Universidade Federal da Bahia): "A qualidade social da educação escolar, para o contexto capitalista global em que se encontram nossas escolas, diz respeito ao seu desempenho enquanto colaboradora na construção de uma sociedade mais inclusiva, solidária e justa."[1]

A minha visão de educação é de que a inclusão social se dará justamente através do aprendizado dos conteúdos e das competências de que o jovem precisará para ter uma vida produtiva em sociedade: todas as pesquisas apontam que gente mais (e melhor) instruída recebe maiores salários. É através desse ganho de renda que essas populações marginalizadas se integrarão aos setores não marginalizados da sociedade, rompendo o ciclo secular de pobreza e exclusão. Acho criminoso contrapor a "qualidade social" ao aprendizado ou, pior, usá-la como substituição deste, porque sob nenhuma condição o ignorante e despreparado poderá triunfar no mundo real. Muitos educadores acham que seu papel é de suprir as carências — de afeto, de higiene, de valores de vida etc. — manifestadas pelos alunos carentes. Podem não conseguir alfabetizá-los ou ensinar-lhes a tabuada, mas "a educação é muito mais que isso", e há uma grande vantagem: o "muito mais que isso" não é mensurável e ninguém pode dizer se a escola está fracassando ou obtendo êxito nessa sua autocriada missão.

Outra secretária de Educação, Rosa Neide, do Mato Grosso, é boa representante do Grupo 2. Ao comentar, em palestra recente, a proposta de divulgação das notas do Ideb nas escolas, se disse contrária, pois a aprovação de uma lei nesse sentido causaria grande dificuldade à Secretaria, que se veria atolada de pedidos de alunos de escolas ruins querendo ir para escolas boas, além do fato de que acabaria estigmatizando os professores das escolas ruins.

É uma visão ecoada por muita gente boa que, sempre que ouve qualquer medida da área educacional, se pergunta como isso impactaria seus profissionais. Parte das pessoas que pensa assim o faz por cálculo político: quer ficar "bem na foto" com os "coitados" professores, ou pelo menos não tomar as bordoadas destinadas àqueles que não se submetem à sua cartilha. Parte o faz por reflexo espontâneo: a discussão sobre o tema no Brasil foi de tal maneira dominada, nas últimas décadas, pelas corporações de seus profissionais que eles se tornaram nossa preocupação número um. Ouvimos a todo instante sobre a necessidade de "valorizar o magistério" e "recuperar a dignidade do professor", que é um adulto, que escolheu a profissão que quis trilhar e é pago para exercê-la. Apesar de o aluno ser uma criança e de ser obrigado por lei a cursar a escola, nunca vi ninguém falando na valorização do alunado ou na recuperação de sua dignidade. Por isso se faz necessário dizer o óbvio: a educação existe para o aluno. O bom professor (assim como o diretor e os demais funcionários) é uma ferramenta — importantíssima — para o aprendizado do aluno. Mas ele é um meio, não um fim em si. Se o professor estiver satisfeito e motivado e o aluno ainda assim não aprender, a escola fracassou. O locus das nossas preocupações deve ser, em primeiro lugar, o aluno. Em segundo, o aluno. E em terceiro, aí sim... o aluno.

Mas sem dúvida a oposição mais comum vem dos membros do Grupo 3, que usam a seguinte palavra mágica: contextualizar. Escreve Maria do Pilar Lacerda, secretária da Educação Básica do MEC: "Divulgar o Ideb é necessário. Mas o contexto onde está a escola faz muita diferença nos resultados. Por isto é perigoso [sic] uma comparação 'fria' dos resultados." Quer dizer: não é possível avaliar a escola de alunos pobres e ricos da mesma maneira. Não se pode esperar que pobres aprendam o mesmo que ricos, por conta da influência do meio sobre o aprendizado. De forma que colocar uma placa com o aprendizado da escola sem atentar para o contexto social em que ela está inserida seria dar uma falsa impressão da verdadeira qualidade daquela escola e do esforço de seus profissionais. Essa visão é caudatária de um mal que acomete grande parte dos nossos compatriotas: o de achar que o esforço importa mais que o resultado.

Essa visão pode dar algum conforto para os tropeços que as pessoas sofrem em suas vidas pessoais, mas na vida pública de um país, especialmente quando lidamos com gente com dificuldades, acho que devemos ser radicais: o esforço é absolutamente irrelevante, só o que importa é o resultado. Nesse caso, o aprendizado dos alunos. Tanto para o aluno quanto para o país. Porque o aluno, quando sair da escola e for buscar um emprego, não vai poder dizer "eu não sei a tabuada, não falo inglês e nem sei o que é o pretérito imperfeito, mas o senhor deveria me contratar, porque eu nasci numa favela, meu pai me abandonou quando eu tinha 2 anos". Da mesma forma, se exportarmos um produto mais caro e de menor qualidade que seus concorrentes, não podemos esperar que o consumidor final decida comprar o nosso produto por ele conter uma etiqueta que diga: "Atenção: produto fabricado em país que só aboliu a escravidão em 1888 e vitimado por secular colonialismo predatório." O que importa é aquilo que o aluno aprende. É mais difícil fazer com que esse aluno, nesse contexto, aprenda o mesmo que um aluno de boa família? Sem dúvida! Mas o que precisamos fazer é encarar o problema e encontrar maneiras de resolvê-lo. O problema dessas escolas não é o modo como os seus resultados ruins são divulgados, se serão servidos frios, quentes ou mornos: o problema são os resultados! E quando começamos a querer escamotear a realidade, a aceitar desculpas, quem sofre é o aluno.

Dados do questionário do professor do penúltimo Prova Brasil (exame do Inep [Instituto Nacional de Estudos e Pesquisas Educacionais Anísio Teixeira] que avalia estudantes do 5º e do 9º anos), tabulados pelo economista Ernesto Martins Faria para a revista *Educação*, mostram que mais de 80% dos mestres dizem que a culpa pelo baixo aprendizado dos alunos decorre "do meio em que o aluno vive". Mais de 85% dos professores também apontam "o desinteresse e falta de esforço do aluno" como razão para o insucesso da escola. Mas o exemplo da China comprova que a ideia de que não pode haver educação de alto nível em cenário de pobreza é balela: no último Pisa (Programa Internacional de Avaliação de Alunos), o teste de educação mais conceituado do mundo, a província de Xangai, que tem nível de renda per capita muito parecido com o brasileiro (11.118 dólares *vs.* 10.816 no Brasil),[2] apareceu em primeiro lugar em todas as disciplinas estudadas, enquanto o Brasil não ficou entre os cinquenta melhores.³ Relatório recente da OCDE mostra que o Brasil também fica na rabeira na recuperação de seus alunos pobres: aqui, só 22% dos alunos de baixa renda têm performance alta, enquanto na média dos países da OCDE esse número é de 31% e na China é de 75%.⁴

Nosso problema não é termos alunos pobres: é que nosso sistema educacional não sabe como ensiná-los, e está mais preocupado em encontrar meios de continuar não enxergando essa deficiência do que a solucionar. Por isso eu digo: precisamos, sim, de ensino e de padrões diferentes para ricos e pobres. Mas é o contrário do preconizado pela maioria: precisamos que a escola dos pobres ensine mais do que a dos ricos. É difícil? Muito. Mas precisa ser a nossa meta. Porque se não for, não estaremos dando igualdade de oportunidades a pessoas que já nascem com tantos déficits. E se o Brasil como um todo não melhorar seu nível educacional, jamais chegaremos ao primeiro mundo. Esse é o non sequitur desse pensamento dos "contextualizadores": seria necessário nos tornarmos um país de gente rica para que pudéssemos dar educação de qualidade a todos. Mas a verdade é que o salto da educação precisa vir antes: sem educação de qualidade, não teremos desenvolvimento sustentado. Podemos nos enganar com um crescimento econômico puxado pela alta de valor das commodities, mas em algum momento teremos de encarar a realidade: um país não pode ser melhor, mais rico e mais preparado do que as pessoas que o compõem.

Artigo publicado em julho de 2011

24 Você acha que as escolas particulares brasileiras são boas?

Eu tive o privilégio de estudar em boas escolas particulares. Foi só quando fui cursar uma universidade de ponta nos Estados Unidos que entendi o quão deficiente a minha escolaridade havia sido.

Meus colegas indianos haviam lido Shakespeare e Dante para a escola. Na minha, lemos Lima Barreto e Adolfo Caminha. Os chineses e russos tinham uma intimidade com a Matemática que lhes permitia visualizar a relação entre as equações e as formas espaciais que elas descreviam. Para mim, Matemática era só pegar lápis, papel e resolver um problema. Os dados estatísticos mostram que as deficiências da minha escola são compartilhadas por milhões de alunos de todo o país.

No Enem (Exame Nacional do Ensino Médio) de 2008 (inacreditavelmente, o último ano disponível), as escolas privadas atingem uma média de 56 pontos, em uma escala que vai até 100.[1] Ou seja, mesmo nessas escolas os alunos dominam pouco mais da metade das habilidades que deveriam. Se olharmos para o Pisa (Programa Internacional de Avaliação de Alunos), teste internacional de educação mais respeitado do mundo, que mede o aprendizado de jovens de 15 anos de idade, os problemas são parecidos. O desempenho, em leitura, dos 25% mais ricos dos alunos brasileiros é inferior ao desempenho do aluno médio dos países desenvolvidos (membros da OCDE), e é também inferior aos 25% mais pobres de lugares como Coreia, Finlândia, Hong Kong e Xangai. Se comparamos os 10% mais ricos do Brasil com os 10% mais ricos dos países da OCDE, a diferença que nos separa é o equivalente a quase um ano de escolaridade.[2] É como se a elite desses países estudasse um ano inteiro a mais que a nossa. Esses resultados ficam mais visíveis no ensino médio, mas as dificuldades começam mais cedo, nos primeiros anos. A recente Prova ABC, com crianças de 8 anos, mostrou que já nessa idade 21% dos alunos de escolas privadas não alcançam o desempenho mínimo esperado em Português e 26% delas não alcançam o esperado em Matemática.[3]

Como se explica, então, que a maioria dos pais de alunos das escolas privadas esteja satisfeito com a qualidade da escola dos filhos e que não vejamos muitos movimentos pela criação de mais escolas de ponta na rede privada, que se equipare à dos países ricos? Suspeito que a resposta tem muito a ver com algo que a psicologia chama de "*self-enhancement*" e os alemães magistralmente chamam de "*schadenfreude*": o fato de que a desgraça alheia nos dá alegria; uma maneira de nos sentirmos melhor é nos compararmos a quem está em situação pior que a nossa. A educação brasileira oferece um prato cheio: basta olhar para a educação pública. Esta, que domina quase 90% das matrículas, parece realmente muito pior do que a escola privada. Se no Enem as privadas só chegam a 56 pontos, as públicas não passam de míseros 37. Se na Prova ABC um em cada cinco alunos das escolas privadas não atinge o nível esperado de aprendizado, o que dizer dos alunos da escola pública, em que mais da metade não atinge esse nível em leitura e incríveis dois terços em Matemática?!

Se você é um típico pai ou mãe de aluno de escola particular, você acha que já está fazendo tudo o que pode ao trabalhar duro para pagar uma boa escola. Você acha que o aprendizado é obrigação da escola. Cada vez que você lê sobre alguma avaliação educacional acha que o problema não é com você — isso é problema de quem estuda em escola pública. Pelo contrário, aliás: ao ver os resultados desses testes ou procurar pela escola do filho no ranking você tem a reconfortante sensação de que seus esforços estão dando resultados. Que, na competição que é o mundo moderno, a educação que você consegue oferecer ao seu filho já lhe dá uma grande vantagem. Você até vai a uma ou outra reunião de pais, em que ficam falando sobre *bullying* ou a filosofia da escola. Mas o aprendizado não precisa ser discutido: presume-se que esteja sob controle.

Tenho más notícias para você. Primeira: os tempos mudaram, e a arena de competição dessa geração não é mais o Brasil, mas o mundo todo. Se o seu filho for despreparado, ele vai perder o emprego para um indiano, um australiano ou um chinês. Você talvez sinta pena dos alunos das escolas públicas, mas os chineses e os finlandeses sentem pena de você.

Segunda: o desempenho superior da escola do seu filho se deve mais a você do que à escola. Explico-me: Naercio Aquino Menezes Filho, do Insper (Instituto de Ensino e Pesquisa), fez uma análise econométrica dos dados do Saeb (Sistema Nacional de Avaliação da Educação Básica), e nela demonstra que mais de dois terços da diferença de desempenho entre os alunos das escolas públicas e particulares são atribuíveis ao nível socioeconômico de seus pais.[4] As escolas privadas não são muito melhores que as públicas, portanto. A grande diferença é que atendem um público mais fácil de ensinar.

Por que esse déficit de qualidade, mesmo na rede paga? Primeiro porque o sistema brasileiro de formação de professores é péssimo. A futura professora sai da faculdade despreparada. A escola particular ainda tem uma certa vantagem por poder contratar os melhores, pagar a cada um de acordo com o seu desempenho, demitir os piores e impor métodos e cobranças. Assim consegue uma vantagem, mas não há como tirar leite de pedra. Em segundo lugar, a escola sofre com a pouca cobrança e participação dos pais. Se os pais desencanam do aprendizado dos filhos, o horizonte de possibilidades da escola é reduzido.

Quais as consequências práticas de toda essa problemática?

No plano macro, acho que serve para descartar as visões mais ideologizadas sobre o assunto. Os radicais de esquerda, que praguejam contra a "mercantilização do saber" e pregam a estatização do ensino devem saber que as escolas privadas representam, sim, um ganho de aprendizagem para seus alunos, ainda que menor do que o comumente imaginado. A hipótese de que a rede privada prejudica a rede pública — que seria o único argumento para se tolher o direito dos pais abastados de procurar vantagens para seus filhos — não se confirma. Estudos em outros países sugerem, inclusive, que a concorrência com o sistema privado faz bem às escolas públicas, aumentando sua qualidade e elevando o salário de professores, mas na maioria dos casos o impacto é pequeno.[5]

Também erram aqueles que acham que a privatização do ensino seria a panaceia para todos os seus males. Um estudo sobre o sistema chileno,[6] que privatizou grande parte de sua educação básica através de vouchers, mostra que o caminho preferido das escolas para competirem é a seleção do alunado. Se você consegue atrair os melhores alunos, provavelmente será a melhor escola. Dificilmente o Brasil daria o salto educacional de que precisamos apenas pela privatização das escolas: haveria grande concorrência pelos melhores alunos, mas não necessariamente para melhorar o nível como um todo. E isso sem falar no papel da escola como ambiente socializador e desenvolvedor de uma identidade nacional. Ou seja: o sistema misto e liberal do Brasil está no caminho certo e deve ser protegido dos ideólogos.

E no plano micro, quais as lições aos pais? Em primeiro lugar, que precisam participar mais da educação de seus filhos e se preocupar mais com aprendizado em termos absolutos e menos com a vantagem da sua escola em relação às escolas de seus amigos ou das escolas públicas em seu redor. E, mais importante, os pais precisam saber que não é possível criar uma ilha da fantasia em que produziremos prêmios Nobel na rede privada em meio a um sistema público esfacelado. Pois é esse sistema público que forma os professores de seus filhos. Precisamos pensar como país, encarar o problema de forma sistêmica. Ou resolvemos o problema de todos, ou vamos acabar não resolvendo o de ninguém. Em 2012, tem eleição municipal. Que tal escolher o seu candidato baseado no desempenho das escolas que ele já administrou?

Artigo publicado em setembro de 2011

25 O rombo da educação: um cabide de empregos de R$ 46 bilhões

Há uns dois meses, quis descobrir o total de funcionários do setor da educação no Brasil. O número de professores é bem conhecido dos pesquisadores, pois está na casa dos 2 milhões de pessoas há alguns anos, mas não sabia quantos seriam os funcionários do setor que não são docentes.

Tenho um verdadeiro arsenal de dados estatísticos sobre a educação brasileira e internacional. Procurei em todos, inclusive em algumas sinopses estatísticas da educação básica, que são arquivos com mais de duzentas planilhas, que informam até quantas turmas do ensino fundamental com menos de quatro horas-aula por dia há no Acre. Mas o número de funcionários não aparece em nem um único documento. Não está disponível para consulta em lugar nenhum. Fiz então uma consulta direta ao Inep (Instituto Nacional de Estudos e Pesquisas Educacionais Anísio Teixeira), órgão do Ministério da Educação responsável por avaliações e estatísticas. A resposta solícita veio no mesmo dia: incluindo professores, são mais de 5 milhões de funcionários na área da educação do Brasil, sendo que pouco mais de 4 milhões estão na rede pública.

Fiquei embasbacado com esse dado. Não apenas pelo gigantismo do número total — seus 5 milhões de membros fazem com que essa seja a quarta maior categoria profissional do Brasil, atrás apenas dos agricultores, vendedores e domésticas[1] —, mas especialmente pelo fato de termos

3 milhões de funcionários longe da sala de aula, um número 50% maior do que o de professores.

Imaginei que essa relação entre funcionários e professores seria menor em países com sistemas de educação mais eficientes. Dito e feito, a relação é ainda menor do que eu imaginara. Segundo os dados mais recentes do EAG (Education at a Glance), levantamento feito pela OCDE, a relação entre funcionários e professores em seus países-membro é de 0,43. No Brasil, falando apenas do setor público, essa relação é de 1,48.[2] Ou seja, enquanto lá há um funcionário para cada dois professores, aqui a relação é quase três vezes e meia maior. Isso significa que, se o Brasil tivesse a mesma relação professor/funcionário que os países desenvolvidos, teríamos 706 mil funcionários públicos no setor, ao invés dos 2,4 milhões que temos. Como é difícil de imaginar que precisemos de mais funcionários que as bem-sucedidas escolas dos países desenvolvidos, isso faz com que tenhamos 1,7 milhão de pessoas excedentes no sistema educacional, recebendo todo mês salários que vêm do nosso bolso. Se presumirmos que os funcionários recebem o mesmo salário médio que os professores (infelizmente não há dados oficiais a respeito do país todo, mas a conversa com alguns secretários da Educação sugere que essa é uma hipótese válida), isso significa um desperdício anual de inacreditáveis R$ 46 bilhões, ou 1,3% do PIB, todo ano, o que certamente é mais do que todos os escândalos de corrupção da última década somados. É simples chegar a esse número: basta saber quanto o Brasil investe em educação por ano e que porcentagem disso é investido em folha salarial. Ambos os dados estão disponíveis no EAG.

A importância desse dado, porém, vai muito além da simples montanha de recursos que são desperdiçados. Ele ajuda a explicar algo ainda mais importante para o futuro do Brasil: a razão pela qual nossa educação vai tão mal.

O primeiro fator impactado por essa gastança é o salário do professor. Esse dado explica como o Brasil pode, ao mesmo tempo, investir tanto em educação e ter professores tão insatisfeitos com o seu rendimento. (A propósito, cruzando os dados da OCDE com o PIB brasileiro, o salário médio do professor na rede pública é de R$ 2.262 por mês. Cuidado com os discursos do pessoal que fala do "salário de fome". Se os funcionários excedentes fossem demitidos e os seus salários transferidos aos professores, a remuneração destes aumentaria 73%, para R$ 3.906 mensais.)

O segundo impacto é o poder político desse grupo. Se já seria difícil a algum político ir contra a vontade dos 2 milhões de professores, o que dizer então de um grupo que, na verdade, tem 5 milhões de membros, a grande maioria sindicalizado e politizado? Não é de se espantar que os políticos dispostos a encarar a briga com a categoria tenham sido invariavelmente derrotados. Não é de causar espanto, também, que a categoria consiga fazer greves tão volumosas e barulhentas.

A terceira realidade claramente descortinada por esses dados é a utilização política do setor de educação. Não é possível chegar a esse nível de balofice sem que haja um esforço deliberado de contratação de pessoas desnecessárias. Contratações que só ocorrem porque os profissionais da educação são frequentemente utilizados como instrumento político de seus padrinhos. Muitos viram simples massa de manobra e fonte de votos, outros — especialmente nos cargos de direção e supervisão regional — acabam se tornando verdadeiros cabos eleitorais de lideranças regionais. Assim como um ministério é fatiado para acomodar partidos da base aliada, nos estados e municípios brasileiros os diversos cargos da área da educação também se prestam à coordenação política do ocupante do poder.

A quarta conclusão, e potencialmente a mais séria, diz respeito à relação entre gastos com educação e a qualidade do ensino ministrado. A maioria dos estudos empíricos[3] sobre o tema, tanto no Brasil quanto fora dele, demonstra não haver ligação estatisticamente significativa entre o volume de recursos gastos em educação (tanto como porcentagem do PIB quanto em termos de investimento por aluno) e a qualidade do ensino ministrado. No Brasil, onde a maioria do gasto é canalizada para aumentar o número de profissionais na rede e dar melhor remuneração àqueles que já estão nela, não é de se surpreender que o constante aumento de gastos no setor nos últimos dez anos tenha sido acompanhado de estagnação no que tange ao aprendizado dos alunos (os resultados do Saeb [Sistema Nacional de Avaliação do Ensino Básico] eram mais baixos em 2007, último ano disponível, do que em 1997).[4]

Se já é difícil gerar melhorias nos países do mundo em que o recurso é aplicado onde é necessário, imagine no Brasil, onde o dinheiro vai para financiar esse gigantesco cabide de emprego/trem da alegria. O mais desalentador é que, em meio a tão contundentes evidências de que esse aumento de investimentos não tem trazido os resultados que importam — o aprendizado dos alunos —, testemunhamos a todo momento a patética querela, ensejada pelas discussões sobre o Plano Nacional de Educação, sobre se devemos aumentar o valor investido em educação dos atuais 5% do PIB para 7% (o que já seria um fenomenal aumento de 40%, ou incríveis R$ 73 bilhões/ano (!) em valores de 2010) ou para surreais 10%.

Parece não ocorrer a ninguém apontar que aquilo que poderia trazer melhorias significativas à nossa educação — reformular os cursos universitários de formação de professores, profissionalizar a gestão das escolas, adotar um currículo nacional, permitir a criação de novas modalidades no ensino médio, melhorar o material didático e cobrar a utilização de práticas de sala de aula comprovadamente eficazes — tem custo financeiro baixo ou nulo, e que nenhum deles acontecerá por osmose apenas com o aumento do investimento na área. É preciso disposição para encarar as tarefas que exigem trabalho e coragem para enfrentar as resistências corporativas. Mas sobre isso os bravos gastadores de plantão não querem nem ouvir falar. Não dá voto.

Não sei como se sentiram os passageiros do *Titanic* que ouviam a proverbial orquestra tocando enquanto o navio afundava, mas aposto que a minha estupefação e o meu desalento são parecidos com o sentimento deles. Com a agravante de que, cada vez que compro algo ou pago impostos, eu estou financiando o iceberg.

Artigo publicado em outubro de 2011*

---

* Esse é meu artigo favorito dentre todos os aqui reunidos. Conseguiu combinar tudo que me propus a fazer: trazer insights sobre nossos problemas educacionais de forma rigorosa e embasada em dados objetivos. E, que eu saiba, fui o primeiro a trazer essas informações à tona, que explicam por que o país investe tanto em educação sem que os professores tenham salários altos. O tamanho da expectativa gerada pela descoberta de um rombo de R$ 46 bilhões só foi maior do que a decepção causada pelo que de fato ocorreu depois da publicação do artigo: nada. (N. A.)

26 Que tal fechar as escolas ruins?

No apagar das luzes da gestão Haddad, o Ministério da Educação decidiu cortar 50 mil vagas de cursos universitários de "baixa qualidade", que não tinham atingido a nota mínima no mecanismo de avaliação do ministério. Mais de 30 mil das vagas cortadas são na área de saúde. A lógica dos cortes é de melhorar a qualidade do sistema universitário, fazendo com que as universidades de melhor qualidade possam crescer adicionando as vagas subtraídas das más instituições, e que a população seja protegida de profissionais despreparados.

A maioria das pessoas parece concordar com a medida, e até jornais liberais chegaram a apoiá-la em editorial. Se você concorda com ela, gostaria de ir um passo adiante e recomendar que também sejam cortadas todas as vagas de escolas de educação básica de má qualidade. Se a lógica vale para o sistema de ensino superior, por que não haveria de valer para a educação básica, que é certamente ainda mais importante para o país e representa um número consideravelmente mais alto de alunos (51 milhões, contra 5 milhões do ensino superior)?[1]

O corte de matrículas na educação básica faz muito mais sentido do que no ensino superior. Primeiro, porque enquanto os alunos da educação superior são jovens e adultos que têm a capacidade cognitiva para passar por todo um sistema educacional e também por um vestibular ou Enem

(Exame Nacional do Ensino Médio) e, portanto, têm todas as condições de saber qual a qualidade da faculdade em que estão entrando, os alunos que entram em uma escola na 1ª série têm reduzidas — para não dizer nenhuma — condições de saber a qualidade daquela escola. O primeiro indicador oficial de qualidade de uma escola, o Ideb (Índice de Desenvolvimento da Educação Básica), é divulgado a partir do 5º ano (o Ministério da Educação tem outro índice, que mede o nível de alfabetização nas primeiras séries, mas se recusa a torná-lo compulsório ou a publicar seus resultados, para não desagradar as corporações do ensino).

Em segundo lugar, frequentar o ensino superior é uma escolha, enquanto a educação básica é compulsória; é mais lógico proteger alguém de um mal obrigatório do que de outro, opcional.

Finalmente, faz um grande sentido financeiro adiantar a extinção das vagas. Se pessoas que serão maus profissionais devem ficar na ignorância, faz mais sentido começar o corte lá pelo 3º ou 4º ano da escola. Como é óbvio que um aluno analfabeto jamais poderá ser um profissional competente, para que gastar anos de sua vida e muitos reais com merenda, transporte, livros, professores e escolas se ele já está condenado? A maioria dessas pessoas vai sair da escola ao longo dos anos — temos 3,2 milhões de alunos na 1ª série do ensino fundamental, mas só 2,2 milhões no último ano do ensino médio[2] —, então por que não tornar o processo mais objetivo, ao invés de causar perda de tempo e dinheiro aos cofres públicos e às vidas dos alunos e seus pais?

Talvez você esteja pensando que a educação é um direito do cidadão; não poderia, portanto, ser suprimido. Em tese, concordo. Mas veja os resultados da Prova ABC,[3] aplicada ano passado pelo Inep e por ONGs em alunos do terceiro ano do ensino fundamental: ela mostrou que quase 60% dos alunos não aprendem o mínimo esperado para essa série em Matemática, e quase 45%, em leitura. Não dá para chamar de "educação" o que ocorre em pelo menos metade das nossas escolas, portanto. Cortar vagas, nesses casos, não seria homicídio, mas eutanásia.

Como você gosta do método do MEC para o ensino terciário, certamente não se oporá à sua utilização para a educação básica. O MEC corta vagas dos cursos que tiveram notas 1 e 2 no IGC, o Índice Geral de Cursos. Na educação básica, o índice semelhante é o Ideb. Diferentemente do IGC, que vai de 0 a 5, o Ideb vai de 0 a 10. Para se chegar ao mesmo nível de qualidade nas escolas, basta cortar as vagas daquelas que têm notas de 0 a 4 no Ideb, portanto. Como a média do país no Ideb está em torno de 4, e como a distribuição dessas notas deve ser gaussiana, estimo que cortar as vagas das escolas com Ideb igual ou menor que 4 levaria ao corte de aproximadamente metade do total de alunos na educação básica. Assim, em pouco tempo, provavelmente nem teríamos mais que cortar vagas nas universidades, pois todos aqueles que passassem pela faxina e chegassem à universidade certamente seriam muito capacitados. Também acabariam os problemas de inflação de salários em profissões como babás, empregadas e peões da construção civil, pois o que não faltaria é gente totalmente ignorante no mercado.

Claro, o que vai acima é um exercício de absurdo. As pessoas só não o percebem dessa maneira quando é aplicado ao ensino superior porque estamos falando de 50 mil pessoas e não de 50 milhões. Na verdade, nem são 50 mil as pessoas afetadas porque, como mostrou reportagem do jornal *Folha de S.Paulo*, 73% das vagas cortadas estão ociosas, ou seja, as instituições oferecem-nas, mas os alunos não as preenchem.

Cortar vagas em instituições de ensino, no Brasil de hoje, não é apenas uma estupidez, mas crime de lesa-pátria. Porque o Brasil está fracassando terrivelmente em formar jovens com ensino superior, que são — e serão cada vez mais — determinantes para o desenvolvimento do país. O Brasil matricula pouco mais de 20% de seus jovens no ensino superior. Alguns de nossos vizinhos latino-americanos, como Peru, Chile, Venezuela e Uruguai, têm taxas de matrículas que são o dobro. Países da Europa têm taxas de matrícula na casa dos 50% a 70%. E alguns países, como Coreia do Sul, EUA e Finlândia, estão chegando perto da universalização do ensino superior.[4] Imagine para que países irão os empregos com maiores salários, que dependem da capacidade de geração de bens e serviços de alto valor agregado? Imagine que países desenvolverão a pesquisa tecnológica inovadora? Nós ou eles?

A ideia de que é bom cortar vagas é uma mistura de preguiça intelectual com realismo mágico. Porque as pessoas ouvem falar que uma enfermeira matou um paciente ao colocar na injeção silicone ao invés de soro e então, indignadas e pensando com o fígado, bufam: "Precisamos proteger a sociedade de profissionais como esses! Vamos atacar o problema na fonte, fechando as más escolas formadoras!" O.k. Vamos presumir que o

IGC seja um bom indicador para medir a qualidade dos cursos universitários (não é) e também que o principal culpado por um silicone ser usado no lugar de soro seja a formação da enfermeira (e não a desorganização do hospital, o cansaço da enfermeira ou simplesmente a falibilidade humana). Então cortamos a vaga, e prevenimos que os "maus profissionais" se tornem enfermeiros, médicos ou contadores (sim, o MEC cortou vagas dos cursos de contabilidade, já que todos nós sabemos que um contador incompetente pode tirar milhares de vidas [?]).

Agora, multiplique isso por 50 mil. O que acontece? Digamos que cada "mau profissional" atenda dez clientes por dia. Então serão 500 mil clientes desatendidos por dia. Não com um mau atendimento ou com um atendimento um pouco abaixo do ideal: atendimento zero. Ao invés de terem maus contadores, médicos ou enfermeiros, as pessoas não terão nenhum. O que acontece quando você tira do mercado profissionais para os quais há demanda? Se há uma economia de mercado, em que os preços se reajustam livremente, o preço cobrado pelos profissionais que ficaram subirá. Para os ricos, não fará muita diferença. Mas para os pobres, o aumento de preço pode significar a diferença entre ter condições de ser atendido e não ter. Se os preços forem controlados, como no sistema público, por exemplo, as enfermeiras e médicos que ficarem não poderão cobrar mais, mas terão de atender mais pacientes. Como o tempo de trabalho é finito e a oferta de gente qualificada é menor do que a demanda, isso significa que os pacientes demorarão mais para serem atendidos, ou morrerão antes do atendimento. É fácil ficar indignado com o silicone na seringa, porque vira notícia. Mais difícil é lamentar os milhares de casos anônimos de gente que morre em suas casas por não ter atendimento médico ou por ser atendida por um ótimo médico estafado por ter de dar conta de uma demanda sobre-humana. Esses casos permanecem no limbo. Assim como o dos milhares de presos pobres e inocentes que não podem pagar um advogado e não têm defensores públicos que os atendam.

O realismo mágico a que me referi no início do texto é o de pessoas que acreditam que o mundo é binário, em que há profissionais bons e ruins, instituições boas e ruins, e que se cortamos as instituições ruins é claro que essas vagas serão ocupadas pelas instituições boas, que formarão bons profissionais. Mas a realidade é mais complexa.

O aluno que frequenta uma universidade mal avaliada não o faz porque é burro ou está sendo enganado. O faz porque essa é a melhor instituição em que conseguiu entrar, ou a mais barata com que seu bolso pode arcar. Se essa vaga for cortada, portanto, essa pessoa não irá estudar na USP nem na Fundação Getulio Vargas. Vai ficar sem estudar. A tônica de um país em desenvolvimento, como o nosso, é justamente a existência de desequilíbrios: há mais demanda do que oferta, e não há gente qualificada para atender a todos. Não só na Medicina, mas em todas as áreas, do conserto do carro ao transplante de medula. Não há como gerar atendimento de primeiro mundo a todos porque simplesmente não há gente que chega com qualificação de Primeiro Mundo. É demagogia querer oferecer uma sensação de proteção contra erros. Erros acontecerão. A questão não é o que fazer para acabar com eles, porque isso é impossível, mas sim o que fazer para minorá-los. E a saída certamente passa por ter mais gente com alguma qualificação, não menos. É melhor ter gente com qualificação insuficiente do que com qualificação nenhuma.

Às vezes falo isso e as pessoas me perguntam: "Mas você gostaria de fazer uma ponte de safena com um médico formado por uma dessas universidades caça-níqueis que ficam em cima de uma padaria?" É claro que não. Nem eu, nem ninguém. Num mundo ideal, só gostaria de ser operado pelo melhor médico do mundo naquela especialidade. Mas no mundo real a maioria das pessoas não terá dinheiro para se operar com o melhor do mundo, e mesmo que tivessem essa pessoa não teria tempo para atender a todos. No mundo real, para grande parte das pessoas, ou ela vai ser operada pelo médico ruim ou não vai ser operada por ninguém. Se eu estivesse num avião e tivesse um infarto, é claro que eu gostaria que o meu vizinho de poltrona fosse um cardiologista renomado. Mas se eu não tiver essa sorte, prefiro que o vizinho seja um médico de quinta categoria, ou até mesmo um aluno dessa universidade-padaria, do que alguém que teve de virar carteiro porque, justo no ano em que iria prestar o vestibular de Medicina da única faculdade em que conseguiria entrar, veio um burocrata de Brasília e resolveu cortar aquela vaga.

Artigo publicado em janeiro de 2012

27 A tecnologia não nos salvará (por enquanto)*

Durante décadas, o Brasil ignorou suas carências na área educacional. Hoje, quando há falta de gente qualificada e superlotação de presídios, consolida-se a percepção de que o país não progredirá sem uma melhora radical no setor. Vem também a percepção de que esse é um problema gigantesco e urgente, cuja solução por vias normais levará tempo e demandará muito esforço. Surge então a busca por uma "bala de prata", uma solução potente e rápida que nos permita atalhar o caminho. A bola da vez é a tecnologia.

Apesar de ser um entusiasta das novas tecnologias, uma busca na literatura empírica me obriga a concordar com um empresário que dizia: "Eu acreditava que a tecnologia poderia ajudar a educação. Mas tive de chegar à inevitável conclusão de que esse não é um problema que a tecnologia pode ter a esperança de resolver. O que há de errado com a educação não pode ser solucionado com tecnologia."[1] Seu nome? Steve Jobs.

---

* Quando publicado, este artigo gerou uma grata surpresa, que foi uma resposta com críticas aos argumentos aqui tecidos, todas embasadas na boa literatura acadêmica sobre o assunto. Seu autor é o responsável pela área de tecnologia da rede municipal do Rio de Janeiro (e blogueiro nas horas vagas), Rafael Parente. Seu *post* original está aqui: http://rafaelparente.blogspot.com.br/2012/03/quem-discorda-do-gustavo-ioschpe-clica_21.html e a minha resposta, aqui: http://rafaelparente.blogspot.com.br/2012/04/o-gustavo-clicou-e-respondeu.html. Fonte da citação: <http://www.wired.com/epicenter/2012/01/apple-education-jobs/> (tradução livre). (N. A.)

A primeira saída milagrosa proposta por alguns de nossos líderes é simplesmente a distribuição de hardwares nas escolas. O tablet criado por Jobs é uma das ondas do momento: nosso Ministério da Educação vai gastar R$ 150 milhões em 2012 na distribuição de 600 mil engenhocas a professores.[2] Perguntei ao MEC quais os estudos que embasam a ideia de que a distribuição do material terá algum impacto sobre a qualidade do ensino, mas não houve resposta. Nem poderia. Praticamente toda a pesquisa sobre o assunto, não apenas no Brasil como no exterior, mostra que não há relação entre a presença de computadores na escola e o aprendizado do aluno. Imagine então um aparelho dado ao professor.

O programa surgiu por vias tortas. A primeira intenção era distribuir laptops a todos os alunos da rede pública. Mas a experiência internacional tem mostrado que essa opção é muito custosa e pouco eficaz,[3] a ponto de cidades americanas, que implementaram a medida há anos, já terem-na cancelado.[4] Os alunos estavam usando os computadores para colar em provas e baixar pornografia. Mesmo no Brasil, o estudo sobre o impacto do programa "um computador por aluno" em sua fase piloto mostrou que só se beneficiavam do laptop os alunos que o levavam para casa; aqueles usados apenas na escola não geravam melhorias de aprendizado.[5] O MEC fez então essa mudança de curso e resolveu destinar a verba aos professores, em uma medida que certamente agradará a categoria, mas que não tem sustentação na pesquisa nem na lógica.

No mesmo momento em que Brasília anunciava a medida, o governo do estado de São Paulo mostrou que desperdício pouco é bobagem. Ao mesmo tempo em que briga na justiça para não cumprir a (inócua, diga-se) lei do piso salarial dos professores, o governo paulista divulgou um investimento de R$ 5,5 bilhões, ao longo de dez anos, para equipar suas salas de aula com lousas digitais.[6] Chama a atenção a envergadura do projeto, em um momento em que também há farta divulgação de que experiências pioneiras nos Estados Unidos têm mostrado que os distritos que receberam essas máquinas têm tido desempenho pior do que a média de seu estado.[7]

Para não ser leviano, pedi à Secretaria que me enviasse os estudos que embasaram a decisão. Inacreditavelmente, o material enviado foi uma carta do presidente da Dell, fornecedora das lousas, enviada ao secretário da Educação com um resumo de suposto estudo da Unesco demonstrando o impacto positivo da tecnologia em projeto piloto na cidade de Hortolândia. Depois de dias pedindo para receber esse estudo, a Secretaria me informou que não o possuía (!). O que leva a crer que tomou uma decisão bilionária baseada em uma carta do principal beneficiário do programa.

Acompanhando essa obsessão já consolidada por maquinário, surge uma nova esperança de revolução educacional através do EAD (Ensino a Distância). Seus proponentes sonham com um cenário em que os melhores professores do Brasil dão uma aula e ela é assistida por milhões de alunos, quer em sala de aula, quer em suas casas, aprendendo em seu próprio ritmo. Assim nos livramos dos maus professores, cortamos gastos e imediatamente damos um salto na qualidade do ensino ofertado. Que eu saiba, nenhum lugar do mundo implementou sistema parecido na educação básica, de forma que não há estudos para comprovar a exequibilidade desse plano, mas tenho fortes suspeitas de que é inviável. Se fosse possível simplesmente transmitir conhecimento remotamente, a televisão já o teria feito. A ideia é mais antiga ainda: em 1925, Thomas Edison, o inventor da lâmpada e do fonógrafo, previa que a presença de livros em escolas estava prestes a acabar: seriam substituídos por filmes.[8] A ideia de que a educação é um processo unidirecional de transferência do conteúdo do professor para o aluno é equivocada. Mesmo sem entrar em discussões pedagógicas, que não são a minha praia, os estudos econométricos mostram que muitos dos principais fatores de uma escola de sucesso — como a realização e correção de dever de casa, provas constantes, formato pergunta-resposta em aula — dependem de interatividade e atenção ao progresso do aluno. O bom professor precisa conhecer profundamente a matéria que ensina e, além disso, modular constantemente a maneira como a transmite, levando em conta o estágio de aprendizado de seus alunos. Mesmo que a internet tenha a interatividade que a TV não tem, é patentemente impossível que um professor interaja com milhares ou milhões de alunos.

Uma terceira área em que a tecnologia pode ajudar a educação é através de redes sociais, para que alunos e professores se ajudem mutuamente. Desconheço pesquisas a respeito, dada a novidade da tecnologia, mas o potencial é tremendo. Porém, o fundamental certamente não é a tecnologia, e sim a decisão que a antecede: na China, professores se reúnem constantemente em suas escolas e, depois, em seus distritos para pensar sobre as melhores práticas. O Brasil poderia fazer o mesmo. A tecnologia pode facilitar e potencializar esse convívio, mas não é necessária nem suficiente para o seu surgimento.

Por último, uma área que tem mostrado resultados positivos em educação é a utilização de softwares específicos para o aprendizado, especialmente na área de Matemática. As intenções dessa utilização não são revolucionárias, e nem os resultados, mas pelo menos aí há evidências positivas.[9]

O fracasso das tecnologias em sala de aula, vinte anos depois do seu início, não quer dizer que ela não possa trazer resultados no futuro. Há um consenso na literatura[10] de que inserir elementos tecnológicos usando o mesmo currículo e com a mesma pedagogia — como normalmente são desenhados esses programas — é um desperdício. A própria ideia de um laboratório de informática, um lugar aonde se vai para estudar computação, é uma estupidez: ou o computador está presente em sala de aula e é apreendido por professores e alunos como parte da matéria ou é inútil. A tecnologia é uma ferramenta pedagógica, assim como o quadro-negro e o livro didático. Talvez mais poderosa, mas ainda assim apenas uma ferramenta, que trará resultados se for usada por um professor preparado em proposta que faça sentido pedagógico. O melhor software em educação continua sendo, disparado, o cérebro de um bom professor.

Não duvido que um dia tenhamos máquinas que passem o teste de Turing, demonstrando inteligência indistinguível de um humano. Até esse dia chegar, nossa batalha precisa ser de ter bons professores dando boas aulas, sem pirotecnias ou geringonças. O fato de o Brasil estar embarcando em mais esse diversionismo é sintomático da falta de foco, de lógica e de ambição que domina nosso diálogo nesse setor. Falaremos sobre isso nos próximos artigos.

Artigo publicado em março de 2012

28 Falta foco

Uma das mazelas da educação brasileira é que seus responsáveis gastam muito tempo e recursos naquilo que não gera melhorias no aprendizado e muito pouco naquilo que importa. Em geral, as investidas são sobre variáveis quantitativas — computadores, prédios, uniformes, merenda e, a fixação nacional, salários de professores. As variáveis qualitativas — como formação dos professores e diretores, práticas de sala de aula, dever de casa, avaliação, qualidade dos livros didáticos, currículo e comprometimento com resultados — costumam ser deixadas de lado, apesar de haver estudos suficientes para se fazer um túnel de papel daqui à Lua mostrando a irrelevância do primeiro grupo e a importância do segundo. Por que é assim? Diria que por quatro motivos: dois ligados à desonestidade, um à incompetência e outro à ideologia.

Das desonestidades, temos duas: a financeira e a intelectual. Para os praticantes do primeiro tipo — e se corrupção fosse esporte, o Brasil já teria produzido vários Pelés — é sempre mais conveniente ter no que gastar, porque aí dá para tirar uma propina ou, pelo menos, combinar com uma empreiteira ou fornecedora uma doação para a próxima campanha.

Há os que não embolsam dinheiro, mas praticam um segundo tipo de desonestidade: a intelectual. Sabem que aquelas medidas terão impacto nulo sobre o aprendizado dos alunos, mas que os pais ou os professores apoiarão a medida, e então jogam para essa plateia.

E há os biatletas, que praticam as duas modalidades.

Depois temos os incompetentes. Na área da educação, se a minha amostra de gestores escolares for representativa, diria que eles são a maioria. São pessoas bem-intencionadas, que caíram de paraquedas na área por algum acordo político ou, em cidades menores, por serem mulheres de prefeitos, e não têm a menor ideia do que fazer para que o sistema funcione. Então elas fazem o que é fácil e o que já foi feito outras vezes na sua Secretaria: construir escola, comprar uniforme, negociar merenda etc. É bem mais fácil fazer uma licitação de prédio ou de tomate do que criar um programa de treinamento eficaz para professores.

Esses três grupos têm solução, teoricamente. Os corruptos, você prende ou, com a lei da Ficha Limpa, pelo menos barra de eleições futuras. Os demagogos, você derrota, dando conhecimento à população. Os incompetentes, você prepara, ensina. O problema é o quarto grupo: aqueles aferrados aos programas quantitativos por ideologia.

Para esses, a agenda maximalista é uma maneira de sanar desigualdades, e o papel fundamental da escola é justamente ser a ponta de lança na correção de todos os problemas nacionais. Então eles expandem o currículo obrigatório, adicionando disciplinas como Música, Filosofia e Sociologia na esperança de que alunos pobres tenham educação igual a dos ricos. Essas pessoas fazem com que mesmo em matérias científicas os requerimentos de livros didáticos levem em conta temáticas como cidadania e preconceitos, para que se acabem as discriminações históricas; querem que as escolas sejam julgadas pela criação do "cidadão crítico, consciente e solidário", para que tenhamos uma sociedade mais fraterna e igualitarista; incluem como "temáticas transversais" no currículo itens como a valorização da democracia, preservação do meio ambiente, responsabilidade no trânsito, cuidados de saúde e, finalmente, desenham políticas públicas visando beneficiar, dentro de um sistema público, minorias específicas, buscando sua integração. Caso dos programas de cotas para afrodescendentes ou da instrução para que deficientes mentais frequentem salas de aulas normais, com alunos sem necessidades especiais.

Acho que o país deveria se fazer alguns questionamentos a respeito dessa agenda.

Primeira pergunta: nossas escolas conseguem dar conta desse recado?

A resposta é, definitivamente, não. Estão aí todas as avaliações nacionais e internacionais mostrando que a única igualdade que nosso sistema educacional conseguiu atingir é ser péssimo para todos. Em muitos casos compramos uma programática de países europeus, porque isso é o "moderno", sem nos atentarmos ao fato de que esse humanismo sem fronteiras só foi praticado nos países de ponta depois que todas as suas necessidades básicas foram resolvidas. Copiamos o ponto final dessa história, sem termos passado pelo desenvolvimento histórico que lhe dá sustentação.

Segunda pergunta: esse desejo expansionista faz bem ou mal ao nosso sistema educacional? Será um caso em que mirar no inatingível ajuda a ampliar o alcançável ou, pelo contrário, a sobrecarga faz com que a carroça se mova ainda mais devagar?

Acredito que seja o segundo. Por várias razões. A primeira é simplesmente que essas demandas todas fazem com que seja impossível que o sistema tenha foco. E qualquer pessoa que já trabalhou em qualquer instituição de excelência, com ou sem fins lucrativos, sabe que uma organização que persegue todas as ideias que lhe aparecem pela frente — mesmo que sejam todas nobres e excelentes — na realidade não está perseguindo nenhuma, e falhará em todas. Infelizmente a maioria dos nossos intelectuais da educação e parlamentares não tem nenhuma experiência administrativa, e acredita ser possível resolver um problema criando uma lei. Mas no confronto entre intenções e realidade, a última sempre vence, e as leis inexequíveis viram letra morta.

A segunda razão para preocupação é que, com uma agenda tão extensa e bicéfala — formar o cidadão virtuoso e o aluno de raciocínio afiado e com conhecimentos sólidos — sempre será possível dizer que uma parte não está sendo cumprida porque a prioridade está na outra: o aluno é analfabeto, mas é solidário, entende? (Com a vantagem de que não há, e jamais haverá, um índice confiável para medir solidariedade.)

E, finalmente, porque quando as intenções ultrapassam a capacidade de execução do sistema, o que ocorre é que cada agente de implementação — cada professor ou diretor de escola — vira um legislador, cabendo a ele o papel de decidir quais partes das infindáveis demandas vai cumprir e como, solapando assim o Estado de direito. Veja a questão da incorporação de pessoas com deficiências mentais em salas de aula normal: em todas as cidades que conheço há escolas que, valendo-se de diversas desculpas, não aceitam esses alunos em seus quadros. Mesmo em escolas privadas veio à tona, semana passada, evidências de que escolas de Brasília cobram adicionais de mensalidade para abrigar esses alunos, o que é ilegal.[1] Uma medida que deveria estimular a cidadania tem o efeito oposto: incentiva o desrespeito à lei, que é a base fundamental da vida em sociedade.

Terceira pergunta: mesmo se todas essas nobres intenções fossem exequíveis, elas deveriam ser implementadas? Sua execução cumpriria as aspirações de seus mentores, construindo um país menos desigual?

Eu diria que não apenas não cumpriria esses objetivos como iria na direção contrária. Deixe-me dar um exemplo com essas novas matérias inseridas no currículo do ensino médio — Música, Sociologia e Filosofia. A lógica que norteou a decisão é que não seria justo, para com os alunos pobres, que eles não tivessem os mesmos privilégios que seus colegas ricos, que podem desfrutar desses quitutes intelectuais. E eu concordo, ainda que por razões opostas: não é justo porque a inclusão dessas disciplinas torna ainda mais difícil que os mais pobres possam se equiparar aos mais ricos nas matérias mais importantes para suas vidas, fazendo com que a desigualdade entre ambos tenda a aumentar. A triste realidade é que, por viverem em ambientes mais letrados e com pais mais instruídos, alunos de famílias ricas precisam de menos horas de instrução para se alfabetizar. É pouco provável que um aluno rico saia do 1º ano sem estar alfabetizado, enquanto é muito provável, no Brasil atual, que o aluno pobre chegue ao terceiro sem ter essa competência. O aluno rico pode, portanto, se dar ao luxo de ter aula de Música: o esforço (ou sorte) de seus pais lhe confere esse privilégio. Para nivelar o jogo, o aluno pobre deveria estar usando essas horas para correr atrás do prejuízo, especialmente nas habilidades basilares de Português, Matemática e Ciências. Porque é o domínio dessas habilidades que lhe será cobrado quando ingressar na vida profissional. E se esses pensadores querem a escola como niveladora de diferenças, e se a diferença que mais impacta a qualidade de vida das pessoas é a de renda, e se a fonte principal de renda é o trabalho, então precisamos de um sistema educacional que coloque ricos e pobres em igualdade de condições para concorrer no mercado de trabalho. O que, por sua vez, presume uma educação desigual entre pobres e ricos, fazendo com que a escola dê aos primeiros as competências intelectuais que os últimos já trazem de casa. Isso quer dizer que a escola dos pobres deveria ser ainda mais focada em competências acadêmicas e com um currículo mais enxuto que o de escolas ricas.

Notem, não estou dizendo que a minha visão é de que a escola deva preparar para o mundo do trabalho: estou argumentando baseado na lógica dos supostamente de esquerda (digo supostamente porque, nesse caso, é transparente que as boas intenções dos revolucionários de poltrona só reforçam o status quo). Se seu programa fosse integralmente cumprido, quem perderia mais seriam os mais pobres — exatamente o que já vem acontecendo.

O mercado de trabalho valoriza as habilidades cognitivas e emocionais e não as ligadas à bondade do coração ou ao conhecimento de música. Não porque os nossos empregadores sejam mesquinhos, mas porque, em um mercado competitivo, precisam remunerar seus trabalhadores de acordo com sua produtividade, e é provável que um analfabeto capaz de decorar algumas frases de Platão tenha desempenho inferior a um filisteu capaz de ler um manual de instruções. Essa é a lógica inquebrantável de um sistema de livre iniciativa, e não adianta pedir que o gerente de recursos humanos seja "solidário" na hora da contratação e leve em conta que os candidatos à vaga vêm de origens sociais diferentes, porque se o recrutador selecionar o funcionário menos competente é provável que em breve ambos estejam solidários no olho da rua.

Não conheço nenhum estudo que demonstre o impacto de uma educação filosoficamente inclusiva sobre o bem-estar das pessoas, mas conheço vários estudos empíricos sobre a desigualdade no Brasil, e o que eles dizem assusta: o fator número um na explicação das desigualdades de renda é, disparado, a desigualdade educacional. Ao criarmos uma escola tão sobrecarregada de boas intenções, com uma missão de não apenas formar o brasileiro do futuro como corrigir as desigualdades de quinhentos anos de história, nos asseguramos que ela se tornará um fracasso. E essa escola não pode fracassar, pois é a última alavanca de salvação de parte considerável do país.

Tudo o que vai aqui é a minha visão sobre o assunto. O tipo de escola pública que queremos é em última instância uma discussão política e não técnica. É perfeitamente legítimo que a população escolha uma educação que fracasse em ensinar a tabuada, mas ensine bem a fazer um pagode.

Com apenas uma indispensável condição: de que essa população seja informada, de forma clara e honesta, quais são as escolhas envolvidas. Quais as perdas e ganhos de cada caminho.

O que é, aí sim, antidemocrático e desonesto, é criar a ilusão de que não precisamos fazer escolhas, de que podemos tudo e de que conseguiremos obter tudo ao mesmo tempo, agora. E é exatamente isso que vem sendo feito: nossas lideranças se valem do abissal desconhecimento da maioria da população sobre o que é uma educação de excelência para vender-lhe a possibilidade de um paraíso terreno em que professores despreparados podem formar o novo homem e o profissional de sucesso. Essa utopia, como as outras que a precederam, acaba em decepção e atraso. Essa pretensa revolução, como todas as outras, termina comendo seus filhos e protegendo apenas os *apparatchiks* que a implementam.

Artigo publicado em abril de 2012

29 O sistema não é feito para dar certo

Imagine que você trabalha em uma empresa na qual os funcionários não ganham de acordo com sua competência, mas sim com seu tempo de casa e nível de estudo. Não há promoções, mas também só há demissão em casos de violações grotescas. Mesmo faltando repetidamente ao serviço, não alcançando sua meta ano após ano e maltratando seu cliente você continua no posto até se aposentar. Imagine que não exista, na sua região, universidade que prepare bem para o seu emprego, de forma que você já chega ao mercado de trabalho não sabendo muito. Pior: tem gente que trabalha em área diferente daquela em que foi formada; o cara de vendas se formou em Letras. Imagine que essa empresa só tenha dois cargos (funcionário e chefe) e que quase metade dos chefes tenha chegado ao cargo por indicação de um conhecido dos donos (o restante é majoritariamente eleito para a posição pelos funcionários). Imagine que os donos são muitos, que eles não costumam frequentar a empresa e que eles a herdaram como parte de um conglomerado, do qual a sua empresa é uma das que agregam menos valor aos donos. Imagine agora que o serviço prestado pela sua empresa é complexo e dirigido a crianças e jovens. Imagine também que essas crianças e seus pais não sabem julgar a qualidade do serviço, mas acham que está tudo bem desde que você o empacote em uma embalagem bonita e dê aos clientes alguns brindes (uns livros, umas roupas, de repente até um laptop pros mais sortudos). A empresa consegue dar todos esses brindes; a maioria dos clientes está, portanto, satisfeita. Imagine que os clientes e seus familiares não precisem pagar diretamente pelo serviço: o pagamento vem da empresa-mãe (a que congrega todos os negócios do grupo) e é baseado na compra de outros produtos e serviços produzidos por outras empresas do grupo.

Agora pense nesse ambiente de trabalho e responda as seguintes perguntas: Se você trabalhasse nele, você estaria motivado para dar o seu melhor ou pegaria leve, esperando o contracheque no fim do mês? Como você acha que seus outros colegas de empresa se comportariam? Se te dessem um aumento salarial, você se esforçaria mais? Se você fosse um carreirista, você permaneceria nessa empresa? Aliás, você teria entrado nela? No caso dos chefes que foram indicados pelos amigos dos donos, você acha que eles estarão mais preocupados em agradar os clientes ou os donos e seus amigos? No caso dos chefes que são eleitos por você e seus colegas, você acha que eles comprariam brigas com você para defender os interesses dos clientes ou virariam seus aliados? Presumindo que os clientes permaneçam satisfeitos e que continuem pagando indiretamente pelo serviço, você acha que os donos estarão interessados em reformar a empresa para que ela sirva melhor sua clientela, dê mais resultados? Ou será que suas prioridades serão de manter a coisa no estado em que se encontra e devotar suas energias para os outros braços do conglomerado, os que dão mais retorno?

Não sei qual o seu grau de fé na humanidade e suas crenças sobre a natureza humana, mas eu tendo a achar que a empresa acima seria uma balbúrdia, com profissionais desmotivados e trabalhando abaixo de sua capacidade, clientes mal atendidos, conchavos entre funcionários e chefes, donos desinteressados e pouco envolvidos. Acho que melhorar o salário dos envolvidos não mudaria o problema. Vou além: enquanto essa estrutura de incentivos não for alterada, qualquer investimento numa empresa assim seria um desperdício de tempo e dinheiro. Aliás, não é uma opinião, até porque esse cenário não é hipotético, nem trata de empresas. O quadro acima descreve a maioria das escolas públicas brasileiras. Os funcionários são os professores, os chefes são os diretores de escola, os donos são a classe política, os clientes são os alunos. O resto não carece de alterações para chegar à realidade.

Aposto que você sabe que nossa educação é péssima e que esse problema é fatal para as nossas possibilidades de desenvolvimento. Aposto também que você acha que esse problema não te afeta, especialmente se você coloca seu filho em escola particular. Aposto que gasta mais tempo na seção de esportes do seu jornal do que na que trata de educação. Se é que o seu jornal tem uma seção devotada ao assunto, já que 90% da cobertura sobre o tema se limita a notícias sobre greves, ameaças de greve e outras reclamações salariais. E até porque o assunto é apenas esse — dinheiro — você acha (acha, não: você tem certeza, depois de vinte ou trinta anos de leituras sobre o assunto) que o principal problema da educação brasileira é o salário dos professores. Aposto também que, dois parágrafos acima, você respondeu que aumentar o salário dos funcionários não resolveria nada, e aposto que você gosta dos brindes (se você for mais pobre, merenda; se mais rico, lousa eletrônica ou currículo bilíngue) que a escola do seu filho dá.

Antes que os patrulheiros se arvorem, não estou querendo comparar a escola a uma empresa. Uma coisa não tem nada a ver com a outra. Apenas propus um exercício mental. O que espero é que esse exercício tenha deixado claro o seguinte: não é que a educação brasileira fracassa misteriosamente, apesar dos melhores esforços de todos os envolvidos. Ela fracassa porque esse arranjo institucional requer a irracionalidade de todos os envolvidos, do prefeito ao professor, para dar certo. Nossa escola não é feita para dar certo — se por "dar certo" entendemos a formação de uma pessoa com as habilidades mínimas para navegar o mundo e desenvolver seu potencial.

Não faz sentido para um professor brasileiro comprar a briga: com má formação, precisaria de um esforço hercúleo para obter grandes resultados. Mas esses resultados não lhe trariam reconhecimento, promoções, prêmios ou aumentos. Não faz sentido para o aluno brasileiro se esforçar: a aula que ele recebe é extremamente chata, a maioria dos professores não está muito preocupada com o seu aprendizado, e se ele fizer um esforço mínimo sabe que vai continuar sendo aprovado, mesmo sem aprender bulhufas. Não faz sentido para o diretor de escola se insurgir contra essa situação e querer mudar radicalmente o status quo. Se a sua nomeação depende de eleição dos professores, ele não vai querer exigir de seus eleitores mais trabalho e dedicação, até por não ter nada a lhes oferecer em troca. Se o diretor chegou lá por indicação política, então, deus o livre de qualquer "incomodação": o importante é dar vida fácil a todos, carregar nos "brindes" e deixar os eleitores do seu padrinho político felizes. Não faz sentido para os pais dos alunos protestarem contra o atual estado de coisas, porque a maioria deles está satisfeita com a educação que o filho recebe (em pesquisa recente do Inep, a nota média dada pelos pais de alunos da escola pública à qualidade da educação do filho foi 8,6!).[1] E a maioria está satisfeita porque não tem condições intelectuais de avaliar o que é uma boa educação, pois é semiletrado, e nem sabe que existem avaliações oficiais sobre a qualidade do ensino do filho. Finalmente, não faz sentido para o político trabalhar para melhorar a qualidade do ensino: não há pressão por parte de alunos e seus pais, e há uma enorme resistência a qualquer mudança por parte dos sindicatos de professores e funcionários. Politicamente, só há custos, sem benefícios. Nenhum político racional mexe nesse vespeiro.

Há, é claro, as exceções. O professor apaixonado pelo que faz e que dá duro independentemente do salário, da carreira broxante, dos alunos desmotivados e dos colegas que o pressionam para se aquietar. O diretor comprometido, que se orgulha de fazer uma grande escola, e que seleciona profissionais que comprem essa batalha. Os alunos e seus pais que querem melhorar de vida e sabem que precisam de educação de qualidade, que lutam contra a pasmaceira. E os políticos comprometidos com a próxima geração, e não a próxima eleição. Mas esses são minoria, e o sistema está contra eles. Enquanto a lógica do sistema não for alterada, todas as ações pontuais que se fizer para melhorar — da lousa eletrônica ao salário mais alto — provavelmente irão para o ralo. Só acredito que o quadro mude quando a população passar a ver a educação brasileira como ela realmente é. Só aí podemos esperar a pressão popular por uma educação de qualidade, que gerará o incentivo para que políticos cobrem desempenho dos funcionários do sistema. Ou seja, o problema é seu. Tá esperando o quê pra fazer alguma coisa?

Artigo publicado em maio de 2012

30 As escolas não são públicas, e privatizar não resolve

Ao escrever sobre a inércia do sistema de educação pública brasileira em artigo recente, a turma da direita comentou que o problema não é simplesmente da área educacional, e sim do setor público como um todo. A única maneira de solucioná-lo seria deixar o problema nas mãos da iniciativa privada, que é mais competente, para que assim pudéssemos dar o salto educacional de que o país precisa. Já os esquerdistas viram no artigo mais uma confirmação de que eu, como peão subordinado aos interesses do capitalismo, estou armando o terreno para a defesa da privatização de todo o sistema de educação pública brasileira, como parte do plano malévolo de manter as classes baixas em sua secular ignorância e opressão.

Continuando na minha senda de alienar todos os interesses e grupos organizados, lamento informar que discordo de ambos. Deixo de lado os argumentos políticos, sobre a possibilidade de uma privatização em larga escala, e também os ideológicos/patrióticos, sobre a desejabilidade dessa iniciativa, para falar apenas das questões técnicas: não acredito que a privatização do sistema educacional teria impactos significativos sobre a qualidade do ensino.

Porque a minha análise do problema educacional brasileiro é de que já temos, em linhas gerais (sempre há sobras e excessos num país enorme e descentralizado como o nosso), tanto o financiamento quanto o arcabouço institucional para termos uma educação de qualidade. Os melhores sistemas educacionais do mundo gastam basicamente o mesmo que nós e também têm a maioria de sua matrícula em escolas públicas, como nós. O que falta para iniciarmos a melhoria é demanda popular por uma educação de qualidade. Sua ausência gera falta de ação da classe política, dos gestores de escolas e dos professores.

Ter uma boa rede de escolas dá trabalho. Muito trabalho. Constante e ao longo de muitos anos. Os professores vão precisar trabalhar mais, as universidades vão precisar reformular seus cursos e cobrar resultados dos alunos de Pedagogia e licenciaturas; diretores terão de liderar, monitorar e prestar contas; secretarias de Educação precisarão estar em cima de suas redes; alunos terão de estudar e de ler mais e pais precisarão se engajar mais com as escolas de seus filhos e com seu estudo em casa. E isso só acontece quando há vontade de todos. Muita vontade, muita cobrança. E ainda que eu defenda intransigentemente o direito do pai com recursos de matricular seu filho onde bem entenda, é preciso reconhecer que privatizar o sistema não vai gerar a cobrança de que precisamos.

Uma escola privada de massas precisaria ser financiada pelo governo, já que a maioria dos pais não teria recursos para custear a escola e o sistema bancário é ineficiente na concessão de créditos para alunos de educação básica. O governo pode transferir o dinheiro diretamente aos donos das escolas, como se faz em muitos países europeus e nas escolas *charter* americanas,* ou aos pais dos alunos, através de vouchers, como é ou foi feito no Chile, em alguns estados americanos, na Nova Zelândia e na Colômbia.

Ora, se o dinheiro não vem do bolso do pai, e se esse pai vai continuar tão ignorante sobre como avaliar a educação do filho quanto antes, por que imaginar que ele vai se engajar pela educação do filho de maneira diferente daquela que faz hoje? E se o dono da escola sabe que poderá continuar engabelando sua clientela da mesma maneira que políticos, diretores e professores o fazem hoje, por que haveria de se esforçar para dar uma educação de ponta? Não faria muito sentido.

A experiência empírica confirma a lógica. O desempenho das escolas *charter* americanas foi bastante estudado. E o resumo da pesquisa é que o

---

* Como são chamadas as escolas americanas privadas financiadas por verbas públicas. (N. A.)

aprendizado dos alunos dessas escolas não difere do daqueles matriculados em escolas públicas tradicionais. Um estudo do governo americano,[1] aliás, mostrou que os pais de alunos que estudam em escolas *charter* onde há uma loteria para sortear vagas estão mais satisfeitos com a educação dos filhos do que os pais dos alunos que não ganharam na loteria e tiveram de colocar seus filhos nas escolas públicas, mesmo quando o aprendizado das crianças nos dois tipos de escolas é indistinguível. Parece, portanto, que o simples fato de ganhar na loteria e conseguir colocar o filho em uma escola privada já gera um contentamento dos pais. Ou seja, não apenas inexiste diferença de qualidade, como a escola *charter* deixa o pai ainda mais acomodado do que antes, na ilusão de que seus problemas acabaram pelo fato de seu filho frequentar uma escola particular. O que, se acontecesse no Brasil, seria ainda mais desastroso que o sistema atual. Outro estudo[2] mostra que também não há ganhos permanentes de disciplina ou motivação do aluno que passa por uma escola *charter*: se ele retorna para uma escola pública, passa a ter os mesmos problemas de comportamento e absenteísmo que tinha antes de passar pela *charter*.

O sistema de vouchers também é alvo de dezenas de estudos, especialmente a respeito da experiência chilena, a maior do mundo. No começo, parecia ser uma boa ideia. O regime de Pinochet manteve as escolas públicas e as privadas, e além delas adicionou um híbrido, a chamada *escuela subvencionada*, uma escola privada financiada através de vouchers vindos do poder público. As primeiras impressões do novo sistema pareciam confirmar as expectativas de seus criadores: os resultados das *escuelas subvencionadas* eram melhores do que os da escola pública. Mas estudos subsequentes,[3] que controlavam o nível socioeconômico dos alunos, mostraram que a diferença entre as escolas era explicável pelo status dos pais, não pelo fato de ser pública ou privada. Outro estudo[4] mostrou que os vouchers haviam simplesmente mudado a distribuição dos alunos nas escolas: como as *escuelas subvencionadas* podiam aplicar testes de seleção e, a partir da década de 1990, cobrar uma "ajuda de custo" dos pais, o que elas fizeram foi retirar das escolas públicas os alunos mais capacitados, mais ambiciosos e com um pouco de renda a mais. As *escuelas subvencionadas* iam melhor, mas às custas da piora das escolas públicas, que perderam seus melhores alunos. Para o país como um todo, o efeito foi nulo. Quando se pesquisou o comportamento dos pais chilenos, viu-se que grande parte simplesmente não conseguia se beneficiar da liberdade de escolha que o sistema de vouchers lhe conferia por não ter conhecimento suficiente sobre educação. O quesito mais importante na escolha da escola do filho era a distância de casa, não a qualidade ou a proposta pedagógica.[5] Menos da metade dos pais conhecia o desempenho da escola do filho no equivalente chileno ao Ideb (Índice de Desenvolvimento da Educação Básica). A principal fonte de informação sobre educação dos pais com baixa escolaridade eram seus vizinhos, enquanto os pais mais instruídos consultavam profissionais mais qualificados.

Na verdade toda essa discussão é irrelevante, porque as escolas brasileiras não podem ser privatizadas. Não por questão de viabilidade política, mas conceitual. Porque só pode ser privatizado algo que é público, e as escolas brasileiras não são públicas, se por público entendemos "relativo ou pertencente a um povo, a uma coletividade", conforme a primeira definição do dicionário Houaiss. As escolas ditas públicas no Brasil são, em alguns casos, escolas estatais, que estão lá para servir os desígnios dos ocupantes do poder político. Na maioria dos casos, são escolas corporativas, cuja função principal é defender os interesses de seus professores e funcionários. Apenas em raros casos é que ela está focada nos interesses de seu alunado, seu público.

Privatizar a escola brasileira não vai resolver seus problemas. O que precisamos fazer é torná-la efetivamente pública, fazendo com que ela passe a atender às necessidades do país e dos alunos que a frequentam. Precisamos parar de pensar nossa educação em termos ideológicos ou mágicos, acreditando em balas de prata, planos nacionais, cláusulas de financiamento ou outras soluções mirabolantes.

Não há decreto que resolva a educação brasileira. É uma máquina complexa e cheia de enguiços. Ou arregaçamos as mangas e mexemos em todas as engrenagens defeituosas ou continuaremos nos lamentando.

Artigo publicado em junho de 2012

31 O que você faria pelos seus filhos?

Em um experimento que virou um clássico, o psicólogo Walter Mischel criou o seguinte cenário na Universidade Stanford no fim dos anos 1960: crianças de 4 anos de idade foram colocadas em uma sala pequena, que continha um marshmallow em cima da mesa. O pesquisador explicava para a criança que ele iria sair da sala, deixando-a sozinha ali. Se, quando ele voltasse, a criança tivesse resistido à tentação de comer o doce, ela ganharia mais um marshmallow. Se capitulasse e o comesse, não ganharia mais nada.[1]

Anos depois do experimento, Mischel acompanhou informalmente o progresso das crianças e notou que havia uma correlação entre o tempo que elas conseguiram esperar para comer o marshmallow e vários indicadores de bem-estar. Quase vinte anos depois do estudo original, Mischel e seus colegas mediram objetiva e cuidadosamente as características das crianças, e os resultados foram surpreendentes: vários dos atributos mais importantes para o sucesso podiam ser previstos pelo tempo a que resistiram aos marshmallows aos 4 anos de idade. Uso de drogas, peso corporal e até os resultados no SAT (Scholastic Aptitude Test [teste de aptidão escolar]), o vestibular americano, estavam significativamente associados ao autocontrole demonstrado frente às guloseimas. A capacidade de sacrificar um pequeno ganho presente (comer um doce) pela possibilidade de um ganho maior no futuro (comer dois doces) se relacionava com o bem-estar em dimensões bem mais sérias ao longo de toda a vida.

Países são mais complexos que pessoas, e o estado de um país não é igual à simples soma dos atributos de seus habitantes. Mas creio que a diferença entre o todo e a soma das partes também não deve ser muito diferente, especialmente se o país é uma democracia. E quero postular aqui que grande parte dos problemas que o Brasil enfrenta se deve à nossa incapacidade de fazer essas trocas intertemporais, de aceitar sacrifícios presentes para colher ganhos futuros. A tese não é original — Eduardo Gianetti já a defendeu com mais brilhantismo e sutileza em seu livro *O valor do amanhã*[2] —, mas me parece merecer mais atenção do que lhe é costumeiramente devotada.

Se tivesse de fazer um resumo grosseiro do que é o processo de desenvolvimento econômico, diria que depende de pessoas, de dinheiro e de instituições. Quando falo de pessoas, quero dizer produtividade, já que as outras variáveis — como o número de horas trabalhadas ou a fatia de pessoas empregadas — podem rapidamente bater em um limite intransponível, enquanto a produtividade pode aumentar indefinidamente. E produtividade está diretamente relacionada à educação. No quesito dinheiro (capital), a variável mais importante é a taxa de poupança. Que, grosso modo, determina aquilo que os agentes econômicos poderão investir. Sem investimento não há crescimento. Por instituições estamos falando do arcabouço jurídico que garante estabilidade e previsibilidade para empreendedores e trabalhadores, especialmente no que tange à proteção da propriedade.

Dos três fatores, só as instituições não são, direta e explicitamente, fruto de trocas intergeracionais. Fazer poupança e criar um bom sistema educacional são atividades em que o sacrifício dos pais está umbilicalmente atrelado ao bem-estar dos filhos. E creio que não é por acaso que o Brasil fracassa em ambas. Temos não apenas um dos piores sistemas educacionais do planeta como também uma taxa de poupança historicamente baixa (de 18% do PIB em 2010, contra 52% da China, 34% da Indonésia, 32% da Índia e da Coreia, 24% do México e uma média de 30% dos países de renda média, como o Brasil, segundo dados do Banco Mundial). Esqueça o pré-sal: não estamos conseguindo acumular o combustível que realmente importa para impulsionar nosso desenvolvimento.

Esses dados são costumeiramente expostos nas páginas de jornais e revistas, e a análise que sempre os acompanha, tanto no caso da poupança quanto do ensino, é de que é tudo culpa do governo. Que não planeja o longo prazo, que não controla gastos, que é corrupto e perdulário. Tudo isso é verdade, mas nosso governo não é um ente exógeno que chegou do espaço sideral para meter a mão em nossos impostos: nós o colocamos lá. E apesar de ser doloroso reconhecê-lo, as ações dos políticos espelham as nossas.

Olhe para a nossa vida privada. Literalmente, desde o nascimento o brasileiro sai em desvantagem pela impaciência de mães e médicos: nossa taxa de partos por cesariana (44% em 2011) é a mais alta do mundo, segundo a Unicef (o Fundo das Nações Unidas para a Infância, na sigla em inglês).[3] A incapacidade de se controlar está chegando também à nossa cintura: logo que as famílias saíram da pobreza e passaram a poder consumir um pouco, o perfil nutricional do brasileiro passou da subnutrição diretamente para o sobrepeso. Entre 1989 e 2009, a obesidade infantil mais do que quadruplicou. Segundo artigo publicado no jornal *Folha de S.Paulo*, hoje, um de cada seis meninos de 5 a 9 anos de idade é obeso.[4] Segundo o Ministério da Saúde, 49% dos brasileiros têm sobrepeso.[5] Quando falamos de escolas, a indisposição do brasileiro para sacrifícios é ainda mais aparente. Em Xangai, fui visitar a família de um aluno humilde escolhido aleatoriamente e vi algo que imagino ser raríssimo no Brasil: no modesto quarto e sala da família, os pais dormiam em um apertado sofá-cama na minúscula sala ao lado da cozinha, enquanto o filho tinha o quarto espaçoso para si. A prioridade era o estudo do filho.

Quando você leu o título deste artigo, provavelmente respondeu "eu faria de tudo pelo meu filho". Mas se você for um brasileiro normal, a resposta real é "tudo, desde que não atrapalhe o meu estilo de vida". Você topa trabalhar duro para pagar uma boa escola, e acha que por isso mesmo é que a escola não deve exigir de você que se envolva com os estudos do filho quando chega cansado à noite. Cansei de ver pais carregando filhos pequenos chorosos em restaurantes em horários em que a criança deveria estar dormindo. Há dois meses, usando a mesma lógica do "não tinha com quem deixar a criança", um sujeito levou o filho de 8 anos para explodir e roubar um caixa eletrônico.[6] Já ouvi muito pai querendo colocar o filho em escola perto de casa — raramente encontro gente se mudando para deixar o filho mais próximo de escola boa. Entre poupar para dar segurança aos seus filhos e comprar a geladeira nova, você opta pela geladeira. Mesmo que nem tenha o dinheiro e se comprometa com prestações a perder de vista. Entre renegociar uma previdência impagável e empurrar o problema com a barriga, escolhemos o segundo. E quando a nossa irresponsabilidade cobra a fatura, queremos que o governo segure nossas pontas. O livro *A cabeça do brasileiro* mostra que 83% de nós concordamos que o governo deve socorrer empresas falimentares. Inacreditáveis 70% gostariam que o governo controlasse os preços de todos os produtos do país.[7] Queremos o retorno garantido, sem topar correr os riscos. Queremos desfrutar de tudo aquilo que os países ricos têm, sem termos de trabalhar o que eles trabalharam para chegar lá. Queremos um futuro glorioso, desde que isso não signifique sacrificar nada do presente. Essa conta não fecha. Jamais fechará.

Antes de exigir dos outros que melhorem escolas, hospitais ou estradas, vamos precisar olhar para nós mesmos e decidir se estamos dispostos a pagar, com sacrifícios no presente, o preço de ser o país do futuro. Ou se continuaremos a ser a eterna promessa, que comeu o doce da mesa assim que o adulto saiu da sala.

Artigo publicado em julho de 2012

32 Por que somos tão pouco ambiciosos?

Fui fazer faculdade nos Estados Unidos em 1995 e depois voltei para mais dois anos de mestrado lá. Saí mais otimista em relação ao Brasil do que quando cheguei.

Até aquela época, o contato com os Estados Unidos se resumia a férias, filmes e encomendas trazidas de viagem. Sob esse prisma, o país parecia uma Terra Prometida, onde tudo era bom e barato, e as pessoas, ricas e civilizadas. Se era assim na média, imaginei que me depararia com verdadeiros super-homens nas universidades Ivy League para onde me dirigia. Felizmente, me decepcionei. Meus colegas americanos eram muito mais ignorantes e superficiais do que eu imaginara. E afora as questões intelectuais, me chamou a atenção seu desajuste emocional. Parecia que todo mundo estava brigado com os pais, ou tomando antidepressivos ou indo a festas para beber até cair. Muitas pessoas frequentavam as três categorias. Se esse pessoal conseguiu construir a potência hegemônica do planeta, pensei eu, nós também podemos. *Yes, we can*.

Porém, a volta ao Brasil depois de oito anos foi surpreendente. Porque era claro (e continua sendo) que o país se divide em dois grupos dessemelhantes. Um é cosmopolita, aguerrido, preparado e ambicioso. Gente que tem fome, que quer competir com o que há de melhor no mundo. Ayrton Senna. O outro é provinciano, malemolente, frequentemente com baixa instrução, acomodado. Um pessoal que está satisfeito com o que a vida lhe deu. Macunaíma. Impossível quantificar construtos tão subjetivos, mas diria sem medo de errar que o segundo grupo é muito mais numeroso do que o primeiro.

Prova indireta disso é que os slogans dos presidentes democraticamente eleitos nas últimas décadas — portanto, afinados com a mentalidade coletiva — pertencem quase todos ao segundo grupo. Sarney: "Tudo pelo social." Itamar: "Brasil, união de todos." Lula I: "O melhor do Brasil é o brasileiro." Lula II: "Brasil, um país de todos." Dilma: "País rico é país sem pobreza." Todos esses olham para dentro e para trás: o foco é sanar desigualdades, incluir, corrigir os erros do passado, glorificar o que temos. Com exceção do "Avança, Brasil" de Fernando Henrique Cardoso, ninguém faz menção ao mundo exterior ou ao futuro, ninguém almeja tornar o Brasil aquilo que, até por suas dimensões e riquezas naturais, ele deveria naturalmente querer ser: uma potência mundial.

Compreender e explicar essa acomodação está aquém deste colunista, mas as consequências desse espírito são claras: ficamos muito abaixo do que poderíamos ser. Tanto a literatura acadêmica quanto a minha experiência de vida têm me mostrado que a gana individual — perseverança, resiliência, ambição — é fator fundamental no sucesso de uma pessoa, aliada à qualidade de sua formação.[1] Não faltam inventividade e persistência ao brasileiro: o problema é que os sonhos de muitos compatriotas são bem mais acanhados do que poderiam ser. Alguém já disse que o homem prudente é como o bom arqueiro: mira sempre um pouco acima do alvo. O Brasil já mira abaixo do que deveria e, portanto, acaba alcançando ainda menos do que ambiciona.

Em nenhum lugar este rasgo da nossa psique está mais aparente e imbricado em uma complexa relação de causalidade do que em nosso sistema educacional. Se a nossa pouca ambição já vem de família, certamente ela é muito reforçada em nossas escolas. Em um perfil do professorado brasileiro traçado pela Unesco e pelo Ministério da Educação, 75% dos professores declararam preferir a igualdade à liberdade.[2] O objetivo da nossa escola é homogeneizar, não desenvolver talentos. Um levantamento de 2007 do Inep (Instituto Nacional de Estudos e Pesquisas Educacionais Anísio Teixeira), o órgão de pesquisas do MEC, identificou 2.553 alunos superdotados na educação brasileira.³ Para se identificar menos de 3 mil superdotados em uma rede de mais de 50 milhões de alunos é preciso um esforço consciente de cegueira.⁴ Eis aí uma diferença básica entre o que vivi em escolas brasileiras e universidades americanas: aqui, o bacana era o cara que não estudava, baladeiro, safo. O aluno aplicado é nerd, otário. Lá, assim como em outros sistemas educacionais de ponta, valorizado é o aluno que estuda muito e tira ótimas notas. Nos EUA, os melhores alunos entram para *honors lists*; na Alemanha, há sistemas educacionais diferentes para aqueles com ambições acadêmicas mais altas; na China, os alunos são ranqueados e precisam de boas notas para adentrar as melhores escolas e, depois, as universidades. Aqui, o histórico escolar da pessoa não importa. O jogo é zerado no momento da entrada para a universidade, decidido através de um único teste. No Brasil, há uma estranha percepção de que recompensar os melhores e mais aplicados seria romper o *ethos* republicano (?). Nossos professores descreem de seus pupilos: só 7% deles acreditam que quase todos os seus alunos chegarão à universidade, segundo questionário da Prova Brasil 2009.

Nosso desastre educacional também desestimula ambições ao tirar do brasileiro o preparo intelectual que é o pré-requisito para voos mais altos. Pesquisa do Inaf (Indicador Nacional de Alfabetismo Funcional) mostra que 74% dos adultos brasileiros não são plenamente alfabetizados.⁵ Com esse despreparo, sonhar muito alto pode ser sinal de doença psiquiátrica.

Não apenas a má educação causa a falta de ambição como também é causada por ela. Nos países que deram grandes saltos, a educação não foi percebida como um fim, mas sim como parte de um projeto nacional. China do século XXI, Coreia da década de 1970, Estados Unidos dos anos 1930, Japão do pós-guerra: nesses e em outros casos, o país perseguia um sonho de grandeza e queria se ver livre das humilhações e tramas do passado. A educação não era o ponto de chegada, mas parte da ponte até o futuro glorioso. Parte do nosso problema é que, ao não termos um projeto nacional inspirador, a educação deixou de ser uma questão dos brasileiros e se tornou propriedade dos professores e funcionários. Alguns deles têm espírito público e generosidade e fazem o melhor que podem para os seus alunos e, consequentemente, para o país. Mas a maioria acaba se acomodando em um sistema que não incentiva o mérito e nem pune o demérito; as únicas causas que esses profissionais defendem são as suas próprias.

Talvez você se pergunte: mas será que precisamos ser mais ambiciosos? O Brasil frequentemente aparece nas primeiras posições de levantamentos internacionais de felicidade. Os céticos dirão que optamos por menos ambição e desenvolvimento em troca de mais bem-estar, sociabilidade e alegria. Sinceramente, acho essa uma falsa dicotomia. Não é necessário optar; é possível ser simultaneamente desenvolvido e alegre. Na última pesquisa Gallup sobre felicidade mundial, realizada de 2005 a 2011, os dez primeiros colocados eram todos de Primeiro Mundo e os dez últimos, subdesenvolvidos.[6] Além disso, sou cético quanto à qualidade de uma escolha tomada em situação de pobreza intelectual como a que temos no Brasil. Longe de mim sugerir que, por exemplo, analfabetos não devam poder decidir sobre suas vidas. Democracia e liberdade são valores supremos. Mas seria demagógico supor que a qualidade das decisões que uma pessoa toma não muda com melhorias radicais de instrução. Pesquisas mostram, por exemplo, que pessoas mais instruídas fumam menos e são mais saudáveis.[7] Finalmente, não creio que seja lógico ou ético optar pelo nosso atual patamar de desenvolvimento, quando ele significa que tantos milhões de pessoas estariam condenadas a vidas indignas, da mais absoluta privação.

Apesar de não ser a minha inclinação pessoal, eu não teria problema de viver em um país como a França, que conscientemente optou por reduzir sua semana laboral, trocando riqueza por lazer e família. Desde que o país chegue no patamar da França, em que há riqueza acumulada para bancar a "preguiça" e educação de qualidade para validar a decisão de pegar leve.

O Brasil ainda não chegou lá. Temos um caminho longo. Convém mirar mais alto do que vimos fazendo.

Artigo publicado em setembro de 2012

33 Quem são os professores brasileiros?

É impressionante como sabemos pouco sobre os principais atores do nosso sistema educacional, os professores. Claro, se você acredita na maioria das notícias e artigos veiculados sobre eles, já deve ter um quadro perfeito formado na cabeça: os professores são desmotivados porque ganham pouco, precisam trabalhar em muitas escolas para conseguir pagar as contas do fim do mês. O sujeito se torna professor, no Brasil, por falta de opção, já que não consegue entrar em outros cursos superiores. Portanto, já chega na carreira desmotivado, e ao se deparar com o desprezo da sociedade e seus governantes, desiste da profissão e só permanece nela por não ter alternativa. Essa é a versão propalada aos quatro ventos. Mas eu gostaria que você, dileto leitor, considerasse uma hipótese distinta. E para isso não quero usar a minha opinião, mas dar voz aos próprios professores. Os dados que vêm a seguir são extraídos de questionários respondidos por professores da rede pública brasileira: em um caso para compor um "Perfil do Professor Brasileiro" da Unesco, outro em pesquisa Ibope para a Fundação Victor Civita e finalmente através do questionário preenchido por professores na Prova Brasil de 2009 (o último para o qual os microdados estão disponíveis. A íntegra dos três está disponível em twitter.com/gioschpe).

Comecemos pelo início. Não é verdade que os professores caiam de paraquedas na carreira. O acaso motivou a entrada de só 8%[1] dos mestres, e só 2% foram dar aula por não conseguir outro emprego. Sessenta e três por cento[2] dos docentes, inclusive, têm outros membros da família na profissão. Perguntados sobre a motivação para exercerem a carreira, 53%[3] dizem que é por "amor à profissão" e outros 14% apontam ser para "contribuir para uma sociedade melhor". Só 15% apontam motivos que podem ser interpretados como oportunistas ou indiferentes à função social da profissão (9% mencionam "realização profissional" e 6% "salário/benefícios oferecidos"). O professor não tem uma má percepção da sua profissão: 81%[4] concordam que são "muito importantes para a sociedade" e 78% dizem ter orgulho de ser professor(a).

Os indivíduos que optam pela carreira de professor não são derrotados. Pelo contrário, são profundamente idealistas. Querem mudar o mundo, mudando a vida de seus alunos. Quase três quartos dos professores (72%)[5] acham que uma das finalidades mais importantes da educação é "formar cidadãos conscientes". Nove entre dez[6] professores concordam que "o professor deve desenvolver a consciência social e política das novas gerações". Apenas 45% acreditam que "o professor deve evitar toda forma de militância e compromisso ideológico em sala de aula".

Esse jovem idealista então vai para a universidade, estudar Pedagogia ou licenciatura na área que lhe interessa (falo sobre esses cursos em breve). Depois começa a trabalhar.

As condições objetivas de sua carreira são satisfatórias. A ideia de que o professor precisa correr de um lado pro outro, acumulando escolas e horas insanas de trabalho, não resiste à apuração dos fatos. Quase seis em cada dez professores (57%)[7] trabalham em apenas uma escola. Em três ou mais escolas, só 6% do total. Um terço dos professores dá até trinta horas de aula por semana. Vinte e oito por cento[8] lecionam quarenta horas (a carga normal do trabalhador brasileiro) e só um quarto dos professores tem jornadas acima de quarenta horas por semana. Dois terços dos professores têm estabilidade no emprego — é praticamente impossível demiti-los. Felizmente, casos de violência na escola são menos comuns do que a leitura de jornais nos faria crer: 10%[9] dos professores se disseram vítimas de agressão física no último ano. Por tudo isso, a sensação geral dos professores com sua carreira é de satisfação. Quase dois terços (63%)[10] estão mais ou igualmente satisfeitos com a profissão quando entrevistados do que no início de suas carreiras. O grau de satisfação médio do professor, de zero a dez, é de 7,9.[11] Só 10%[12] dizem querer abandonar a carreira.

Essa satisfação é curiosa, porque os professores estão falhando na sua tarefa mais simples, que é transmitir conhecimentos e desenvolver as capacidades cognitivas de seus alunos. Não sou eu, nem os testes nacionais e internacionais de educação que atestam isso: são os próprios professores. Só 32% dos professores concordariam em dizer que "meus alunos aprendem de fato". Dois terços dos professores[13] admitem que só conseguem desenvolver entre 40% e 80% dos conteúdos previstos no ano. Só um terço coloca esse patamar acima de 80%. Sintomaticamente, o questionário do MEC que pergunta sobre esse desempenho nem inclui a possibilidade de o professor ter desenvolvido mais conteúdos que os previstos. O que explica esse insucesso?

Um dos principais vilões é identificado pelos próprios professores: seus cursos universitários. Só 34%[14] dos professores acreditam que sua formação está totalmente adequada à realidade do aluno. Nossas faculdades de formação de professores estão mais preocupadas em agradar o pendor idealista de seus alunos do que suas necessidades técnicas. São cursos profundamente ideologizados e teóricos, descolados da realidade de uma sala de aula média brasileira.

Então se dá o momento chave para entendermos nosso sistema educacional: o professor sai da universidade, passa em um concurso, chega à sala de aula e, na maioria dos casos, fracassa. Seus alunos não aprendem. Esse professor poderia entrar em crise, poderia buscar ajuda, poderia voltar a estudar, poderia ter planos remediais de sua Secretaria de Educação. Mas nada disso costuma acontecer, porque não há sanção ao professor ineficaz, nem incentivo ao professor obstinado. O professor que fracassa continuará recebendo seu salário, pois tem estabilidade. Seguirá, inclusive, sendo promovido, pois na maioria das redes a promoção se dá por tempo de serviço ou titulação, não por mérito. Esse professor não será nem incomodado: um dos pilares da maioria de nossas redes é a autonomia da escola, a ideia de que ninguém pode dizer ao professor o que ou como ensinar. Pais e alunos tampouco costumam se manifestar: confundem uma escola limpa, bonita, que oferece merenda e uniforme com educação de qualidade. O professor pode até faltar ao trabalho sem medo de sanções. Estudo recente[15] sobre a rede estadual de São Paulo mostrou que o professor médio falta em dezoito dos duzentos dias letivos. É um índice de falta muito superior até mesmo aos outros servidores públicos, que já é maior que na iniciativa privada. Depois de uma investigação de meses com o repórter Rafael Foltram junto às secretarias estaduais, descobrimos que há situações muito piores, com faltas entre 11% e 15% dos dias letivos. E isso é certamente uma subestimação, pois a maioria das secretarias não fica sabendo quando um professor falta parte de um dia; algumas só são notificadas em faltas de três dias ou mais. O professor deixa de se preocupar em investir em si mesmo: 74%[16] veem TV diariamente, mas só 12%[17] leem livros de ficção e 17% participam de seminários de atualização habitualmente.

Mesmo nesse sistema tão permissivo e ineficiente, persiste um problema: os professores sabem que seus alunos não estão aprendendo. E é extraordinariamente difícil a qualquer pessoa continuar em uma carreira, indo ao trabalho todos os dias, sabendo-se um fracasso. Muitos profissionais sucumbem à depressão e ao esgotamento. Alguns abandonam a carreira. Mas a maioria resolve essa dissonância cognitiva (eu sou um bom professor, meu aluno não aprende) de duas maneiras: culpando o aluno e redefinindo o "sucesso". Alfabetizar e ensinar a tabuada, por exemplo, deixam de ser medições válidas de êxito e passam a ser vistos como "reducionismo". O importante é a libertação do espírito, e isso qualquer um pode definir da maneira que lhe gerar conforto, no recôndito de sua alma. Já a culpabilização do aluno e de suas famílias é mais ostensiva. Eis as explicações dos professores para as dificuldades de aprendizagem dos alunos: 94%[18] apontam a "falta de assistência e acompanhamento da família", 89% apontam o "desinteresse e falta de esforço do aluno" e 84% dizem ser "decorrentes do meio em que o aluno vive". Nossos alunos, especialmente os pobres, são massacrados por um mar de descrença e descompromisso do sistema que a sociedade financia para educá-los. Só 7%[19] dos professores acreditam que quase todos os seus alunos entrarão para a universidade.

Esses professores criaram uma leitura de mundo à parte e completa para se blindarem do próprio insucesso. Qualquer crítica ou cobrança só pode vir de algum celerado que pretende privatizar a escola ou quer "alienar" o alunado. Pesquisas não são confiáveis, números mentem, estatísticas desumanizam: os professores não precisam de ajuda, muito menos de interferência. Segundo eles, o exercício da docência é algo tão particular, hermético e incompreensível que não pode se sujeitar aos métodos investigativos que analisam todas as outras áreas do conhecimento humano: só quem vive a mesma situação é que pode falar alguma coisa. Na área da Saúde, seria ridículo dizer que um pesquisador de laboratório não pode criar um remédio porque nunca atendeu pacientes com aquela doença ou que um médico só poderia realmente tratar do doente se tivesse passado um tempo considerável internado no hospital. Na educação brasileira, o discurso de que os "de fora" não podem se meter é aceito sem hesitação.

É por isso que me parecem disparatadas as iniciativas que querem usar de aumentos orçamentários para "recuperar a dignidade do magistério" ou melhorar a educação dobrando os salários dos profissionais da área. A maioria dos professores não está com a dignidade abalada. Está satisfeito, acomodado. E não se tornará um profissional mais exitoso se não tiver uma profunda melhora de preparo, por mais que seu salário seja aumentado. Se compararmos nosso alto gasto em educação com o baixo resultado que o sistema educacional entrega ao país, o surpreendente é que a autoestima dos educadores esteja tão alta. Ao lidar com o "luto" do nosso insucesso educacional, a maioria dos professores ainda está na fase da negação (a culpa é dos alunos e dos pais) e raiva (contra o mundo neoliberal, a falta de apoio etc.). Esse mecanismo de defesa tem uma utilidade importante: faz com que o professor possa prosseguir em sua carreira, sem sucumbir ao desespero que fatalmente adviria se percebesse a dimensão de seu insucesso. Mas, para o país, cobra um preço alto. Primeiro, porque aliena os professores bons e aqueles que ainda não são bons, mas são comprometidos, batalhadores. É difícil visitar uma escola em que não haja uma tensão surda entre a minoria comprometida e a maioria acomodada, e os competentes não querem trabalhar em um ambiente de inércia. A reação histérica de muitos professores à página no Facebook da estudante Isadora Faber (que chegou ao ponto de uma professora a acusar criminalmente de calúnia e difamação, levando a menina de 13 anos a ter de prestar depoimento em delegacia) é demonstrativa da total intransigência desses profissionais com qualquer denúncia que abale o status quo. Em segundo lugar, e mais importante, essa resistência impede os próprios professores de procurar as ferramentas que poderiam melhorar o seu desempenho acadêmico. Como sabe qualquer terapeuta, só é possível ajudar quem quer ser ajudado.

A sociedade brasileira não pode retirar os maus professores dos seus cargos, pois a maioria tem estabilidade no emprego. Mas tampouco pode tolerar o seu imobilismo. As mirabolantes e simplistas soluções orçamentárias não resolvem esse problema tão difícil: como fazer que professores dessensibilizados por anos ou décadas de cinismo voltem a ter a esperança e o brilho no olho que os fizeram optar por essa linda profissão.

Artigo publicado em novembro de 2012

34 Educação pra quê?

A Galleria dell'Accademia, de Florença, exibe muitas obras-primas da criação artística universal. A mais famosa delas é o *David*, de Michelangelo (1475-1564). Perto dele estão outras esculturas, do mesmo artista, que me chamaram mais a atenção. São cinco esculturas aparentemente inacabadas, em que figuras humanas estão emergindo do bloco de mármore ao qual pertencem. Elas não são obras incompletas. Michelangelo deixou-as assim de propósito. São a ilustração mais vívida de sua concepção sobre o seu ofício. Ele entendia que o escultor não era o criador da escultura: sua função seria apenas libertá-la do bloco de mármore que a aprisionava. Ele dizia poder visualizar perfeitamente a obra acabada quando via o bloco de mármore, e sua função seria apenas "revelar aos olhos dos outros aquilo que os meus já veem".

Nesta coluna falo bastante sobre educação, seus problemas e o que precisamos fazer para melhorar, mas acabo não sendo explícito sobre a finalidade da educação que defendo. É verdade que a educação é fundamental para o desenvolvimento econômico, e que o país precisa de escolas melhores para crescer. Mas toda a formulação macro depende de uma explicação micro, que explique a lógica no nível do indivíduo. Ninguém vai à escola porque quer que seu país se desenvolva, nem mesmo para ter uma carreira melhor no futuro — uma criança de 7 anos não faz projeções de prazo tão longo nem, quando mais crescida, permanece em uma escola chata e frustrante. Pessoalmente, estou com Michelangelo. Acho que a boa escola, o bom professor, liberta o aluno e faz com que ele possa desenvolver suas potencialidades e sonhos até os limites impostos pelo ambiente. Deixe-me elaborar.

Todos nascemos com um nível de inteligência geral (que a pesquisa chama de "g") cujo potencial é definido por nossos genes e posteriormente moldado por fatores do ambiente a que somos expostos (há uma enorme discussão acadêmica sobre quais os pesos da genética e de fatores ambientais na inteligência final do adulto. Não sou competente para resumir essa literatura aqui, mas há um consenso de que não se pode entender a inteligência humana sem levar em consideração tanto fatores genéticos quanto ambientais e a interação entre eles). Alguns de nós (ou todos nós, se você acredita em Paulo Coelho) nascemos com alguns talentos não relacionados com a inteligência tradicional (lógico-dedutiva), como o talento musical, o esportivo, o interpessoal, o comunicativo e outros.

A combinação dos fatores genéticos com um ambiente ideal, estimulante, traça o limite para o progresso de cada pessoa ao longo de sua vida. Depois da concepção do embrião que dará origem à criança, esse limite máximo vai sendo reduzido pelas dificuldades da vida. Hoje sabemos que se a futura mãe fuma, bebe ou passa por episódios de estresse agudos durante a gravidez seu filho terá danos para toda a vida. Depois do nascimento, há uma série de variáveis que conspiram para que o horizonte de possibilidades seja rebaixado. Alguns de ordem familiar — pais castradores, distantes ou irresponsáveis, que traumatizam seus filhos —, outros de natureza totalmente aleatória (não adianta ter a genética para o surfe se o sujeito nasce no interior da Sibéria, por exemplo). Há várias instituições que podem contribuir para que uma pessoa atinja seu pleno potencial. A escola é, disparada, a mais importante delas.

A função primeira da escola é dar a seus alunos os instrumentos de que necessitam para navegar no mundo: o domínio básico da escrita e das operações matemáticas. Sem elas, é impossível funcionar de maneira autônoma. Depois, a escola precisa transmitir aos alunos uma vasta base factual, expondo-os ao conhecimento acumulado pela humanidade. Não apenas porque esse conhecimento é indispensável para o desenvolvimento do raciocínio (falo mais sobre isso em artigo futuro sobre neurociência), nem porque, se bem ensinado, é intelectualmente estimulante e crianças são naturalmente curiosas, mas também porque essa exposição é necessária para que demos às crianças a chance de ter contato com suas reais vocações. Talvez uma criança nasça com o potencial de se tornar um médico extraordinário, mas precisará de algum contato com Biologia para facilitar o encontro com a sua vocação. Claro, não podemos ensinar, na escola, todas as milhares de especializações do conhecimento humano, mas precisamos ensinar as grandes áreas nas quais esses conhecimentos estão inseridos (genericamente: Linguagem, Matemática, Ciências Sociais, Humanas, Exatas, Artes e Educação Física). Finalmente, a boa escola precisa fazer com que os alunos possam usar esses diversos conhecimentos como ferramentas para desenvolver sua própria capacidade de pensar. Não é importante estudar História para saber nomes e datas, mas sim ser exposto a nomes e datas para que se perceba como o estudo da História pode explicar o presente. Quanto mais ferramentas analíticas a pessoa tiver à sua disposição, melhores serão suas decisões, e mais próxima de seu máximo potencial ela vai chegar. Por isso é que mesmo o aluno que sabe que vai ser advogado deve estudar Química: se bem ensinada, é mais uma ferramenta para ajudar a pensar. Uma boa educação gera multiplicidade: de interpretações e de opções.

Um mau sistema educacional gera bloqueios, limites. A má escola é como o mau escultor: ela vai deixando tantas arestas, com tantos pedaços de mármore cobrindo a forma original, que ao fim do processo já nem é possível divisar a linda escultura que havia dentro daquele bloco de pedra.

O problema da educação brasileira não é apenas relevante porque priva o país de riquezas e desenvolvimento. Riqueza não é um fim, é um meio. A finalidade da vida é a felicidade, a plenitude. E é disso que somos roubados ao termos um sistema educacional tão incompetente: a cada dia, milhões de brasileiros ficam mais e mais longe do limite de suas realizações, da concretização de seus projetos. Quantos brilhantes escritores não estamos perdendo entre todos os analfabetos funcionais que saem de nossas classes de Português? Quantos futuros médicos, advogados e engenheiros tiveram de sacrificar seus sonhos e viver vidas apequenadas porque não conseguiram entrar em uma universidade? Milhões e milhões, certamente.

Não é fácil aceitar que o papel da educação é a libertação do potencial de cada indivíduo. Presume aceitar que somos diferentes, com capacidades e possibilidades distintas. Requer admitir que a escola não pode criar o novo homem, moldar o aluno. O professor pode apenas dar asas para que o aluno alce voos mais altos, não determinar o local de chegada. No Brasil, crê-se que um sistema educacional justo é aquele que entrega, ao fim do processo, as mesmas esculturas, como se todos os mármores tivessem as mesmas origens e aspirações. Para se chegar a esse nivelamento, o único caminho possível é a equalização por baixo, a chegada ao mínimo denominador comum. Se aceitamos as diferenças como inerentes à condição humana, percebe-se como a busca pela igualdade é a mais atroz das formas de injustiça. Que em 2013 sejamos mais eficazes ao impedir essa mutilação silenciosa das nossas crianças. São os meus votos para o novo ano.

Artigo publicado em dezembro de 2012

35 Se eu fosse prefeito

Desde as eleições têm pipocado pedidos de vereadores e prefeitos eleitos por orientações sobre como construir um sistema educacional de qualidade. Impossibilitado de atender aos pedidos, vou transformar a consultoria em um artigo, gerando o benefício adicional da transparência: espero que ajude não apenas os novos mandatários mas também você, leitor, a cobrar de seus representantes eleitos. Obviamente, cada cidade tem a sua conjuntura e os seus problemas específicos, então o que segue abaixo é um arremedo de políticas públicas de sucesso que são aplicáveis a uma cidade com os problemas usuais das cidades brasileiras. Se eu fosse prefeito de uma cidade comprometida para valer com educação, eis as medidas e estratégias que buscaria adotar:

Forjar alianças. O maior problema de quem quer melhorar o sistema educacional é a solidão. A maioria da população acha que a escola do filho é boa e não demanda melhorias. Os sindicatos de professores e funcionários, muito numerosos, só aceitam mudanças que envolvam maiores salários e menos trabalho. Na ausência de uma força que se contraponha ao peso dos sindicatos, qualquer batalha por avanços está perdida. O líder político precisa mobilizar uma coalizão que lhe dê sustentação para encarar as batalhas que virão. Batalha que será tão encarniçada quanto maior for o escopo das mudanças propostas. Há uma série de aliados potenciais, desde grupos da elite — empresários, mídia, igreja, judiciário — até, preferencialmente, a população inteira. Para mobilizar pais de alunos, não adianta falar de generalidades: é preciso mostrar que a escola dos filhos é ruim e que esses problemas impedem os projetos de vida dos filhos. Minha sugestão é o "Ideb na Escola" (www.idebnaescola.org.br): colocar uma placa na entrada de todas as escolas com o seu Ideb. A iniciativa já foi aprovada nos estados de Minas Gerais e Goiás e em cidades como Rio de Janeiro, Vitória, Belém e muitas outras.

Intervir no que acontece no dia a dia das salas de aula. A maioria dos gestores se contenta em garantir que a infraestrutura das escolas esteja em ordem, que os livros e merendas cheguem onde devem, que os salários sejam pagos. Isso é necessário, mas não é remotamente suficiente para garantir um ensino de qualidade. O que importa é aquilo que acontece quando professores e alunos se encontram, na sala de aula. A primeira tarefa é garantir que esse encontro aconteça: zerar as faltas de professores e alunos. A segunda é que o tempo seja bem-aproveitado: nada de atrasos, perda de tempo com avisos e bate-papos ou gastar o tempo todo de aula colocando material no quadro-negro para a molecada copiar. Aula boa é aquela que começa e termina no horário e é ocupada na sua integridade por discussões relacionadas à matéria; que envolve muita participação dos alunos via pergunta e resposta e professor preparado. Na China se adotou uma maneira inteligente de garantir o preparo dos professores. As escolas têm poucas séries (quatro, em geral) e muitas turmas por série, fazendo com que haja mais de um professor por matéria/série. Aí eles criam grupos de estudos dos professores que ensinam a mesma matéria na mesma série, que se encontram pelo menos a cada quinzena para planejar aulas e trocar experiências, garantindo que todas as aulas sejam devidamente planejadas e que os professores com dificuldades tenham alguém em quem se apoiar. Uma vez por mês, os professores da cidade, de cada matéria e grupo etário, se reúnem e recebem uma aula magna do professor que tiver ministrado a melhor aula da matéria sendo estudada naquele momento. Assim, as melhores práticas de um professor ou escola contaminam toda a rede. No Brasil, mesmo em uma cidade que vai muito mal no ensino, é comum haver pelo menos uma escola ou professor que faz um trabalho excelente e que poderia ensinar aos demais como melhorar.

Monitoramento constante e intervenção rápida. Os bons sistemas educacionais acompanham o desempenho dos alunos continuamente e agem antes que o problema se torne insolúvel e o aluno tenha de repetir o ano. Daí a importância fundamental do dever de casa, especialmente nas exatas. Se o professor prescreve dever de casa todos os dias, ele libera tempo valioso de aula para explicação e resposta a dúvidas, deixando os exercícios para casa. Também tem uma ferramenta valiosa de avaliação do seu próprio trabalho: se o dever de casa mostra que a maioria dos alunos não está aprendendo o esperado, o professor precisa mudar de tática. A mesma lógica vale para o uso constante de avaliações (provas): não apenas obriga o aluno a estudar (e quem mais estuda mais aprende) como dá ao professor a ferramenta para entender se está trabalhando da maneira correta. O ideal é que as avaliações sejam as mesmas para toda a rede, de forma que o gestor possa identificar o progresso da rede toda, sem subjetividades. O mais importante, porém, é o que ocorre depois da avaliação. Nos maus sistemas de ensino, um resultado abaixo do esperado gera tristeza e resignação, às vezes culpabilização dos alunos e suas famílias. Nos bons, gera programas de intervenção imediata para os alunos com dificuldade, que podem ter vários formatos, desde reforço no contraturno a mais atenção do professor em sala de aula. A escola entende que os problemas são seus, não de terceiros.

Ter diretores qualificados em todas as escolas. É preciso acabar com o modelo em que os diretores chegam aos seus cargos por conexões políticas ou por serem populares junto à comunidade. O melhor modelo de seleção de diretores é aquele em que os candidatos passam por provas técnicas e, só depois disso, os finalistas vão para uma eleição na comunidade escolar. O diretor precisa ser uma referência acadêmica, não um simples administrador/burocrata. Precisa dar o norte da escola, acompanhar constantemente o trabalho dos professores dentro de sala de aula e estar em contato com os alunos e suas famílias (um traço comum a muitos bons diretores é que ficam no portão de suas escolas nos horários de chegada e saída, valendo-se dessa oportunidade para falar com pais e alunos, buscando descobrir o que pode ser melhorado na escola). No caso dos diretores, a pesquisa mostra que salário está relacionado a desempenho: quanto mais altos seus salários, maior o aprendizado das crianças da escola. Portanto, selecione e remunere bem os diretores de escola. E, importante, crie ferramentas para que os maus diretores possam ser demitidos. Para quem se preocupa com educação de qualidade, diretor de escola é cargo chave.

Foco na alfabetização. Todos os alunos devem terminar o primeiro ano alfabetizados. No máximo, é tolerável que os alunos com dificuldade terminem sua alfabetização ao longo do segundo ano. Essa precisa ser a prioridade total do gestor municipal, pois sem essa competência o aluno não conseguirá progredir em sua vida educacional a contento. O domínio das operações matemáticas nos primeiros anos também é fundamental. Minha sugestão é focar o currículo nessas duas áreas (Português e Matemática) até garantir que a tarefa esteja cumprida, mesmo que seja necessário sacrificar a carga horária de outras matérias nos primeiros anos.

Criar e comunicar expectativas altas — para todos. A maioria dos gestores brasileiros já começa aceitando o fracasso, tolerando como natural o fato de que alguns alunos simplesmente não conseguirão aprender. Esse tipo de pessimismo é uma praga que se alastra pelo sistema: se o fracasso é aceitável, não há por que cobrar os diretores, nem estes os seus professores, nem estes os seus alunos. Os sistemas de excelência estabelecem metas ousadas e não admitem que nenhum aluno fique para trás. E isso é comunicado, a cada início de ano e todos os dias em aula, para alunos e pais. Não seja um gestor de crise: seja o parteiro da excelência.

Artigo publicado em janeiro de 2013

36 Como o cérebro aprende?

Até Freud, que só pensava... naquilo, reconheceu a satisfação da descoberta mental como uma importante fonte de prazer para o homem em "A civilização e seus descontentes". De fato, há poucas atividades mais estimulantes do que aprender coisas novas, conseguir perceber a luz onde antes só havia trevas.

O aprendizado ocorre no cérebro. Durante muitos séculos, o cérebro foi tratado como uma caixa-preta, à qual não podíamos ter acesso direto, e cujas maquinações só poderiam ser depreendidas por meio da observação cuidadosa e perspicaz do comportamento de pessoas. A maioria dos profissionais de Educação ainda subscreve a esse paradigma. Sua visão sobre o funcionamento cerebral é, portanto, formada pelas hipóteses não científicas de pensadores da virada do século XIX para o XX, especialmente Jean Piaget (1896-1980), Lev Vygotsky (1896-1934) e Henri Wallon (1879-1962).

Desde essa época, porém, a compreensão que temos sobre o cérebro fez grandes avanços, e a neurociência está conseguindo ligar comportamentos e habilidades humanas a áreas e processos cerebrais específicos, abandonando o modelo "caixa-preta" por outro em que o cérebro é percebido como um órgão material, que tem uma fisiologia, onde agem células, neurotransmissores etc. Uma das descobertas que essa ciência já conseguiu fazer é que, ao aprender, mudamos a própria arquitetura física do órgão. Como bem descreve, no fascinante *In Search of Memory*,* Eric Kandel — um dos líderes da pesquisa na área, vencedor do Nobel de Medicina por suas contribuições —, a formação de uma memória de longo prazo altera nossa rede neuronal em pelo menos duas maneiras: não só aumenta a força do sinal da sinapse na área relevante como cria novas sinapses (estruturas neuronais que permitem a passagem de um sinal químico ou elétrico entre neurônios vizinhos). É tão impossível entender como seres humanos aprendem sem compreender o funcionamento do cérebro quanto querer chegar de um lugar a outro sem saber o que são ruas, estradas, rios e pontes. E a maneira responsável de se buscar esse conhecimento é através da ciência. Por mais brilhante que seja um observador da fase pré-científica, ignorar todo o avanço da ciência nas últimas décadas seria não apenas anacrônico como irresponsável.

Um dos insights mais importantes das últimas décadas de pesquisa é de que o cérebro é, assim como um olho ou braço, fruto de um processo evolutivo, moldado ao longo de centenas de milhares de anos para aumentar nossas possibilidades de reprodução e sobrevivência. Como bem mostra Steven Pinker em livros como *How the Mind Works* e *Blank Slate*,** a ideia de que nosso cérebro é uma tábula rasa cujos conteúdos são preenchidos exclusivamente por processos culturais é equivocada. Dentre os muitos achados dessa visão evolutiva está a descoberta de que o cérebro evita o pensar. Pensar é uma atividade dispendiosa, tanto em termos de tempo como de energia, e sempre que possível o cérebro substitui o pensamento por um procedimento automático gravado na memória. (Já imaginou como seria impossível, por exemplo, dirigir um carro se a cada esquina precisássemos pensar em como fazer uma curva, como indicar aos outros motoristas que estamos dobrando, calcular o ângulo certo da virada do volante, pensar onde está a alavanca do pisca-alerta etc.?)

Como mostra o psicólogo cognitivo Daniel Willingham em *Why Don't Students Like School?*,*** o cérebro pensa em duas situações: quando é

---

* A edição brasileira deste livro chama-se *Em busca da memória* (Companhia das Letras, 2009). (N. E.)
** Os dois livros têm edições brasileiras: *Como a mente funciona* (Companhia das Letras, 1998) e *Tábula rasa* (Companhia das Letras, 2004). (N. E.)
*** A edição brasileira ganhou o título *Por que os alunos não gostam da escola?* (Artmed, 2011). (N. E.)

estritamente necessário (não há procedimento na memória que nos ajude) e quando nós acreditamos que seremos recompensados por resolver determinado problema. A recompensa? Pequenas doses de dopamina, um poderoso neurotransmissor associado aos circuitos de prazer do cérebro, liberado quando se resolve um problema (e também durante o consumo de cocaína). Para que a dopamina seja liberada, o fundamental é calibrar a dificuldade do problema. Se ele é fácil demais e o aprendiz já sabe a resposta antes de pensar, não há pensamento nem, portanto, dopamina. Se ele é difícil demais e a pessoa já pressente que não conseguirá encontrar a solução, o cérebro "desliga": não havendo a possibilidade de dopamina, não vale a pena gastar o maquinário neural.

Mas o que é, em termos neurológicos, pensar? Pensar é combinar informações de uma maneira diferente. Essas informações podem vir do ambiente externo e/ou da memória de longo prazo. A memória de longo prazo é aquela que armazena informações e processos que estão fora da nossa consciência imediata. A tabuada, por exemplo: ela não estava na sua mente antes de eu a mencionar e desaparecerá de novo em alguns minutos, mas sempre que você precisar fazer uma multiplicação ela virá, facilmente, à mente. O local do cérebro em que esse novo processamento de informações ocorre é a memória operacional (ou "de trabalho", do inglês *working memory*). A memória operacional tem capacidade limitada, e quanto mais perto ela estiver de seu limite, mais difícil vai ficando o pensar. Sua capacidade é determinada geneticamente. Pensar bem, portanto, envolve quatro variáveis: informações externas, do ambiente; fatos na memória de longo prazo; procedimentos na memória de longo prazo e o tamanho do espaço disponível na memória operacional.

A primeira implicação dessa descoberta é de que o domínio de fatos não apenas ajuda no ato de pensar: ele é indispensável. Como mostra Willingham, décadas de pesquisa em ciência cognitiva mostram que se você não domina as informações básicas de um determinado assunto você não conseguirá ter um raciocínio analítico/crítico a seu respeito. Até a leitura se torna mais fácil se o cérebro já conhecer o assunto em questão: a pesquisa mostra que uma pessoa com ótima habilidade de leitura e pouco conhecimento de um assunto entende menos de um texto sobre aquele tema do que outra pessoa que lê mal, mas conhece o assunto. A ideia atualmente em voga, de que não é necessário ensinar informações a alunos, já que elas estão disponíveis na internet, é, portanto, furada. O desafio não é ensinar sem memorização (o que é impossível), mas memorizar apenas o necessário para desenvolver as habilidades de pensamento crítico, descartando aquilo que é memorizado apenas com o objetivo de ser regurgitado novamente em uma prova.

Se a memória é importante, surge a outra pergunta fundamental: como o cérebro memoriza? Nosso cérebro ficaria sobrecarregado se memorizássemos tudo o que aprendemos. A maior parte do que aprendemos passa pela memória de trabalho e é descartada, não chegando nunca à memória de longo prazo. Como decidimos o que é armazenado? Infelizmente não depende da nossa vontade de memorizar algo ou apenas da quantidade de vezes que tenhamos tentado. O cérebro decide da seguinte maneira: se você pensa cuidadosamente sobre algo, é porque aquilo é importante para você e provavelmente precisará ser pensado novamente — e, assim, deve ser retido. Na formulação feliz de Willingham, "a memória é o resíduo do pensamento". Se você pensar sobre algo e o entender, provavelmente irá se lembrar daquilo. Veja que essa compreensão deixa claro que o processo do pensamento é cumulativo: quanto mais se pensa, mais se conhece, e quanto mais se conhece, mais fácil é o pensamento, e assim sucessivamente. Por isso é que crianças que vêm de situações de menos estímulo intelectual em casa precisam de uma escola excepcionalmente boa, e nos primeiros anos de ensino, para equiparar o jogo. Do contrário, os filhos de privilegiados terão uma vantagem exponencial e insuperável ao final do processo escolar.

E como um instrutor faz para que um aluno pense em algo? Provavelmente a resposta mais comum dos nossos professores será "fazer com que aquele conteúdo tenha relevância para a vida do estudante", apostando que a ligação emocional do assunto com a vida do aprendiz desperte sua atenção. A ciência da cognição sugere que esta não é uma boa aposta: existe uma relação entre emoção e memória, mas a emoção precisa ser bastante forte para que tenha impacto na memória, e claramente há poucos assuntos de um currículo que poderão ser ensinados assim. A chave para o aprendizado não está no *que* é ensinado, mas em *quem* o ensina e *como*. Precisa haver uma conexão pessoal entre aluno e seu mestre, e para que haja essa ligação o instrutor precisa ser percebido como uma pessoa do bem por seus alunos e ter uma aula bem organizada. Se não houver essa conexão pessoal ou se o material a ser ensinado não estiver bem organizado, não haverá aprendizagem. (Uma dica dos neurocientistas sobre como organizar o material: o cérebro humano adora histórias. Conte uma história.)

A última lição da ciência da cognição é sobre a importância da repetição. Repetir um mesmo aprendizado aumenta nossas chances de dominá-lo. Primeiro, porque a repetição espaçada é um antídoto ao esquecimento. Segundo, porque a repetição faz com que certos procedimentos sejam automatizados e, assim, possam sair da memória operacional e ir para a memória de longo prazo. Lembre-se: pensar ocorre quando combinamos novas informações, vindas do ambiente e/ou da memória de longo prazo, e isso ocorre na memória de trabalho. Quanto mais espaço livre tivermos na memória de trabalho, e quanto mais informações tivermos na memória de longo prazo, melhor será nossa capacidade de pensamento. A prática importa porque faz as duas coisas: ao automatizar processos, libera espaço na memória de trabalho e enriquece a memória de longo prazo.

Talvez seja por isso que, apesar das reclamações de milhões de alunos e de séculos de tentativa de reforma educacional, a maioria das boas escolas de hoje não difira muito da Academia de Platão, de quase dois mil e quinhentos anos atrás. O modelo socrático/platônico — no qual um professor emocionalmente envolvido com seus alunos é capaz de transmitir seus conhecimentos de maneira organizada e estimulante, exigindo ao mesmo tempo esforço contínuo dos estudantes — parece ter descoberto intuitivamente o que a ciência de dois milênios depois referendaria sobre o funcionamento de nosso cérebro. A escola continuará passando por muitas evoluções e refinamentos, mas revoluções só devem dar certo se nosso cérebro for significativamente alterado.

Artigo publicado em março de 2013

37 Diretor de escola: o protagonista esquecido

Quando se fala em educação, logo se pensa em professores e alunos. Cada vez há mais indícios, porém, que esse foco na sala de aula é o típico caso em que não conseguimos ver a floresta por estarmos tão preocupados com as árvores. Salas de aula não flutuam por aí, afinal: o locus do ensino é a escola, uma organização bastante complexa, que precisa reter bons profissionais, interessar, estimular alunos e agradar pais e líderes políticos. Quem rege essa orquestra toda é o diretor escolar.

Sabemos relativamente pouco sobre ele. Alguns estudos mostram que a maneira como um diretor chega ao cargo é importante: escolas que têm diretores escolhidos por processos que envolvem provas seguidas de eleições,[1] ou pelo menos via eleição,[2] têm alunos que aprendem mais do que aquelas em que o diretor é fruto de indicação política. Como costuma acontecer, no Brasil, privilegiamos o caminho errado: os últimos dados mostram que 46% dos diretores de nossas escolas chegaram ao posto por indicação de alguém.

Outro erro que cometemos é imaginar que o diretor é um mero burocrata responsável por administrar as instalações físicas da escola e passar um corretivo nos badermeiros. O bom diretor, porém, faz bem mais do que isso. No livro *Organizing Schools for Improvement*, os autores[3] definem bem as quatro áreas que o gestor escolar deve dominar: capacitação dos professores, criação de um clima propício ao aprendizado, envolvimento com a família e ensino ambicioso, visando o ingresso na universidade.

Alguns desses quesitos são difíceis de medir e quantificar. O trabalho de um bom diretor é indireto: assim como se nota o trabalho de um bom técnico pelo desempenho de seus jogadores, a virtuosidade de um diretor se manifesta pelo trabalho de seus professores. Um bom diretor consegue criar um clima ordeiro e organizado, em que alunos e professores podem dar o seu melhor com o mínimo de interrupções. Pesquisas demonstram que alunos aprendem mais naquelas escolas em que há um clima[4] positivo e onde os professores reconhecem a liderança[5] do seu diretor. Pesquisas internacionais[6] (todas disponíveis em twitter.com/gioschpe) demonstram que, quando o diretor tem o poder de contratar e demitir professores, os alunos têm desempenho melhor. Outra pesquisa mostra que os diretores têm boa capacidade[7] para prever, antes da contratação, quem serão os professores excelentes e quais serão os ruins. Faria sentido, portanto, mudar o processo de seleção de professores, que hoje se resume a um concurso público que avalia quase tudo — menos a capacidade do sujeito de ensinar um determinado conteúdo — para um processo que envolva uma entrevista com os bons diretores escolares.

O bom diretor escolar é um líder pedagógico, além de bom gestor. Nas escolas de primeiras séries, há evidência de que o conhecimento do diretor das matérias ensinadas e sua intervenção sobre as práticas dos professores — especialmente os mestres com dificuldades[8] — melhora o desempenho dos alunos. Nos anos mais avançados é impossível para um diretor dominar todas as áreas, de forma que seu impacto precisa ser indireto, mas não por isso ele é menos importante. Pesquisas sugerem, por exemplo, que em aulas de Linguagem uma estratégia em que os alunos se engajam através de questionamentos[9] e de uma postura interativa facilita o aprendizado, enquanto que em aulas de Matemática[10] ocorre o oposto: estratégias em que o professor passa mais tempo explicando conceitos e formalizando o conhecimento têm melhores resultados. O mau diretor acha que cada professor deve fazer o que bem entender. O bom diretor entende que todos precisam de orientação e que a escola deve ter um padrão. Por isso é que normalmente não se veem escolas com resultados muito díspares entre séries ou disciplinas. Ainda falta pesquisa para esmiuçar esse fenômeno, mas em minhas andanças por escolas Brasil afora ficam claros dois fatores. Primeiro, os semelhantes se atraem: professor descompromissado procura escola de diretor idem, e bons diretores fazem o possível para afastar os maus professores e atrair os bons. Uma diretora arretada de escola pública de Fortaleza me contou que uma de suas professoras tirava licença médica atrás de licença médica. Ela também trabalhava em uma escola particular, só que nesta comparecia sempre. Quando a professora estava de licença, a diretora ligava para a escola particular e descobria se ela estava trabalhando. Depois de alguns meses em que teve seu comportamento desmascarado, a professora malandra pediu para sair. O segundo mecanismo é através do exemplo. Quando um professor sabe que seu diretor está batalhando e que vai cobrá-lo, isso é motivador. E vice-versa: visitei uma escola em Goiânia em que a diretora resolveu afrouxar cobranças sobre alunos e professores porque queria se candidatar a vereadora e não convinha antagonizar ninguém. Os professores ficaram tão desmotivados, e trataram seus alunos com tanta indiferença, que logo a escola saiu do controle: os alunos, enraivecidos, começaram até a riscar os carros de professores.

Outra marca do bom gestor escolar é a relação com a comunidade. Em linhas gerais, os bons diretores atraem os pais, trazendo-os para perto da escola. Só assim um pai ou uma mãe poderá monitorar, cobrar e ajudar os filhos. Os maus gestores só se lembram de que os pais existem quando precisam culpar alguém pelo insucesso da escola. Eles costumam tratar os pais com menosprezo e distância: para um pai marcar uma reunião com um diretor desses é missão impossível. Bem diferente de uma marca frequente do bom diretor: ele espera pais e alunos no portão da escola, todos os dias, na entrada e na saída. É uma oportunidade de estreitar o contato com os pais, comentar os problemas do dia a dia antes que cresçam e simplesmente se colocar à disposição para todos.

Ainda estamos longe de desvendar todos os mistérios da boa gestão escolar, mas a pesquisa traz três achados encorajadores. O primeiro é que, no Brasil, onde a bagunça administrativa é generalizada, iniciativas muito simples, de colocar a casa em ordem, têm efeito significativo. Um programa[11] de intervenção na gestão das escolas estaduais de São Paulo que se encontravam entre as 5% piores trouxe melhoras no aprendizado dos alunos de até incríveis 40%. Resultados que vêm com medidas simples como oferecer mais aulas de reforço, coibir faltas de professores e passar mais tempo visitando e acompanhando salas de aula. O segundo é que salário[12] de diretor está diretamente relacionado com o aprendizado dos alunos, ao contrário do salário de professor. É bem mais barato e eficaz mexer nos salários de diretores (menos de 200 mil pessoas) do que de professores e funcionários (mais de 5 milhões). Terceiro, que o impacto da gestão escolar é enorme: pesquisas[13] americanas sugerem que um quarto da diferença de desempenho entre escolas é diretamente atribuível a diferenças de gestão. Depois das ações dos professores em sala de aula (que respondem por um terço), é o quesito mais importante na determinação do sucesso acadêmico dos alunos.

Artigo publicado em abril de 2013

38 Universidade gratuita para aluno rico, nem na França tem

"Seu Gustavo!", chamou o porteiro do meu prédio. "O senhor não vai escrever nada sobre esse Mais Médicos?!" Perguntei-lhe o que achava de mais essa natimorta iniciativa para responder às manifestações de junho. "Acho até que os médicos precisam devolver algo à sociedade, mas não sendo forçados a ficar dois anos em hospital público." É uma lógica elementar que escapou aos sábios do Planalto: em um Estado de direito, ninguém pode exercer uma profissão contra a sua vontade. A frase me lembrou de uma declaração do ex-ministro Marcio Thomaz Bastos à revista *piauí*.[1] Quando um cliente recém-absolvido diz não saber como expressar sua gratidão pelos serviços do advogado, a orientação de Thomaz Bastos é simples: "Depois que os fenícios inventaram a moeda, esse problema ficou simples de resolver." É isso. Existe um modo fácil de garantir que futuros médicos, engenheiros, advogados e estudantes de todas as demais carreiras ressarçam os cofres públicos: cobrar mensalidades de quem pode pagar. Por que criar então planos tão mirabolantes, e circunscritos a médicos, se há um modelo bem mais simples e aplicável a todos?

O primeiro motivo apontado pelos descontentes é que as universidades públicas não podem cobrar mensalidades, porque tudo o que é público precisa ser gratuito. Que me conste, nenhuma dessas pessoas vai aos Correios e espera mandar um Sedex de graça, nem passa em postos Petrobras imaginando pagar com espírito cívico o combustível em seu tanque. O fato de algo ser público não tem relação com gratuidade. Se as universidades públicas cobrassem mensalidades, continuariam sendo públicas, já que continuariam sendo de posse do poder público, defendendo interesses públicos. Na maioria dos países desenvolvidos, as universidades públicas cobram mensalidades de seus alunos. Na OCDE, associação dos países desenvolvidos, dezoito membros[2] cobram em suas universidades, incluindo os "neoliberais" Canadá, França, Itália e Japão.

Algumas pessoas tentam desqualificar a cobrança apelando a aspectos práticos, tendo em vista que no campo conceitual a batalha é difícil. Esse sistema seria muito difícil de implementar, dizem eles. Criaria um grande risco de deixar gente pobre de fora e ainda renderia pouco aos cofres públicos. Ora, se isso fosse verdade, os países com os melhores sistemas educacionais do mundo não o teriam adotado. Em realidade, o modelo é simples: institui-se a cobrança de uma mensalidade, e quem não tiver condições de pagar procura a sua universidade em busca de abatimento. Que pode ser inclusive superior a 100%, dando não apenas gratuidade como auxílio de custo a estudantes pobres, que hoje abandonam universidades gratuitas por não poderem arcar com livros, deslocamentos e moradia. Basta levar a sua declaração de renda e dos pais/responsáveis para comprovar a ausência de renda. A Receita Federal institui recomendações de valor-limite a ser cobrado de acordo com a renda familiar. Com uma simples regra adicional, para não facilitar ainda mais a vida dos sonegadores: quem cursou o ensino médio em escola privada precisa pagar pelo menos a mensalidade que pagava na escola. Como o aluno precisa da formação do ensino médio para cursar a universidade, as universidades sabem onde o aluno se formou, e é fácil manter contato com essas escolas para saber qual é a sua mensalidade e se o aluno em questão tinha alguma isenção. O esquema não renderia pouco, não. Nas últimas semanas fiz o seguinte exercício: com dados cedidos pela Hoper Educação, descobri as mensalidades[3] das universidades privadas top de linha em oito grandes capitais brasileiras para os quinze cursos[4] com mais alunos na graduação. Tomando como base o perfil socioeconômico dos alunos da USP,[5] estimei a porcentagem de alunos que cursaram o ensino médio em colégios particulares para cada um desses cursos. Presumi que essas pessoas poderiam continuar pagando mensalidades pelo menos iguais às das melhores universidades privadas (todos os dados e explicações mais detalhadas dos cálculos estão em twitter.com/gioschpe). Provavelmente é até uma subestimação, já que muitas das universidades públicas têm melhor qualidade que as privadas e, portanto, poderiam cobrar mensalidades mais altas. Mas apenas com esse esquema simples de cobrança, seria possível arrecadar mais de R$ 7,4 bilhões por ano. Mesmo em um país de cifras e desperdícios colossais, não é pouca coisa.

Mais importante do que o valor diretamente arrecadado ou do fim de uma injustiça social em um país tão desigual, a cobrança de mensalidades nas universidades públicas permitiria sanar sérias distorções do nosso modelo de ensino superior. O MEC (Ministério da Educação) poderia cortar o financiamento ao orçamento geral das universidades federais (mesma coisa para as secretarias estaduais de Educação e as universidades estaduais). As universidades seriam responsáveis por obter seu financiamento diretamente dos alunos. Os alunos que não pudessem pagar a mensalidade seriam subsidiados diretamente pelo ministério. Isso forçaria as universidades públicas a cobrar mensalidades de valores compatíveis com o mercado. Com sua atual estrutura de custos, isso seria impossível. Nossas universidades públicas viraram cabides de emprego. Há só dez alunos[6] por professor em nossas universidades federais, contra 15,5 nas da OCDE[7] e 18 nas nossas universidades privadas,[8] e oito alunos por funcionário, contra 21 nas privadas. Pior: a maioria dos professores é remunerada como se fosse pesquisador de tempo integral, coisa que uma minoria realmente é. Com a necessidade de fechar as contas, as universidades teriam de demitir professores e funcionários improdutivos. E talvez baixar o salário fixo dos professores. O MEC e as agências de fomento complementariam sua renda através de pagamento por projeto de pesquisa. Assim estimularíamos a produtividade de nossos melhores pesquisadores (e há excelentes pesquisadores em nossas universidades, na maioria dos casos de saco cheio de aturar colegas descompromissados). Outro caminho para as universidades seria o incremento na área de extensão, aquela que lida com empresas e outros públicos externos, fazendo com que suas atividades beneficiassem o setor produtivo brasileiro. Hoje o Brasil produz um número razoável de doutores e *papers*, mas muito poucas patentes. E é muito difícil para empresas contarem com pesquisadores de ponta em seus projetos, já que a academia lhes oferece salário bom e estabilidade no emprego.

O que fazer com todo o recurso que seria poupado pelo MEC e pelas secretarias, agora substituído pelo pagamento de alunos e de projetos em parceria com o setor produtivo? Quando comecei a defender essa ideia, há mais de dez anos, sugeria que o dinheiro fosse reinvestido em educação básica, à época ainda carente. Hoje já gastamos em educação básica o mesmo que países desenvolvidos, e está claro que o gigantismo paquidérmico do Estado impede o país de crescer. Nada melhor, portanto, que devolver esse dinheiro à sociedade, via redução de impostos.

Esse seria um bom argumento para convencer aqueles que propugnam um argumento canhestro para defender a manutenção da gratuidade até para alunos abastados: "Mas eu pago tanto de impostos e nunca recebo nada de volta do Estado, a única coisa que exijo é universidade gratuita pros meus filhos." Bem, mesmo quem não usa hospitais ou escolas públicas recebe bastante do Estado, sob forma de policiamento, estradas, defesa nacional, sistema judiciário etc. E o objetivo de um sistema de tributação justo não é ser um toma-lá-dá-cá, em que você paga de um lado e recebe do outro, mas sim fazer redistribuição de renda, em que os mais ricos ajudam os mais pobres. Sim, eu concordo: a qualidade do serviço público brasileiro é péssima e deveria melhorar. É uma injustiça. Mas é só em Matemática que dois negativos fazem um positivo. Não é com a injustiça de uma universidade gratuita até para gente rica que vamos consertar a injustiça maior de um Estado incompetente. Precisamos mudar os dois.

Artigo publicado em agosto de 2013

39 Devo educar meus filhos para serem éticos?

Quando eu tinha uns 8 ou 9 anos, saía de casa para a escola numa manhã fria do inverno gaúcho. Chegando à portaria, meu pai interfonou, perguntando se eu estava levando um agasalho. Disse que sim. Ele me perguntou qual. "O moletom amarelo, da Zugos", respondi. Era mentira. Não estava levando agasalho nenhum, mas estava com pressa, não queria me atrasar.

Voltei do colégio e fui ao armário procurar o tal moletom. Não estava lá, nem em nenhum lugar da casa. Gelei. À noite, meu pai chegou em casa de cara amarrada. Ao me ver, tirou da pasta de trabalho o moletom. E me disse: "Eu não me importo que tu não te agasalhes. Mas, nesta casa, nesta família, ninguém mente. Ponto. Tá claro?" Sim, claríssimo. Esse foi apenas um episódio mais memorável de algo que foi o leitmotiv da minha formação familiar. Meu pai era um obcecado por retidão, palavra, ética, pontualidade, honestidade, código de conduta, escala de valores, *menschkeit* (firmeza de caráter, decência fundamental, em iídiche) e outros termos que eram repetitiva e exaustivamente martelados na minha cabeça. Deu certo. Quer dizer, não sei. No Brasil atual, eu me sinto deslocado.

Até hoje chego pontualmente aos meus compromissos, e na maioria das vezes fico esperando por interlocutores que se atrasam e nem se desculpam (quinze minutos parece constituir uma "margem de erro" tolerável). Até hoje acredito quando um prestador de serviço promete entregar o trabalho em uma data, apenas para ficar exasperado pelo seu atraso, "veja bem", "imprevistos acontecem" etc. Fico revoltado sempre que pego um táxi em cidade que não conheço e o motorista tenta me roubar. Detesto os colegas de trabalho que fazem corpo mole, que arranjam um jeitinho de fazer menos que o devido. Tenho cada vez menos visitado escolas públicas, porque não suporto mais ver professores e diretores tratando alunos como estorvos que devem ser controlados. Isso sem falar nas quase úlceras que me surgem ao ler o noticiário e saber que entre os governantes viceja um grupo de imorais que rouba com criatividade e desfaçatez.

Sócrates, via Platão (*A República*, Livro IX), defende que o homem que pratica o mal é o mais infeliz e escravizado de todos, pois está em conflito interno, em desarmonia consigo mesmo, perenemente acossado e paralisado por medos, remorsos e apetites incontroláveis, tendo uma existência desprezível, para sempre amarrado a alguém (sua própria consciência!) onisciente que o condena. Com o devido respeito ao filósofo de Atenas, nesse caso acredito que ele foi excessivamente otimista. Hannah Arendt me parece ter chegado mais perto da compreensão da perversidade humana ao notar, nos ensaios reunidos no livro *Responsabilidade e julgamento*, que esse desconforto interior do "pecador" pressupõe um diálogo interno, de cada pessoa com a sua consciência, que na verdade não ocorre com a frequência desejada por Sócrates. Escreve ela: "Tenho certeza de que os maiores males que conhecemos não se devem àquele que tem de confrontar-se consigo mesmo de novo, e cuja maldição é não poder esquecer. Os maiores malfeitores são aqueles que não se lembram porque nunca pensaram na questão." E, para aqueles que cometem o mal em uma escala menor e o confrontam, Arendt relembra Kant, que sabia que "o desprezo por si próprio, ou melhor, o medo de ter de desprezar a si próprio, muitas vezes não funcionava, e a sua explicação era que o homem pode mentir para si mesmo". Todo corrupto ou sonegador tem uma explicação, uma lógica para os seus atos, algo que justifique o porquê de uma determinada lei dever se aplicar a todos, sempre, mas não a ele(a), ou pelo menos não naquele momento em que está cometendo o seu delito.

Cai por terra, assim, um dos poucos consolos das pessoas honestas: "Ah, mas pelo menos eu durmo tranquilo." Os escroques também! Se eles tivessem dramas de consciência, se travassem um diálogo verdadeiro consigo e seu travesseiro, ou não teriam optado por sua "carreira" ou já teriam se suicidado. Esse diálogo consigo mesmo é fruto do que Freud chamou de superego: seguimos um comportamento moral porque ele nos foi inculcado por nossos pais, e renegá-lo seria correr o risco da perda do amor paterno.

Na minha visão, só existem, assim, dois cenários em que é objetivamente melhor ser ético do que não. O primeiro é se você é uma pessoa religiosa e acredita que os pecados deste mundo serão punidos no próximo. Não é o meu caso. O segundo é se você vive em uma sociedade ética em que os desvios de comportamento são punidos pela coletividade, quer na forma de sanções penais, quer na forma do ostracismo social. O que não é o caso do Brasil. Não se sabe se De Gaulle disse ou não a frase, mas ela é verdadeira: o Brasil não é um país sério.

Assim é que, criando filhos brasileiros morando no Brasil, estou às voltas com um deprimente dilema. Acredito que o papel de um pai é preparar o seu filho para a vida. Essa é a nossa responsabilidade: dar a nossos filhos os instrumentos para que naveguem, com segurança e destreza, pelas dificuldades do mundo real. E acredito que a ética e a honestidade são valores axiomáticos, inquestionáveis. Eis aí o dilema: será que o melhor que poderia fazer para preparar meus filhos para viver no Brasil seria não aprisioná-los na cela da consciência, do diálogo consigo mesmos, da preocupação com a integridade? Tenho certeza de que nunca chegaria a ponto de incentivá-los a serem escroques, mas poderia, como pai, simplesmente ser mais omisso quanto a essas questões. Tolerar algumas mentiras, não me importar com atrasos, não insistir para que não colem na escola, não instruir para que devolvam o troco recebido a mais...

Tenho pensado bastante sobre isso ultimamente. Simplesmente o fato de pensar a respeito, e de viver em um país em que existe um dilema entre o ensino da ética e o bom exercício da paternidade, já é causa para tristeza. Em última análise, decidi dar a meus filhos a mesma educação que recebi de meu pai. Não porque ache que eles serão mais felizes assim — pelo contrário —, nem porque acredite que, no fim, o bem compensa. Mas sim porque, em primeiro lugar, não conseguiria conviver comigo mesmo, e com a memória de meu pai, se criasse meus filhos para serem pessoas do tipo que ele me ensinou a desprezar. E, segundo, tentando um esboço de resposta mais lógica, porque sociedades e culturas mudam. Muitos dos países hoje desenvolvidos e honestos eram antros de corrupção e sordidez cem anos atrás. Um dia o Brasil há de seguir o mesmo caminho, e aí a retidão que espero inculcar em meus filhos (e meus filhos em seus filhos) há de ser uma vantagem, e não um fardo. Oxalá.

Artigo publicado em setembro de 2013

POSFÁCIO: CHINA

40 A educação que constrói uma potência: uma lição em cinco capítulos sobre a educação chinesa

Os alunos e seus pais

Encontrei Sun Juntao, 16 anos, às 7h30 perto do ponto de ônibus onde desembarcava, em uma das tantas largas e movimentadas avenidas de Xangai, a maior metrópole chinesa. Estava a caminho de sua primeira aula do dia, de Matemática. À primeira vista, Juntao (na China o prenome vem depois do sobrenome) se parece com um adolescente qualquer: paramentado com as roupas de marcas esportivas compartilhadas por seus contemporâneos do mundo todo, ostentando um ralo bigodinho do qual provavelmente se arrependerá no futuro e falando com aquela mistura de entusiasmo, ingenuidade, determinação e timidez que são próprios da adolescência. Mas dois fatores faziam aquela jornada excepcional, pelo menos para um interlocutor brasileiro.

O primeiro era que acontecia em um domingo. Juntao não estava indo para sua escola, mas sim para uma aula de reforço, ministrada aos fins de semana por uma escola particular improvisada que fora estabelecida em um andar do que parecia ser um prédio de escritórios vizinho a uma antiga fábrica desativada. Na recepção, o logotipo da escola mal cobria as marcas de cola da placa do locatário anterior: quando um país está crescendo a 10% ao ano, os sinais da pressa estão por toda a parte.

A despeito das instalações modestas e apressadas, as pequenas salas, de menos de 30 metros quadrados, estavam lotadas. Vinte alunos organizados em duas fileiras de mesas retangulares, divididas por um corredor, com três alunos por mesa em quase todas as fileiras. A sala não tinha ar-condicionado, TV, microfone ou qualquer aparato tecnológico: só mesas, cadeiras e uma lousa. A aula era ministrada por um professor jovem, de 27 anos.

Foi uma das aulas mais pesadas a que já assisti: sem fazer nenhuma concessão ao fato de estarmos em um domingo de manhã, depois de todos aqueles alunos já terem passado por uma semana extenuante em suas escolas regulares, o professor resolveu problemas de geometria quase que ininterruptamente, por duas horas, sem intervalo, sem fazer muitas perguntas aos alunos, muito menos esboçar qualquer senso de humor ou *showmanship* típicos dos professores de cursinhos pré-vestibulares brasileiros. Ao final da aula, confesso que minhas nádegas doíam e já era difícil ficar sentado parado, mas o desconforto aparentemente não era compartilhado pelos alunos: ninguém reclamou, nem se mexeu muito, nem saiu para ir ao banheiro. Durante aquelas duas horas, o professor colocava o problema no quadro e o resolvia, de vez em quando dando algum tempo aos alunos para que o resolvessem sozinhos. Ao término, prescreveu mais exercícios de dever de casa. Depois dessa aula, um intervalo de dez minutos e mais duas horas de aula de Química. Assim são todos os finais de semana de Juntao: das 8h ao meio-dia ele vai para essa escola de reforço e fica estudando quatro horas de Matemática e Química. Sem piadas, sem teatro, sem musiquinha pra ajudar a decorar. Trabalho, trabalho e mais trabalho.

No futuro distante, o desejo de Juntao é ser advogado. Não qualquer advogado: um dos advogados mais famosos do mundo. Depois de se formar na China, pretende fazer um mestrado na Universidade Stanford, para então voltar ao país de origem. Mas para alcançar esse sonho de longo prazo, ele precisa cumprir uma meta mais próxima: ter um bom resultado no *gao kao*, o exame nacional de admissão universitária. Apesar de só fazer o teste ano que vem, Juntao já está se preparando. Em 2012, ele aumentará sua carga de aulas de reforço, passando a estudar inglês também, aos sábados. A nota no *gao kao* determina a universidade na qual o aluno poderá se matricular.

O segundo fato excepcional neste quadro é que, na verdade, ele não tem nada de excepcional. Não apenas na província de Xangai, mas em toda a China, milhões de crianças e jovens passarão seus fins de semana frequentando escolas como essa. Conversei com algumas crianças de 10 anos durante a viagem, e mesmo nessa idade elas também já estavam fazendo aulas de reforço. Para a grande maioria delas, essas aulas vêm depois de semanas já muito puxadas. A rotina de Juntao é parecida com a de muitos dos jovens que entrevistei. Ele acorda diariamente às seis da manhã. Enfrenta um trajeto de quase uma hora de ônibus para chegar à escola. Entre as 7h10 e as 8h, lê com seus colegas livros didáticos da matéria que está estudando, em sala de aula, sem professor. Às 8h começam as aulas. Perto do meio-dia há uma pausa de uma hora e quinze minutos para o almoço, servido no refeitório da escola. À tarde, mais quatro períodos de aula. Às 17h ele vai para casa. Chega por volta das 18h30. Durante uma hora, descansa, toma banho e janta. Então faz o dever de casa por, normalmente, três horas diárias. Às 22h30 vai dormir, e o ciclo recomeça no dia seguinte. Descanso, só aos sábados, e só por mais alguns meses. Como praticamente todos os jovens que encontrei — exceção feita àqueles da cidade de Shenzhen —, Juntao não tem nem nunca teve namorada, não vai nem nunca foi para a balada, nunca consumiu drogas ou fumou. Apesar do embaraço causado à minha tradutora, que só fez a pergunta depois da minha insistência, quando perguntei a ele o que aconteceria se ele, involuntária e inadvertidamente, se apaixonasse por alguém nessa idade, a resposta foi rápida: "Espero até depois do *gao kao*."

Essa obsessão dos chineses pelo estudo é o primeiro elemento para se entender a notícia, divulgada no fim do ano de 2010, que abalou profundamente toda a compreensão da educação no mundo: de que Xangai, província chinesa, tinha conquistado o primeiro lugar em todas as áreas auferidas (Matemática, Ciências e Leitura) no mais importante e respeitado teste internacional de qualidade educacional, o Pisa (Programa Internacional de Avaliação de Alunos). O teste, realizado a cada três anos pela OCDE (o clube dos países desenvolvidos), mede o conhecimento de jovens de 15 anos de idade. Começou a ser realizado no ano 2000 com 32 países (dentre eles o Brasil, que ficou em último lugar)[1] e, na edição de 2009, contou com 65 participantes (entre os quais ficamos novamente na rabeira: entre a 53ª e a 57ª posição).² Em suas edições anteriores, o topo do ranking era ocupado pelos suspeitos de sempre: Finlândia, Coreia do Sul, Japão, Canadá. O teste confirmava a crença de que renda e qualidade educacional estão intimamente associados: só os países mais ricos do mundo conseguiriam produzir sistemas top de educação. Mesmo no teste de 2009, países de nível de desenvolvimento semelhante ao chinês ficaram muito atrás dos países ricos: na área de leitura, o foco da edição de 2009, a Turquia ficou em 41º lugar, a Rússia em 43º, o México em 48º e o Brasil em 53º. Não é que Xangai se saiu bem, acima do esperado por seu nível de renda. A região ficou em primeiro lugar, com uma dianteira considerável de todos os países desenvolvidos, em todas as áreas medidas.

É verdade que Xangai é uma província e não um país, como a maioria dos outros participantes do teste. Também é verdade que Xangai não é representativo da China como um todo: é sua província mais rica (com renda igual a 2,5 vezes a média chinesa) e também a que tem o melhor sistema educacional do país, conforme me confidenciaram à boca pequena alguns oficiais com quem conversei durante a viagem, ainda que ninguém diga qual a margem de distância.

Mesmo com essas ressalvas, o feito é incrível. A renda per capita de Xangai em 2010 foi de US$ 11 mil, segundo relatório do Deutsche Bank. A Coreia, segundo lugar em leitura, tem renda de quase US$ 21 mil. A Finlândia, terceiro lugar, US$ 44 mil, quase a mesma de Cingapura, quinto lugar. Mais deprimente para nós: a renda média de Xangai é igual à brasileira.³

E ainda que Xangai seja um pequeno pedaço da China, não estamos falando de uma cidade-estado: a província tem uma área de 6.300 quilômetros quadrados (aproximadamente sete vezes menor que o estado do Rio de Janeiro), com uma população de 19,2 milhões de pessoas⁴ — mais do que 42 dos 65 participantes do Pisa. No ensino básico, possui uma rede de mais de 1.500 escolas e mais de 1,3 milhão de alunos. E é uma zona bastante complexa: 11% de seus habitantes vivem na zona rural,⁵ e 54% dos alunos das primeiras cinco séries são filhos de migrantes, residentes que vêm de outras províncias para trabalhar em Xangai, segundo me informou o governo.

O governo de Xangai, e da China em geral, só consegue obter esse nível de devoção à educação em um sistema tão grande e complexo porque o apreço quase obsessivo pelo ensino é um valor compartilhado pela sociedade chinesa. Não é preciso ter um Big Brother forçando os alunos a entrar na linha: os exemplos, e o apoio, vêm de suas próprias casas.

Juntao é um bom exemplo. Seus pais são humildes. A mãe trabalha em um escritório de contabilidade e o pai é assistente de logística em uma fábrica. Estudaram até o fim do ensino médio. Seus avós maternos são agricultores, os paternos operários — todos chegaram apenas até o fim do ensino fundamental. Os avós tiveram de interromper seus estudos por conta da Revolução Cultural. Os pais não conseguiram ir para a universidade porque não tiraram nota suficientemente alta no *gao kao*. Juntao, filho único, mora com os pais em uma quitinete de não mais de 40m². Mas quem dorme no sofá-cama que fica no cômodo que faz as vezes de sala e cozinha são seus pais. O rapaz tem um quarto só para si, para que possa se concentrar nos estudos. Apesar da renda módica dos pais, eles é que pagam as escolas de reforço do filho, e também seus estudos (na China, só os níveis compulsórios de ensino — do 1º ao 9º ano — são gratuitos. Os três anos de ensino médio são pagos, mesmo nas escolas públicas. E mesmo nos níveis gratuitos os pais devem pagar uniforme, transporte e alimentação. O Estado dá apenas os livros).

Juntao é um bom aluno — tem média em torno de 7,5 —, mas sua mãe sempre diz que ele deveria tirar notas melhores. Mesmo quando tira um nove ou dez, ela diz "que bom, mas precisa manter esse mesmo nível". Seus avós, já falecidos, costumavam lhe dizer: "Quando nós éramos jovens, não tivemos oportunidade de estudar. Você, que vive em um ambiente tão bom, precisa aproveitar e estudar muito." Certa vez, quando tinha cerca de 8 anos, apanhou da mãe por ter tirado uma nota três. Juntao me diz ter 99% de confiança de que entrará na universidade, sendo o primeiro de sua família a chegar a esse nível. Não é pequena a pressão em suas costas, mas ele sabe que também não é pequena a dedicação de seus pais e avós para que ele hoje tenha condições de chegar lá.

O esforço feito pelas famílias chinesas para dar uma educação de qualidade aos filhos é comovente. Tanto em termos de tempo quanto de dinheiro. Liang Hai, um motorista de Pequim, me disse gastar de 60% a 65% de sua renda com a educação de sua filha, Xiaohan, também de 16 anos, que tem rotina muito parecida à de Juntao: escola em tempo integral e aulas de reforço aos fins de semana. Apesar de dirigir todos os dias no caótico trânsito de Pequim, Hai leva e busca a filha na escola. Ele está se preparando para gastar ainda mais ano que vem: será o ano anterior ao *gao kao*, e ele imagina que vá gastar até 80% de sua renda com a educação da filha, com mais aulas e tutores. Não é que ele faça isso com prazer: reclamou do tempo e do dinheiro envolvidos no processo. Mas sabe que não tem escolha. Todos os outros pais fazem o mesmo, e a competição por vagas nas melhores escolas e universidades é feroz.

A situação não é diferente quando falei com pessoas de nível social e educacional mais elevado. Depois de deixar a escola de Juntao no domingo, fui à casa de um médico chamado Xu Jun Min. O dr. Xu complementa sua renda sendo proprietário de uma empresa de equipamento médico, o que o deixa em uma situação confortável, ainda que não opulenta. Seu apartamento de dois quartos deve ter uns 150m² e conta com TV de plasma grande, ar-condicionado etc. A situação confortável, porém, não mascara alguns traços mais esperados em uma família de camponeses: é preciso tirar os sapatos antes de entrar no apartamento, e na sala de jantar um mapa da China colado com durex na parede faz as vezes de obra de arte.

Em duas horas de conversa franca, o dr. Xu me contou de sua própria educação. O esforço requerido para uma pessoa nascida em 1958 (às vésperas do Grande Salto para a Frente) chegar à universidade foi hercúleo. Nasceu e cresceu em um vilarejo na província de Jiangsu, ao norte de Xangai. A maioria de seus cinco irmãos não pôde ir à escola. A família era muito pobre, e foram frequentes os períodos em que sua única refeição — no café, almoço e jantar — era o *kanji*, uma mistura de arroz e água. Depois de ir à escola, ele precisava ajudar na colheita do arroz, já que o dinheiro dos pais não era suficiente para bancar sua educação. Até os 16 anos, Xu nunca tinha calçado um par de sapatos. Caminhava diariamente 5 quilômetros até sua escola e trabalhava nos campos de arroz com os pés descalços. Aos 18 anos se alistou no Exército, a única forma de sair do vilarejo. (O governo chinês sempre controlou a migração de pessoas, especialmente restringindo o fluxo do campo para as cidades. Até hoje esse controle existe, e os migrantes precisam obter uma autorização de residência do governo local para não serem clandestinos. Hoje esse controle é menos severo, mas na década de 1970 ainda era extremamente rígido.)

Depois de muitas batalhas, Xu conseguiu entrar na Escola Militar de Medicina e se formar. Como a maioria dos pais de todos os lugares do mundo, Xu diz que seu grande sonho é poder dar ao seu filho uma vida melhor do que a sua.

Ao contrário de muitos outros pais de outros países com histórias mais tranquilas, porém, o nível de dureza vivenciado por ele faz com que sua exigência em relação ao filho seja mais alta, e a inclinação à complacência seja bem mais baixa. Seu filho, Huaze, é um dos melhores alunos de uma das boas escolas de Xangai, onde vive em regime de internato de segunda a sexta-feira. O fato de morar na escola significa que, além da rotina normal de estudos, precisa voltar para sua sala de aula das 18h30 às 21h15 todos os dias para estudar e fazer deveres de casa, e às 22h todos devem ir dormir. O trabalho é ainda mais árduo e a liberdade, ainda menor. Ao saber dessa rotina e antes de conhecer seu histórico de vida, perguntei ao pai se não achava o dia a dia do filho pesado demais. Ele sorriu. "Meu filho reclama por não ter tênis de marca. Eu, na idade dele, ainda não tinha calçado sapato." Frente às tribulações das gerações dos pais e avós, realmente a vida da maioria das crianças e jovens chineses dos dias de hoje é um melzinho na chupeta.

Se o jovem chinês não for naturalmente ambicioso, é provável que a competição inerente ao sistema se encarregue de o tornar. Seus pais e avós provavelmente também estarão lá para dar um empurrão. E, se tudo isso falhar, é provável que a escola o coloque nos eixos.

A escola

Fui para a China em outubro, já esperando ver escolas diferentes da realidade brasileira, por tudo o que havia lido a respeito e pelo próprio resultado do Pisa. Em dez dias de viagem — dois dias em Pequim, uma semana em Xangai e um dia e meio em Shenzhen, todas na região leste (a mais desenvolvida) do país — visitei cinco escolas de ensino básico, além de duas escolas técnicas e três universidades. Mas mesmo todo o preparo não foi suficiente para, de início, afastar a impressão de que tudo aquilo que eu estava vendo era uma farsa, uma campanha de propaganda cuidadosamente elaborada pelo governo chinês para iludir um forasteiro. Foi só depois de conseguir visitar uma escola sem o conhecimento ou o consentimento do governo, de checar os rankings das escolas visitadas e de falar com uma série de alunos e de ex-alunos chineses, que me convenci de que o que estava vendo era uma boa representação da realidade. Se não da realidade da China como um todo — já que o oeste do país é profundamente mais atrasado que o leste, e em muitas províncias a situação é de pobreza extrema — pelo menos do que ocorre nas três províncias que visitei. O contraste com uma escola brasileira é gritante.

A primeira diferença é do espaço físico, especialmente da limpeza e do cuidado. A maioria das escolas que visitei não tinha nada muito sofisticado ou diferente, mas também não tinha nada fora do lugar ou improvisado. Os pisos das escolas eram imaculadamente limpos, e em duas ocasiões presenciei algo que nunca vi no Brasil, nem no tempo de estudante nem em visitas a escolas: o diretor ou vice-diretor que nos acompanhava se agachando para recolher um pedaço de papel caído. Os prédios são parecidos com os de muitas escolas brasileiras, ainda que um pouco mais verticalizados. As escolas têm três ou quatro andares. São escolas grandes, a maioria com mais de mil alunos. O sistema chinês é dividido em três níveis: o *elementary*, do 1º ao 6º ano; o *middle*, do 7º ao 9º; e o *high school*, de três anos. Em Xangai há uma leve alteração: 5-4-3 em vez de 6-3-3.

Não visitei nenhuma escola que tivesse os três níveis. A maioria tinha apenas um nível, ou no máximo dois (*middle* e *high*). Em algumas escolas cada série ocupava um andar. Essa organização do espaço é relevante. Pois em cada andar há uma sala de professores, e essa divisão permite que professores das mesmas séries estejam em contato frequente e tenham a formação do seu grupo de estudos facilitado. A sala de professores não tem nada a ver com esse espaço social e descontraído dos colégios brasileiros: em Xangai, cada professor tem o seu cubículo, em que guardam livros e materiais de sua disciplina e onde também há um computador, no qual preparam o material de aula (sempre da marca Lenovo, empresa chinesa que adquiriu o negócio de PCs da IBM).

O mais marcante, porém, são as salas de aula. O espaço físico é parecido com as congêneres brasileiras, em termos de dimensão e formato. A parede frontal também é ocupada por um quadro-negro, depois vem a mesa da professora e as carteiras e cadeiras dos alunos. Não há grandes aparatos tecnológicos, decorações ou apetrechos. Tudo bastante simples. Só há três diferenças em relação às nossas salas de aula. A primeira é que, tanto em Xangai quanto em Pequim, há uma bandeira da China sobre todo quadro-negro. A segunda é que há um projetor multimídia, através do qual os professores mostram material didático através de apresentações de Powerpoint. O terceiro é que há vassoura e pá ao fundo de todas as salas: cabe aos alunos a limpeza do ambiente. Há equipe de limpeza nas escolas, mas elas só tomam conta das áreas comuns. Acompanhei várias aulas de várias séries diferentes. Todas começam da mesma maneira. A professora não se atrasa nem os alunos. A professora, de pé, então se inclina em direção à classe e diz: "Bom dia, alunos." Os alunos então se levantam, se inclinam em direção à professora e, em uníssono, respondem: "Bom dia, professora." Eles então se sentam e a aula começa.

Não há chamada nas aulas chinesas. Cada turma tem um professor que é designado o seu *head teacher* ("professor responsável", em tradução livre), que deve ter um contato mais aprofundado com aquela sala, conhecer seus alunos, suas famílias etc. Uma vez por dia, em horário aleatório, o professor responsável passa pela turma e vê se tem alguém faltando. Se houver, ele deve ligar para os pais da criança para saber o que aconteceu. Caso todos estejam lá, o professor dá uma espiada e vai embora. É um detalhe simples, mas pense em seu efeito. Se você tem oito períodos por dia e gasta, digamos, três minutos fazendo chamada, quase meia hora de aula do dia terá sido desperdiçada com esse ritual. Ajuda o fato de que quase ninguém falta, claro. Nem alunos, muito menos professores.

Em meu primeiro dia na China, em Pequim, conversava com uma diretora de escola, Cui Minghua, 55. Perguntei a ela se o absenteísmo de professores era um problema sério. Ela me olhou algo incrédula, conferiu a pergunta com a tradutora. Para simplificar, perguntei quantos professores, em média, faltavam num determinado dia (a escola é muito grande, com mais de 4 mil alunos em sete campi). "Nenhum", ela me disse, ainda sem entender muito onde eu estava querendo chegar. Então lhe expliquei que em muitos lugares do Brasil o absenteísmo de professores era um problema sério, que causava o cancelamento de aulas, a perda de ritmo de ensino etc. A sra. Cui pareceu não acreditar, e me contou a sua história para explicar o porquê de sua incompreensão. Ela está na carreira há trinta e dois anos, sendo mais de vinte deles como professora. Em todo esse tempo, tirou uma licença médica para realizar uma operação, mas fora isso não teve falta nenhuma, em nenhum ano.

Nessa escola, chamada Fang Cao, fui ao campo de futebol para acompanhar a sessão de exercícios físicos realizada pelos alunos com precisão militar. Descobri que havia dois alunos brasileiros lá matriculados, que me foram apresentados. Ana Clara Pereira de Freitas, carioca de 7 anos, e Giovanni Iduino, também carioca, de 10, são filhos de diplomatas e estão na China há pouco mais de um ano. Nenhum deles mostrou alegria especial por estudar em escola conduzida por diretora que não falta ao trabalho há trinta anos. "No Rio, lição de casa era fazer uma folhinha de papel e terminou. Aqui eu volto pra casa às três da tarde e preciso ficar fazendo o dever até o jantar", disse Ana. Giovanni confirma a dureza. "Tô estudando aqui no 4º ano coisas que não estudaria no Brasil nem no 6º. E num dia em que eu faltei à aula, a professora me perguntou se achava que por ter faltado ia poder pular a matéria. Aí ela me mandou mais trabalho de casa para recuperar a ausência e me obrigou a ficar trabalhando no horário do almoço." Ambos querem voltar para o Brasil.

O sistema é realmente organizado para que o tempo seja utilizado de forma efetiva. As aulas têm quarenta minutos de duração e dez minutos de intervalo entre elas, ao contrário do sistema brasileiro, em que a maioria das escolas adota aulas de cinquenta minutos, sem intervalos, exceto o recreio. Como os professores precisam mudar de aula (na China também), é óbvio que esse horário é inexequível. O professor brasileiro sempre vai chegar atrasado à aula, e como o atraso é inevitável e sua duração é incerta, o professor tem a liberdade de demorar o que achar necessário, e os alunos podem fazer a balbúrdia que bem entenderem. Na escola chinesa, os horários são cumpridos à risca, e os alunos sabem exatamente quando a descontração começa e quando ela terá de terminar. Quando a professora chega à aula, todos estão prontos para começar a lição.

A primeira coisa que chama a atenção nessas aulas é a disciplina. Para um ocidental, e ainda mais brasileiro, parece até exagerada. A separação entre as carteiras é milimétrica, e todas as mesas estão perfeitamente alinhadas em relação à parede frontal. As cadeiras, por sua vez, também estão alinhadas com as carteiras, e todos os alunos sentam de frente para o quadro-negro, costas eretas e pernas dentro de suas mesas. Sobre estas, todos têm o mesmo material: estojo, caderno e, quando usado, livro didático. Na maioria das classes que visitei havia entre trinta e 35 alunos, mas a média de Xangai é mais alta, de mais de quarenta alunos no *middle school* e 38 no *high school*, segundo me informou a Prefeitura de Xangai. Sempre que o espaço permitia, cada aluno sentava sozinho. Nas salas menores ou mais numerosas, sentavam-se em pares. No interior da China, sabe-se que chega a haver até sessenta alunos por sala, e aí há arranjos em que se formam até trios.

O que mais chama a atenção é que não há "turma do fundão", conversas paralelas ou problemas de disciplina. Não vi um único aluno pedindo para ir ao banheiro nem, muito menos, celular tocando. Em quase todas as aulas que presenciei, a professora tinha o total domínio da situação e mantinha a atenção de todos os alunos, todo o tempo. Para quem está acostumado com salas de aula em que uma minoria costuma prestar atenção e vários outros grupelhos paralelos se formam, cada qual falando sobre o seu assunto, foi incrível ver uma sala assim. Também já cansei de ver, no Brasil, professores que claramente não planejaram o seu tempo e, por não terem a menor ideia de como preencherão aqueles cinquenta minutos, acabam ocupando esse tempo com chamada, avisos, repreensões, lições de moral ou, na variação menos nociva, entupindo o quadro-negro de texto para que os alunos copiem ou pedindo a eles que leiam algum texto do livro didático, hábitos que no Brasil são confundidos com dar aula. Nas aulas chinesas, o valioso e escasso tempo de contato entre professores e alunos é usado para ensinar.

A organização da aula costuma ser assim: a professora começa recapitulando onde pararam e o que aprenderam na aula passada, rapidamente. Depois explica o conteúdo novo. Então faz alguns exercícios, com o auxílio da apresentação de PowerPoint, em que a ideia subjacente ao conteúdo é explicitada e testada. Sempre que possível, esses exercícios são feitos repetidamente, sob prismas diferentes, pra ter certeza de que o aluno entendeu o princípio e não apenas se tornou um resolvedor de problemas. E os exemplos usados eram, várias vezes, ligados a temas de interesse dos alunos. Por exemplo, quando estive em uma aula de Matemática da 3ª série e a professora queria ensinar a calcular o perímetro de uma superfície, ela usou o exemplo de uma quadra de basquete, um dos esportes mais populares do país. Mostrou que aquela quadra tinha 28 metros de largura por quinze de altura, e então ensinou como o perímetro podia ser derivado: somando-se todos os lados (28 + 15 + 28 + 15), somando a altura com a largura e multiplicando por dois [(28 + 15) x 2] e duplicando cada lado para depois somá-los [(28 x 2)+(15 x 2)]. Abre-se então uma sessão de perguntas e respostas, que tem um ritual peculiar: quando a pergunta é feita, várias mãos costumam ser erguidas. Os alunos têm ânsia de participar. E todos levantam a mão exatamente da mesma maneira: o braço é levantado na altura do ombro, paralelo à mesa de cada um; o cotovelo é flexionado em um ângulo reto e a mão, espalmada em direção à parede lateral da sala. Quando um aluno é selecionado pelo professor, ele ou ela se levanta antes de responder e se senta logo depois. Após esse momento, costuma haver um tempo em que os alunos trabalham sozinhos, fazendo exercícios. Perto do fim da aula, a professora corrige alguns desses problemas, normalmente pegando os cadernos de alunos com dificuldades e os mostrando a todos, mesmo que haja erro. Se o exercício do aluno estiver errado, alguém com a resposta certa será encontrado e explicará seu raciocínio para a turma. E, importante, a professora volta ao aluno que havia dado a resposta errada e fica com ele para ter certeza de que entendeu onde errou e de como a resposta certa diferia da sua. O circuito é fechado.

Esse microcosmo mostra três dimensões importantes da educação chinesa: disciplina, transparência e foco no aprendizado de todos os alunos.

A disciplina é visivelmente ensinada pela escola. Não é possível imaginar que crianças e adolescentes tenham um impulso natural de se levantar para responder uma pergunta ou que levantem o braço, espontaneamente, na mesma altura.

Uma série de programas da BBC inglesa, chamada *Chinese Schools*,[6] mostra como o processo pode ser cruel: um aluno é chamado à frente de seus colegas para se penitenciar e desculpar por ter a borracha mais carcomida da sala. Ele se confessa perdulário e promete cuidar melhor do seu material no futuro. O meliante tem 7 anos de idade, e não segura o choro quando a aula termina. Essa disciplina também é reflexo de uma educação inserida em um sistema político repressivo, e claramente tem funções de controle social que vão além dos interesses escolares. Mas é reconfortante notar que as próprias autoridades educacionais chinesas, nos níveis mais altos (como o diretor-geral de Políticas Públicas do Ministério da Educação, Sun Xiaobing, que entrevistei), sabem que essa disciplina excessiva cria profissionais que poderiam ter sido bons operários do sistema fabril dos séculos XIX e XX, mas não supre as demandas de flexibilidade e criatividade do século XXI. Há uma iniciativa coordenada, em todos os níveis de governo, para relaxar esse controle e formar pessoas mais inquisitivas e criativas para a Economia do Conhecimento. Como o Partido Comunista chinês obterá esse triunfo educacional-econômico sem perder a hegemonia política é assunto para outro artigo. Por outro lado, a constatação desses exageros não obscurece uma conclusão inescapável: sem um mínimo de disciplina e ordem, em que o professor possa se fazer ouvir, não é possível dar aula. E sem um sistema em que todos os alunos são ativamente envolvidos pelo professor e em que os grupos, conversas ou interesses paralelos são dissolvidos, não é possível haver disciplina. Como no Brasil ainda se confunde ordem com autoritarismo, a desordem também é confundida com liberalidade, e dessa bagunça não sai aula que preste.

O caso do caderno dos maus alunos sendo exibido é um exemplo da transparência radical que permeia o sistema. Os resultados mensais dos alunos são exibidos para toda a comunidade escolar. Todo aluno sabe como está o seu desempenho em relação aos seus colegas de turma e de escola. Em um sistema muito competitivo e justo, essa transparência é quase indispensável. Porque a educação chinesa é uma corrida constante, em que apenas os melhores e mais esforçados alunos conseguem chegar às boas universidades. O sistema começa igualitarista: todas as crianças de um bairro vão para a escola daquela área. Ao final do nível *elementary*, no 5º ano, há um teste, e para aqueles alunos (ou seus pais) que querem ir para escolas públicas melhores ou privadas no nível *middle*, o resultado desse teste é importante para conseguir essa melhor colocação e o ingresso na escola desejada. Esse teste não causa grande consternação à maioria dos alunos porque seu resultado não é excludente: mesmo os maus alunos continuarão no sistema e irão para a *middle school* mais próxima de sua região. Ao final da *middle*, no 9º ano, vem o primeiro teste realmente importante, o *jun kao*. Feito em todo o país, ele determina a *high school* que o aluno poderá frequentar. Ao fazer o teste, o aluno marca suas 15 escolas preferidas, sendo que pelo menos 14 precisam estar no seu distrito. A escola em que o aluno poderá entrar será determinada pelo resultado dessa prova. Os melhores alunos querem ir para as chamadas *key schools* (escolas-chave). Cada distrito tem pelo menos uma escola-chave, mas também há as escolas-chave da cidade, da província e, no topo da pirâmide, as de nível nacional. Essas escolas recebem os melhores alunos, o governo coloca os melhores professores e devota a elas mais recursos. Oficialmente, de uns anos para cá, não há mais escolas-chave e todas recebem tratamento igual, mas é um pouco como o regime de castas na Índia: o governo pode tê-las abolido, mas todo mundo sabe quem são os brâmanes e quem são os intocáveis. Apesar de supostamente não existirem mais nas políticas públicas, alunos, pais e professores ainda usam o termo escola-chave e sabem perfeitamente quais elas são.

Quem vai bem no *jun kao* pode ir para uma *high school* chave, o que aumenta significativamente as chances de ir bem no *gao kao* e, consequentemente, entrar em uma universidade top. Quem tem um desempenho mediano segue sua vida acadêmica, sabendo que as portas das melhores universidades dificilmente se abrirão. E, por último, quem tem desempenho ruim no *jun kao* é obrigado a ir para uma escola vocacional/técnica, que conduzirá ao mundo do trabalho ou, na melhor das hipóteses, a uma faculdade técnica.

Como o número de alunos das escolas técnicas não é pequeno — na China, 47% da matrícula no ensino médio está em escolas técnicas/vocacionais[7] — e, por outro lado, a competição para entrar na universidade é muito acirrada, não dar ao aluno e ao seu pai a noção exata de onde ele se encontra durante o decorrer de sua vida escolar e quais são suas reais perspectivas seria quase criminoso. Ademais, ajuda o fato de que a transparência é para todos: também os professores recebem notas que são divulgadas entre seus colegas, e também cada escola é ranqueada em seu distrito e tem sua posição divulgada publicamente. O aluno não tem razão para se sentir injustiçado ou perseguido: o sistema é o mesmo para todos.

O que contrabalança toda a cobrança e o rigor é o inegável compromisso de todos os educadores chineses — do professor primário ao ministro — com o efetivo aprendizado de todos os alunos e com o seu bem-estar em geral. A China ainda ostenta um forte sentimento de patriotismo e de comunidade. Não foram poucos os alunos com quem conversei que me disseram ter vontade de ficar no país para ajudar a construir um projeto coletivo de futuro. Um mestrando me disse explicitamente que recusaria ofertas salariais mais altas de empresas estrangeiras, para poder ficar no país.

O sentimento de lealdade familiar e, por extensão, de coletividade está arraigado na cultura chinesa de uma maneira que é difícil para um ocidental compreender. É paradoxal que um país de 1,3 bilhão de habitantes se comporte de modo algo provinciano, como uma grande família, mas é verdade. E em nenhuma área esse desvelo é mais evidente que na educação, que representa um enorme esforço dos chineses adultos para com a próxima geração.

Hejio Jiang, 14 anos, é aluna da escola que visitamos em segredo em Xangai, sem o conhecimento ou consentimento das autoridades chinesas. Ela estuda muito e está um pouco nervosa com o *jun kao*. Contou-me um sonho recente: que começou a chover doces em sua sala de aula. Ela está entre os top 5 de sua aula e top 15 de sua série. Ano passado, suas notas subitamente caíram, e ela ficou em 36º lugar. Sua professora a chamou para uma conversa particular. Não para cobrar, reclamar ou dar bronca, mas para saber o que estava acontecendo. Quis saber como andavam as coisas em casa, se havia brigas, como andava o trabalho do pai. Quis entender o que estava acontecendo e se colocou à disposição para ajudar. Notando que não havia nenhum problema familiar, entrou em contato com os pais e, juntos, trabalharam para que Jiang voltasse a ser uma aluna top, o que efetivamente aconteceu. Os cuidados também se manifestam nas áreas mais simples, como o físico. Nessa escola, me chamou a atenção que 16 dos 25 alunos de uma turma que visitei usavam óculos. Perguntei ao diretor que nos acompanhava se a escola fazia testes visuais. Ele me disse que sim, e explicou que aquilo não acontecia apenas naquela escola, e que não eram realizados apenas testes de visão: em todas as escolas da China todos os alunos passam por um exame físico básico a cada ano. Médicos e enfermeiros vêm à escola e passam um dia examinando os alunos, verificando visão, audição e saúde geral. Confirmei a informação nas outras escolas que visitei.

Nessa mesma escola que visitamos em segredo, quando estávamos entrando em uma aula de artes da 6ª série, uma aluna estava chorando e com dificuldade de caminhar por conta de uma queda em que havia machucado seu joelho. Imediatamente uma professora veio ficar com ela, confortou-a, pegou-a pelo braço e a ajudou a caminhar para longe dali. Uns 15 minutos depois, a mesma professora voltou com a aluna, já recuperada, e a entregou à sua sala de aula. Na hora, me veio à mente uma escola que visitei em Goiânia, em que os alunos faziam um verdadeiro vale-tudo de pancadaria no horário de recreio. Um deles veio, com o pé ensanguentado, na direção da coordenadora pedagógica que conversava comigo. Ele pedia atendimento, mas ela não interrompeu o seu discurso sobre como eles estavam comprometidos com a formação do cidadão integral. Resignado com a desatenção, o aluno cuspiu em seu próprio pé para tirar o sangue e voltou para a aula. Há milhares de professores brasileiros comprometidos com seus alunos e apaixonados por eles, que se importam profundamente com seu futuro. Mas há outros tantos que adotam a postura cínica manifestada pela diretora de escola interpretada por Judi Dench no filme *Notas sobre um escândalo*,[8] que dá a seguinte dica à professora novata: "A gente aprende que educar é controlar as massas. Nós somos uma ramificação do serviço de assistência social. Console-se com os bons alunos. O resto é rezar e controlar o rebanho."

Na China, não vi esse cinismo — nem durante a visita, nem nos programas de TV ou livros de relatos feitos por estrangeiros. O sistema realmente se importa com cada aluno. Essa talvez seja, em síntese, a razão do sucesso da educação chinesa: ela combina a competitividade dos americanos com o cuidado e o amparo dos melhores sistemas europeus. A competição, sozinha, tem gerado comportamentos antiéticos, além de seleção e priorização dentre o alunado. Já os sistemas sem nenhuma competição e cobrança, em que tudo é oferecido e pouco é exigido, acabam se tornando complacentes. O Brasil não faz nenhum dos dois — bane a competição por inclinação ideológica, e o fracasso acadêmico dos alunos mostra que a preocupação com sua formação é conversa mole. A China está conseguindo unir as duas vertentes. Pode cobrar e exigir muito do aluno porque ele mesmo sabe que isso é feito para o seu bem, que o sistema visa os seus interesses. E também porque o sistema é justo. Não apenas cobra de todos os alunos, mas cobra ainda mais de seus professores.

Professores

A excelência dos professores chineses é 1% inspiração e 99% transpiração. Os próprios oficiais da China admitem que a formação de seus professores não tem nada de especial. É o que acontece depois que o professor sai da faculdade que o transforma, e a metodologia para isso é basicamente a mesma aplicada aos alunos: muito trabalho, monitoramento constante, competição misturada com apoio e um sentimento de coletividade.

Não há nada de especial na carreira de professor em Xangai. O salário também não é exatamente atraente. Nos três primeiros anos de carreira, fica entre 30 mil e 40 mil yuans por ano, algo entre 400 e 500 dólares por mês, o que é perto da metade da renda média do habitante da região. Nessa fase, muitos professores recorrem a outros trabalhos para complementar a renda. Os melhores podem até dobrá-la dando aulas particulares ou em escolas de reforço. Os professores de nível médio recebem praticamente o dobro, 72 mil yuans por ano. E os melhores professores recebem 90 mil. Todos esses profissionais ainda podem receber bonificações, decididas por suas escolas, que não chegam a 40% do valor do salário. Grosso modo, o salário do professor vai de 0,5 a 1,5 do PIB per capita de sua região. No Brasil, o salário médio equivale a 1,4 do PIB per capita nacional.[9] Lá, assim como cá, ninguém se torna professor pelos rendimentos mensais.

Conversei com muitas professoras e também com alunas de graduação e de mestrado em magistério, e as razões apontadas por elas (também na China a maioria dos docentes é do sexo feminino) são parecidas com aquelas mencionadas no Brasil: gostam de lidar com crianças, a carreira é estável, têm professores na família e/ou cresceram admirando a profissão. Os alunos mais ambiciosos não querem ser professores, e quando perguntei a um aluno do curso de magistério, Xu Xiao, 24 anos, o que seu pai achara de sua decisão de carreira, sua resposta foi seca: "Sem comentários."

Os cursos de formação de professores não são muito especiais ou inovadores. Duram quatro anos e sua carga horária é dividida assim: metade do tempo é devotado ao ensino da matéria que o futuro professor ensinará, 20% a 25% do tempo é gasto com matérias gerais (Inglês, Chinês, Política), 20% a 25% com cursos gerais de educação (Pedagogia, Psicologia e didática para ensinar a matéria específica que o futuro professor ensinará) e o restante com disciplinas opcionais. Há três diferenças principais entre a formação dos professores brasileiros e chineses. A primeira é que, na China, a prática de sala de aula se faz muito mais presente do que no Brasil. Ela começa já no segundo ano do curso, quando o futuro professor acompanha aulas em escolas regulares duas vezes por semana durante oito semanas. Depois, o aluno devota o penúltimo semestre do curso ao estágio em uma escola, e no último semestre do curso ele precisa refletir sobre essa experiência e escrever a respeito. No Brasil, apesar de esse período de estágio e de reflexão estar em lei, ele não costuma ser cumprido com muita seriedade, como apontou pesquisa recente da Fundação Victor Civita.[10] A segunda é que as escolas chinesas são mais pragmáticas e diversificadas na escolha de seus pensadores pedagógicos de referência. Há um esforço constante de se abrir ao mundo e ver o que funciona, e pinçar de cada lugar as melhores ideias. O Brasil ainda é primordialmente construtivista, e Piaget tem influência desproporcional em nossos cursos.

Finalmente, diferimos no papel da ideologia. A propaganda ideológica é explícita na China, e a louvação do país, suas lideranças e seu sistema transparece abertamente nas aulas de Política a que os futuros professores são expostos. Mas ela é restrita a esse momento e não contamina as demais áreas, assim como o fato de a China ser oficialmente República Popular da China e ser comandada há décadas por um único partido, o Comunista, não faz com que ninguém se iluda quanto ao fato de o país ser um dos mais capitalistas e menos republicanos do mundo. No Brasil, a ideologia contamina todas as áreas do saber ministrado nesses cursos, que não pode ser "neutro". E, ao contrário dos companheiros chineses, os futuros professores brasileiros se convencem dessa pregação e a propalam por livre e espontânea vontade aos seus alunos.

As universidades chinesas entregam professores competentes ao mercado escolar. Mas o que os torna excepcionais é o que vem a seguir.

Antes de poder dar aulas, o futuro professor precisa passar por um processo de certificação, através de prova. Isso é assim para todo o país. Em Xangai, o funil continua. O candidato deverá fazer um teste de teoria educacional, escrito, que tem entre 150 e 200 perguntas. Se passar nesse teste, vai para uma entrevista com as autoridades da província. Aliás, não é bem uma entrevista, mas uma prova de fogo. Os entrevistadores são funcionários da secretaria da Educação local e escolhem um assunto, dentro da disciplina na qual o candidato se formou, e pedem para que ele prepare uma aula. O candidato tem cinquenta minutos para prepará-la. Passando por essa fase, ele faz o exame físico e o psicológico. Só então, ao final desse processo, ele está liberado para negociar com uma escola que o contrate.

A maioria dos contratos para novos professores é de apenas um ano. Durante esse ano, o novo professor será acompanhado de perto. Ele precisa submeter ao diretor de sua escola o plano de aula de todas as lições, ou ele será acompanhado em todas as aulas por um professor mais velho ou alguém da direção. Em algumas escolas, ambas as coisas. A liberdade ao professor é uma conquista, não um direito: ela só vem depois de sua competência ser comprovada em sala de aula. Depois desse ano probatório, o professor é então efetivado, normalmente em contratos de três anos que, se renovados, podem chegar a cinco. Não há contratos vitalícios ou estabilidade no emprego, ainda que, na prática, pouquíssimos professores veteranos sejam demitidos.

Ser efetivado no emprego parece dar bastante trabalho, mas o grosso do esforço vem depois. Aí ele passa a integrar um "grupo de estudos dos professores", que é sem dúvida a inovação mais importante da educação chinesa, presente em todas as escolas do país, em todos os níveis, até mesmo na educação técnica. Cada professor faz parte de três grupos de estudo. Um com os colegas que ensinam a mesma matéria para a mesma série. Esse primeiro grupo se reúne uma vez por semana para preparar as aulas juntos. O segundo grupo é formado pelos colegas de disciplina de todas as séries da mesma escola. Seus integrantes se encontram duas vezes ao mês. O terceiro grupo é formado pelos professores da mesma disciplina e série do seu distrito (Xangai tem 18 distritos, cada um com população média de um milhão de pessoas). Esse grupo também se encontra duas vezes por mês.

Nesses dois últimos grupos, o objetivo é compartilhar práticas de ensino de sucesso. As reuniões normalmente têm o formato de aulas abertas, *master classes*: os melhores professores da escola (e, no terceiro grupo, do distrito) dão uma aula a todos os seus colegas, como se esses fossem estudantes. Os professores na plateia assistem à aula e depois se dividem em grupos para comentá-la e dar um parecer sobre o que acharam ao professor-mestre.

Somando os três grupos, é um regime exigente e que demanda muito tempo: são duas reuniões por semana, toda semana. A maioria desses encontros leva entre duas e três horas. No primeiro grupo, congregando os professores da mesma série, há um professor-líder, normalmente mais experiente.

Esses grupos cumprem algumas funções importantíssimas.

A primeira é de espalhar as boas práticas e fazer com que os professores de uma região conheçam as boas ideias ou inovações praticadas por seus colegas. Isso faz com que a qualidade da aula ministrada em cada turma seja, efetivamente, a melhor aula disponível em toda a região. E as melhores aulas de cada região são vistas pelos representantes de toda a província, que se encarregarão de espalhá-la para todos os distritos, através de material didático, artigos ou seminários. Essa é uma diferença radical em relação à educação brasileira. Apesar de nossas escolas também serem, nominalmente, parte de uma rede, na realidade o que ocorre é que cada unidade é um universo paralelo, que funciona de acordo com as vontades de seus diretores e professores. Na mesma Goiânia da escola da pancadaria e do aluno ensanguentado, que tinha Ideb (Índice de Desenvolvimento da Educação Básica) 1,2 (em uma escala de zero a dez que mede a qualidade do ensino), havia uma escola com Ideb 7,1, com aulas efervescentes, alunos interessados e professores e diretora comprometidos. Essas diferenças são da vida, mas o mais incrível é o seguinte: as duas escolas estão separadas por não mais de dez minutos, atendem públicos de perfis semelhantes, fazem parte da mesma rede (a municipal) e seus profissionais ganham o mesmo salário. Sabem quantas vezes o pessoal de uma escola tinha falado com a outra? Zero. Nunca.* Uma escola de nível subsaariano é vizinha de uma escola de nível europeu e não se beneficia em nada de todos os anos

---

* Fiquei profundamente perturbado com essa incrível diferença de qualidade de duas escolas da mesma rede, localizadas a menos de dez minutos de distância uma da outra. Alguns meses depois de conhecer as escolas, coincidentemente fui convidado para dar uma palestra em Goiânia, e me incumbi de fazer com que as duas diretoras se conhecessem. Esperava pelo menos abrir um canal de comunicação, para que o sucesso da escola boa pudesse ajudar a escola ruim. Marquei então um almoço com as duas diretoras, em local que foi decidido por elas e ficava próximo das duas escolas, em horário que se adequasse às suas agendas, fora do horário de aulas. Estava contente com a minha pequena boa ação, mas a realidade logo se encarregou de cortar minhas esperanças: a diretora da escola ruim "deu o cano" e nunca mais atendeu minhas ligações. (N. A.)

de aprendizados, esforços e vitórias da escola boa. É vergonhoso. Na China, elas estariam em contato constante, e sua diferença de qualidade certamente seria menor.

A segunda função importante dos grupos de estudo é de controle de qualidade. De uma forma suave e furtiva, todo professor chinês é constantemente monitorado por seus colegas. Digamos que um professor de Física, por exemplo, não domine bem a segunda Lei de Newton e deva ensiná-la a seus alunos. O que acontece? No Brasil, depende da boa vontade do professor. Se for uma pessoa comprometida, vai voltar aos livros para estudar, vai se esforçar para procurar outro professor e se aconselhar. Se, ao contrário, for uma pessoa menos séria, o professor dará uma má aula sobre o assunto, ou nem o ensinará. O aluno ficará com a lacuna naquele conhecimento pelo resto da vida, ninguém ficará sabendo da deficiência do professor e estamos conversados. Como o professor tem estabilidade no emprego, e a maioria dos seres humanos prefere trabalhar menos e se divertir mais, o arranjo institucional estimula a preguiça e o descompromisso. Na China, o que aconteceria com esse mesmo professor? Se ele decidisse dar um "dane-se" a Newton e não viesse preparado para a reunião de seu grupo na semana em que o assunto seria ensinado, provavelmente sofreria um tremendo embaraço frente a seus colegas. Em último caso, o assunto poderia chegar ao diretor da escola, que poderia rescindir o contrato do professor ou, dependendo das suas cláusulas, simplesmente não renová-lo. De forma que ou o professor se esforça e aprende ou, no limite, será desligado. Quem sofre com a irresponsabilidade docente é o docente, não o aluno.

A terceira função dos grupos é dar amparo e acolhimento aos professores. Tanto em termos pedagógicos quanto emocionais. Digamos que esse professor que desconhece a segunda Lei de Newton seja bem-intencionado, volte a estudar o assunto, mas, mesmo assim, continue sem muita firmeza em relação ao tema. Ele sabe que será ajudado por pessoas que estão inseridas na mesma realidade que ele, e é provável que pelo menos um membro do grupo domine melhor o assunto e possa dar dicas de como ensiná-lo. Como o grupo se reúne toda semana, ele vai resolver o problema antes que aconteça. Talvez naquela quinzena verá esse assunto debatido e ensinado pelo melhor professor do seu distrito, fazendo com que sua aula deixe de ser mediana e passe a ser muito boa. O professor não precisa recorrer a amigos ou conhecidos ou vasculhar na internet por alguém que ele nunca viu na vida. O exercício da docência, na China, é efetivamente uma tarefa compartilhada, que os professores constroem juntos, um se aproveitando das virtudes do outro, até que todo o sistema convirja para as melhores práticas de cada assunto. Isso é muito diferente da dinâmica no Brasil e, aliás, da maioria dos países ocidentais, em que cada professor opera por conta própria, sente-se isolado, não tem a quem recorrer em caso de problemas e continuará dando a mesma aula, ano após ano, sem saber que talvez seu colega dê uma aula excelente sobre o mesmo assunto.

Suspeito que esse pertencimento e essa vida em grupo, apesar da carga de trabalho adicional que gera, sejam responsáveis também pela melhor saúde emocional dos professores chineses. No Brasil e em outros países ocidentais, são frequentes os afastamentos de professores por motivo de depressão, estafa, problemas de voz, "síndrome de *burnout*". Esgotamento, enfim. Na China, quando perguntei para professores e diretores sobre o assunto, era como se perguntasse sobre o problema de tsunamis para quem mora a mil quilômetros da costa: eles sabem que existe, já ouviram falar, mas não é algo que lhes afete ou preocupe. Quando o professor chinês tem problemas, sua primeira linha de defesa não é o consultório psiquiátrico, mas a sala dos professores e, depois, o diretor da escola.

Outra característica importante do sistema de Xangai diz respeito à carreira do professor. No Brasil, todas as discussões sobre plano de carreira são sobre como torná-la mais atraente e como pagar melhor os professores. A discussão costuma ficar entre os sindicatos — que querem salários mais altos e sem distinção de desempenho docente (todo mundo ganha o mesmo) — e alguns políticos reformistas, que querem basear os aumentos salariais em critérios que a pesquisa mostra serem irrelevantes para o aprendizado dos alunos — como tempo de profissão ou a realização de cursos de pós-graduação — ou naqueles sobre o qual ainda há dissenso, que são difíceis de quantificar e medir.

Xangai encontrou uma maneira mais engenhosa. Dividiu a carreira em apenas três níveis salariais (baixo, médio e alto), mas fez com que a migração entre os níveis não fosse automática ou estritamente dependente de resultados. Para passar de um nível para outro, o professor é que tem de se candidatar. E para receber a promoção, ele passa por um processo que visa conferir e assegurar não apenas que ele merece o aumento hoje, mas também que se compromete a continuar melhorando no futuro. Da seguinte forma: olhando para o presente, o professor passa por entrevistas, sua atividade em aula é observada e a pesquisa que tiver publicado é levada em conta. (Essa pesquisa é composta basicamente de artigos em que o professor reflete sobre a sua prática e compartilha ensinamentos em revistas de educadores na China.) E olhando para o futuro, a promoção vem com uma contrapartida: a carga horária de treinamento à qual o professor se compromete aumenta bastante. Para um professor passar do nível intermediário ao nível superior, por exemplo, sua carga de treinamentos passará de 240 para 540 horas, espalhadas em um período de cinco anos. De forma que uma promoção não é só um reconhecimento pelo trabalho bem-feito, mas também uma exigência de que esse trabalho aumente no futuro. E como as promoções são opcionais — o processo se inicia por vontade do professor, não da Secretaria — não há animosidade entre colegas ou negociações coletivas. Se beneficia quem quer. Os níveis de cada professor são públicos para os seus colegas, encorajando uma competição sadia.

Outra competição sadia entre professores é pelos prêmios de qualidade no ensino. Todos os anos a secretaria de Educação de Xangai cria concursos em algumas disciplinas. Para participar, o professor precisa cumprir três requisitos: dar uma aula aberta à comunidade, fazer uma prova escrita e preparar um plano de aulas. Os vencedores de cada escola são então classificados para concorrer no nível distrital, os vencedores do nível distrital concorrem então no nível provincial. Os vencedores da província de Xangai têm seus nomes e feitos amplamente divulgados pela mídia local e se qualificam para concorrer a uma premiação nacional. Qualquer vitória repercute sobre a bonificação do professor, de maneira proporcional ao tamanho da área da conquista. É uma maneira engenhosa de fazer com que mesmo os melhores professores continuem querendo se aperfeiçoar, motivando-os com dinheiro e reconhecimento público. Em muitas das escolas que visitei, seus prêmios e de seus professores estavam expostos com destaque, logo no saguão da entrada. É uma fonte de orgulho para alunos, pais e professores.

Até agora, falamos das escolas, dos alunos e dos professores, tudo aquilo que é visível a olho nu. O extraordinário esforço feito por todos esses atores remete a duas perguntas cujas respostas não são visíveis.

Primeira: por que esse sistema foi brotar justo na China, uma ditadura comunista que até pouco tempo só produzia produtos de baixa qualidade feitos em regime de semiescravidão, onde, portanto, não havia incentivo econômico nem político para o florescimento do melhor sistema educacional do mundo?

Segunda: além do talento e da determinação de professores e alunos nas escolas, quais são as ideias e intenções dos mandarins que estão por trás desse esforço, e quão relevante é o seu papel?

São os assuntos dos dois últimos capítulos.

História e cultura

No meu terceiro dia na China, nosso taxista estava ouvindo um programa de rádio que, pelo tom lento e voz pausada do narrador, me chamou a atenção. Perguntei à tradutora do que se tratava e ela me disse que era uma aula de história sobre a dinastia Ming (1368-1644). Imagino que a China seja o único país do mundo em que essa cena possa acontecer. É um país completamente embebido em sua longuíssima história. Quando a dinastia Ming começou, o Brasil ainda era mata virgem, a Europa era uma colcha de principados feudais na idade das trevas, mas a China era um império unificado havia 1.500 anos, já tinha passado por dois períodos de apogeu — as dinastias Han (206 a.C. a 220 d.C.) e Tang (617-907) — e inventado a pólvora, o papel-moeda e a impressão por prensa móvel.

A longa história do império chinês teve muitas oscilações — ascensões e quedas, trocas de dinastias, períodos de unificação e dissenso interno, guerras internas e externas. Mas durante a maior parte do seu período imperial — entre 605 e 1905 — uma instituição permaneceu sólida e ativa: os exames imperiais. Através deles, sucessivas dinastias selecionaram os mais preparados para se juntarem ao Estado e exercerem a administração do vasto território chinês. Qualquer cidadão do sexo masculino podia participar dos exames, que aconteciam em três níveis: condado, província e nação, em escala crescente de dificuldade. Reza a lenda que os selecionados para os exames de nível nacional eram enclausurados em quartos fechados na cidade proibida, onde ficavam durante três dias, recebendo comida e escrevendo ensaios sobre temas de relevância política, supervisionados pelo próprio imperador. Os resultados desses exames determinavam os cargos para os quais os burocratas seriam designados, com aqueles que obtinham as maiores pontuações recebendo os cargos mais prestigiosos (qualquer semelhança com o *jun kao* e *gao kao* não é mera coincidência).

O fato que nos interessa desse sistema é que ele criou um ordenamento meritocrático por excelência. Por 1.300 anos, a China transmitiu a seu povo a mensagem de que a competência de qualquer cidadão — e não o berço, a posse de terras ou a proximidade ao imperador — era o caminho para o enriquecimento e o prestígio social. Não são poucas as histórias de mandarins que fizeram fama e fortuna vindo de origens muito humildes. E o caminho para essa ascensão era um só: o conhecimento oriundo do estudo.

O relatório do Pisa sobre essa história diz o seguinte: "O sistema de exames imperiais fez com que quase todas as famílias, independentemente de seu status socioeconômico, nutrissem grandes esperanças pelo futuro de seus filhos. Essas esperanças, por sua vez, se traduziram em trabalho árduo e adaptabilidade para o aprendizado em ambientes difíceis. Essa tradição cultural perpassa toda a população chinesa."[11] E sobrevive até hoje.

Durante a maior parte da sua história, a China foi uma potência mundial, muito superior aos povos vizinhos, que tratava como bárbaros ou súditos, jamais rivais. O reino desse período é frequentemente chamado de "Império do Meio", mas é uma má tradução: o significado do termo chinês, *zhongguo*, é de império ou estado central; o sol ao redor do qual orbitam os planetas. De fato, segundo os dados históricos de PIB do mais respeitado historiador econômico da área, Angus Maddison, do ano 0 até 1820 a economia chinesa foi maior do que a soma de todos os países da Europa ocidental.[12] Essa tradição de superioridade e sua parente próxima — a ilusão de autossuficiência — fizeram a China permanecer por tanto tempo voltada para si mesma que, não tendo nenhum interesse pelo que poderia estar acontecendo em uma civilização nova e subdesenvolvida como a europeia, acabou ficando de fora das revoluções científica e industrial.

O isolamento causado pela *hybris* custou muito caro. Quando chineses e europeus voltaram a se encontrar, o desequilíbrio de forças era avassalador.[13] Em 1793, o governo inglês mandou lorde Macartney em missão especial à China, com o objetivo de estabelecer relações diplomáticas plenas com o país e abri-lo ao comércio com o Império Britânico. O imperador chinês rechaçou a missão e mandou Macartney de volta para casa.

Depois disso, a Inglaterra se viu às voltas com a ameaça napoleônica, mas logo depois da batalha de Waterloo, em 1816, mandou outra missão à China, que foi igualmente rechaçada. Quando, em 1839, a China decidiu vetar o comércio de ópio — plantado na Índia britânica e comercializado por mercantes ingleses —, a situação degringolou até que a Marinha britânica foi ordenada pela rainha Vitória a bloquear os principais portos chineses, apreender navios do país e capturar partes de seu território, naquela que ficaria conhecida como a primeira Guerra do Ópio. A Inglaterra venceu, claro: a eficiência da tecnologia moderna contida em seus canhões era superior a todos os recursos disponíveis aos chineses, que foram forçados a uma rendição humilhante, acompanhada do pagamento de indenização polpuda e à perda de Hong Kong para os ingleses.

A derrota aguçou os interesses de todos os outros grandes impérios ocidentais e também o do Japão e o da Rússia, e pelos próximos cem anos a China experimentou uma inédita sequência de humilhações em sua história milenar, sendo obrigada a fazer concessões aos "bárbaros", vendo seu território invadido, ocupado ou permanentemente perdido (a cidade russa de Vladivostok foi tomada da China em 1858).

O desastre culminou com a invasão japonesa em 1937 e o infame "estupro de Nanking", ex-capital do Império, em que centenas de milhares de chineses foram mortos e dezenas de milhares estupradas pelas tropas japonesas. As derrotas seguidas frente aos "bárbaros" minaram a credibilidade do governo imperial e estimularam o dissenso interno até que o Império ruiu em 1911, dando início a uma era de fragmentação e conflito só superada com a chegada do Partido Comunista ao poder em 1949. A ascensão veio depois de superadas a invasão japonesa e a guerra civil que culminou com a derrota do Kuomintang e sua fuga para Taiwan. Depois de cem anos de vexames, a China recuperava a independência e a integridade territorial.

Esse período histórico entre 1839 e 1949 é de fundamental importância para se compreender o que acontece na China de hoje. Como o ensino de história em nossos colégios é vergonhosamente ignorante do ocorrido fora do mundo ocidental, a impressão daqueles que conhecem a China apenas através da imprensa é de que o atrasado país comunista está engrenando e pode finalmente se tornar um país desenvolvido. Só essa leitura permite acreditar que Brasil e China, colegas de Bric,[14] estão passando por momentos semelhantes. Mas, na realidade, aquilo que para o Brasil talvez se configure como a chegada a um ponto longamente sonhado e nunca dantes alcançado, para a China não passa de um retorno. Uma volta a uma posição natural de liderança mundial que o país perdeu por um breve intervalo de tempo em sua longa e vitoriosa história. Os chineses têm contas a acertar com o seu passado, e isso torna sua ascensão mais obstinada, sua tolerância por sacrifícios maior e sua determinação por voltar a rivalizar com os poderes tanto mais sólida.

A força do empuxo chinês, porém, não é auxiliada apenas por uma consciência histórica de séculos atrás ou pelas humilhações sofridas frente aos estrangeiros. A história recente do país, sob a liderança do "grande timoneiro" Mao Tse-Tung, faz com que toda família chinesa carregue consigo as marcas de um sofrimento que, em sua intensidade e duração, talvez jamais tenha sido causado por um líder a seu próprio povo na história da humanidade. A historiografia ainda não fez plena justiça a Mao. Por trás da aparência do sábio estadista com o olhar paternal escondia-se um mentecapto que conseguiria assustar até Stalin, seu rival na geopolítica e em atrocidades. Em reuniões do bloco comunista no final da década de 1950, Mao chocou os camaradas ao discutir a perspectiva de um ataque nuclear contra seu país nos seguintes termos: "Se os imperialistas declararem guerra contra nós, poderemos perder mais de 300 milhões de habitantes. E daí? Guerra é guerra. Os anos passarão, e nós produziremos mais bebês do que nunca."[15]

Felizmente Mao não teve a chance de testar a resiliência chinesa ao inverno nuclear, mas na falta da colaboração dos inimigos externos ele se encarregou de criar amplas oportunidades domésticas para comprovar seu desprezo pela vida humana.

Desde os seus primeiros anos no poder, com o país ainda se recuperando da invasão japonesa e da subsequente guerra civil, Mao envolveu a China em conflitos militares com todos seus principais vizinhos: Coreia (1950), Taiwan (1954 e 1958), Índia (1962) e União Soviética (1969).

Seu fervor pela revolução permanente também se voltou contra sua própria população. Disposto a acelerar a chegada da China ao comunismo pleno e, ao mesmo tempo, transformar o país em uma potência mundial, Mao deu início ao Grande Salto para a Frente (1959-1962), anulando o pouco que restara de propriedade privada e colocando em seu lugar comunas em que a terra e o trabalho eram compartilhados. Paralelamente, em 1957, Mao declarou que a China superaria a produção de aço do Reino Unido em quinze anos. Não satisfeito com a escala do projeto, diminuiu o prazo para três. A coletivização da terra e a mobilização de camponeses para mastodônticos projetos de obras públicas fizeram a produtividade do campo despencar. Mas os administradores locais do Partido Comunista chinês, aterrorizados pela perspectiva de não cumprirem suas cotas de produção de grãos e de aço, inflavam os dados da colheita e derretiam fornos, enxadas e o que quer que contivesse aço para atingir as metas estabelecidas por Pequim. O governo central, acreditando nos relatórios provinciais, continuava exportando grãos, especialmente para a União Soviética, em troca de armamentos e equipamentos para a indústria pesada. Rapidamente a conta não fechou, e o que se viu foi provavelmente a maior onda de fome da história da humanidade, que matou entre 20 milhões e 70 milhões de pessoas (o número exato provavelmente só poderá ser descoberto quando o partido não estiver mais no poder).

Apenas quatro anos depois do fim dessa tragédia, Mao decidiu novamente convulsionar a sociedade chinesa, destruindo o que restara do Estado e do próprio Partido Comunista, com o objetivo de finalmente romper com a cultura tradicional chinesa e fazer nascer o "novo homem", mais puro ideologicamente. Entre 1966 e 1976, a Revolução Cultural cumpriu o roteiro da maioria das revoluções e consumiu-se a si mesma. Lideranças históricas do Partido Comunista e do Exército Vermelho foram purgadas e humilhadas em praça pública, dentre elas o futuro líder do renascimento chinês, Deng Xiaoping, banido, e até seu filho, que ficou paralítico depois de ser atirado do topo de um prédio.

O primeiro e mais importante alvo da Revolução Cultural foi o sistema educacional. Professores e intelectuais, vistos como burgueses reacionários, foram destituídos de suas funções e enviados a campos de trabalho na roça, onde seriam "reeducados". Muitos alunos, especialmente de escolas secundárias e universidades, tiveram o mesmo destino. As escolas secundárias foram formalmente fechadas de 1966 a 1968 e, depois disso, abriram basicamente para dar doutrinamento ideológico a camponeses e operários. As universidades fecharam até 1972 e depois disso começaram a receber alunos de acordo com critérios ideológicos; o *gao kao* só retornou em 1977.[16] O número de matriculados no ensino superior caiu de 534 mil em 1966 para 48 mil em 1970.[17] A área de pós-graduação ficou fechada por doze anos. O Ministério da Educação também foi fechado e, no período de 1966 a 1971, as escolas de treinamento de professores também. Não me ocorre nenhum outro caso de um sistema educacional sendo tão completamente destroçado em tempos de paz. O pesadelo só acabou com a morte de Mao, em setembro de 1976.

Essas experiências são muito recentes: pais e avós dos atuais alunos foram diretamente impactados, bem como muitos professores e diretores. Cui Minghua, a diretora que nunca faltara em seus trinta anos de magistério, permaneceu em casa nos anos mais pesados da Revolução Cultural: sua escola parou de funcionar e seus pais não a deixavam sair à rua por medo da violência. Os avós de Juntao, o aluno que acompanhamos, tiveram de encerrar seus estudos. Bian Songquan, diretor de uma escola que visitei em Xangai, foi mandado para o campo por dois anos quando tinha apenas 19. Yuan Si, vice-diretor de departamento da Universidade Tsinghua, uma das mais conceituadas da China, também teve de ficar em casa de 1966 a 1969; e depois, de 1969 a 1974, foi retirado de Pequim e enviado ao interior para trabalhar como carpinteiro. Sun Xiaobing, diretor no Ministério da Educação, também teve de ficar um ano sem fazer nada, antes de ser mandado ao interior por dois anos.

A "fome" da China por educação não vem apenas de um passado milenar e de uma centenária tradição de meritocracia, nem da memória de cem anos em que o atraso tecnológico do país o deixou à mercê de invasores estrangeiros. Também vem de uma vivência pessoal recente de privação aguda. A maioria dos jovens chineses de hoje provavelmente teve familiares afetados (ou até mortos) pelo Grande Salto para a Frente e pais e professores atingidos pela Revolução Cultural. Derek Bok, ex-presidente da Universidade Harvard, costumava dizer: "Se você acha a educação cara, experimente a ignorância." A China a experimentou, em doses maciças e forçadas. A memória desse desastre certamente serve de combustível para levar o pêndulo ao outro extremo, na construção do melhor sistema educacional do mundo.

Políticas públicas

É bastante provável que apenas com sua história e sua cultura meritocrática, a China tivesse um sistema educacional bastante bom, superior ao de outros países subdesenvolvidos. A Revolução Cultural, porém, mostra que história e cultura não são suficientes para contra-arrestar os efeitos de más políticas públicas. O grande mérito da China contemporânea — em especial de seu principal líder, Deng Xiaoping, que ficou no poder entre 1978 e 1992 — foi de não se acomodar com as vantagens já presentes nos alunos chineses e, pelo contrário, pensar de maneira estratégica, deliberada, intensa e constante para complementar essa tremenda energia vinda "de baixo" com boas políticas públicas vindas "de cima".

O mais incrível desse esforço chinês é o seu custo. Em 2009, o governo chinês gastou 3,6% do PIB em educação.[18] Quando começou sua revolução, gastava ainda menos: 2,9% do PIB foi o gasto médio no período 1979--1992.[19] O setor público brasileiro, para efeito de comparação, aumentou seu gasto de 4,1% para 5,3% do PIB nos últimos sete anos[20] e, mesmo sem melhora na qualidade do ensino, continuamos fixados nesse dado como se fosse a salvação da lavoura. O limite da profundidade do nosso debate sobre o assunto parece ser se, nos próximos dez anos, esse percentual deve ir para 7% (como sugeriu o Ministério da Educação), 8% (segundo o relator do Plano Nacional de Educação no Congresso) ou 10%, como defendem os movimentos sociais, organizações estudantis e sindicatos. Seria muito mais produtivo travarmos um debate nacional para entender como é que a China consegue criar um sistema excepcional de ensino gastando entre a metade e um terço daquilo que os nossos ativistas estimam ser o ideal para o país. Quem sabe assim conseguimos avançar no debate e focar naquilo que efetivamente é feito pelo governo com o dinheiro que arrecada, em vez do montante.

De tudo que eu tive a oportunidade de ver e conhecer na China, sem dúvida o mais importante para o Brasil é justamente esse conjunto de medidas. Porque a China conseguiu fazer, brilhantemente, aquilo que o Brasil ainda precisa: dar um salto de qualidade educacional que pode conduzir o país rumo ao desenvolvimento contínuo. A experiência chinesa é muito relevante para o Brasil porque, ao contrário de países europeus e suas colônias, que construíram seus sistemas educacionais ao longo de séculos e o fizeram em posição de liderança mundial em termos de desenvolvimento, a China deu seu salto em trinta anos, lidando com todos os problemas agudos do subdesenvolvimento enquanto o fazia. Entre o país destroçado pela Revolução Cultural e aquele que colocou uma província de Xangai no topo do Pisa se passou apenas uma geração. Precisamos entender as causas desse sucesso.

A ligação entre educação e projeto de nação. A primeira delas é que, desde os primeiros dias de Deng, ele conseguiu demonstrar ao país e a seus colegas de partido que a importância da educação extrapola seus próprios limites. Ter um sistema educacional de qualidade é peça fundamental no desenvolvimento de um país. Para a educação receber a atenção de que necessita para avançar rapidamente, é preciso que ela esteja inserida no projeto de nação, e que essa vinculação seja feita no nível mais alto do poder.

Em um discurso de maio de 1977,[21] antes mesmo de ser formalmente premiê, Deng proclamou: "A chave para se alcançar a modernização é o desenvolvimento de ciência e tecnologia. E a não ser que prestemos especial atenção à educação, será impossível desenvolver a ciência e a tecnologia. Conversa furada não vai levar nosso programa de modernização a lugar nenhum; nós precisamos ter conhecimento e gente preparada."

Que a presidente Dilma, mulher altamente instruída e confessadamente amante da cultura e do saber, ainda não tenha conseguido falar (quanto mais tomar ações concretas) algo remotamente parecido em um ano de mandato é vexatório e preocupante.

O segundo fator importante é o **pragmatismo**. Desde o período Deng, a China vem sacrificando ideologias sempre que elas conflitam com o resultado a ser alcançado. Na educação, isso se expressa em áreas grandes e pequenas. A maior delas é sem dúvida no pensamento sobre o papel do professor. A China se deu conta de que precisava de bons professores para dar o salto, e em grande quantidade. Mas então viu suas carências: tinha poucos professores bons, e poucos mestres capazes de lhes formar. Bolou então um sistema em que, como vimos, o professor sai da faculdade mediano e é constantemente trabalhado e ajudado para que, com muito esforço e algum talento, dê uma aula excepcional. Este caminho requer muitas horas de trabalho. Também requer que o professor trabalhe em grupo com outros professores. Mas um sistema com muitos professores passando muitas horas fora de sala de aula tem um problema grave: em condições normais, é muito caro. E a China, alquebrada, não tinha e não tem esse dinheiro. Teria se investisse 10% do PIB em educação, mas sabe que uma carga tributária dessa monta sufoca o desenvolvimento do país. E como a educação é um meio para esse desenvolvimento e não um fim em si mesmo, não faria sentido atingir o objetivo intermediário sacrificando o objetivo final. Como, então, resolver esse círculo vicioso?

Com três ousadias, derivadas de um conceito norteador. O conceito é que o fundamental é que os alunos estejam em contato com um bom professor. As ousadias são as seguintes.

A primeira é aumentar bastante o número de alunos em sala de aula, para acima de quarenta nas áreas desenvolvidas e acima de cinquenta no oeste rural. Em décadas passadas, esses valores eram ainda maiores. Hoje, a pesquisa acadêmica em educação mostra que o número de alunos em sala de aula não está relacionado com a qualidade do ensino.[22] Mas quando a China montou suas escolas essa literatura ainda não existia. Os chineses entenderam que é melhor ter quarenta alunos em contato com um bom professor do que vinte, em duas salas, aprendendo com um professor bom e outro ruim.

A segunda é diminuir radicalmente o número de funcionários administrativos que não dão aula. Na província de Xangai, conforme me informou por e-mail a Prefeitura, há 0,28 funcionário para cada professor. No Brasil, há 1,5.[23] Ou seja, cinco vezes a mais. Se o fundamental é o professor, aquilo que é menos importante precisa ser sacrificado.

A terceira é na estruturação da carreira e na remuneração do professor. A maioria dos sistemas educacionais do planeta paga a mesma coisa aos professores com os mesmos níveis de experiência e formação. Coube a um país nominalmente comunista tratar os diferentes de forma diferente. Porque pagando a todos a mesma coisa se pagaria uma miséria. E se o sistema depende do esforço de um profissional de talento mediano, então é fundamental que o sistema recompense esse esforço, do contrário ele não acontecerá.

Claro, é mais fácil ser pragmático em uma ditadura, onde não há sindicatos com quem negociar, nem lideranças comunitárias ou formadores de opinião a convencer. Mas seria simplista e equivocado atribuir todo o mérito ao poder coercitivo do Estado. A experiência histórica da própria China mostra que, quando a repressão chegou ao zênite, os resultados caíram ao nadir. Mesmo em uma ditadura, não se pode forçar uma pessoa a escolher a carreira de professor, muito menos exercê-la com competência, de forma que os dilemas sobre como atrair e reter gente talentosa no magistério são parecidos na China e nas democracias ocidentais. Por último, basta ver o resultado do próprio Pisa de 2009 para notar que o sistema político não explica muito: excetuando as províncias chinesas, todos os outros países top 10 eram democracias, enquanto, dos últimos 11 colocados, seis são ditaduras.[24]

A remuneração dos professores é apenas mais um exemplo de outra macropolítica fundamental, a **meritocracia**. Todos na educação chinesa são cobrados e valorizados por seus resultados. Os alunos precisam ir bem no *jun kao* para irem a uma boa *high school*, depois precisam ir bem no *gao kao* para entrar em uma boa universidade. Precisam de boas notas e comportamento para ocupar as posições de liderança em suas turmas. Os professores precisam de esforço, boas aulas e aprendizado dos alunos para receber bonificações e aumentos. Os melhores professores viram diretores. Os bons diretores das escolas medianas são transferidos para escolas melhores, depois para as escolas-chave. Depois para a administração municipal, então da província, até chegarem ao ministério. Cada pessoa é valorizada de acordo com o que agrega ao sistema.

Outra característica chinesa importante é a **abertura ao exterior**. Como a maioria dos países desenvolvidos que deu saltos, a China não se constrange em copiar aquilo que deu certo alhures (ao mesmo tempo em que se esforça para manter sua cultura protegida de influências perniciosas: até 2001, só dez filmes estrangeiros podiam ingressar por ano no país. Atualmente, são vinte).[25] Os governos fazem um esforço constante para expor seus funcionários e intelectuais a tudo o que acontece no mundo, para que eles possam selecionar o melhor e trazê-lo à China.

Zhang Minxuan, atual presidente da Shanghai Normal University e presidente do comitê de Xangai no Pisa, é um bom exemplo. Ele estudou na Universidade de Oxford, trabalhou no Banco Mundial e na Unesco, onde me contou que conheceu bem os sistemas educacionais de trinta países. Até as secretarias provinciais de educação têm áreas de cooperação internacional. Em um sábado, almocei com Yang Weiren, diretor dessa área em Xangai. Comecei me desculpando por importuná-lo em um sábado e dizendo que não precisava ter vindo de terno, mas ele me explicou que não havia problemas (e o terno não era para mim): naquela manhã havia recebido a delegação de Cingapura, e à tarde iria preparar apresentação para visita da delegação francesa. Ele me contou que Xangai tem 61 cidades-irmãs ao redor do mundo e que se beneficia da troca de experiências educacionais com elas. (Dentre essas cidades estão Manaus e São Paulo).

O **gradualismo** é outra marca do sistema chinês. O país se vale do fato de ter 32 províncias, 2.858 condados e mais de 40 mil cidades para fazer experimentações. O que dá certo é compartilhado com outras províncias, até se tornar política nacional. Mas só depois de ser testado e aprovado em pequena escala. É um sistema que impede a existência de falhas como as do Enem (Exame Nacional do Ensino Médio), por exemplo.*

Outra marca registrada é o **coletivismo**. Como já mencionado, o sistema está organizado em círculos concêntricos, que se "abraçam" e se polinizam constantemente. Os professores têm seus grupos de estudo, as escolas têm seus distritos, e estes são ajudados pelas províncias, que interagem com o governo nacional. Todos competem, mas todos se ajudam.

Importante também é a **formação constante** que a educação chinesa dá a todos os seus profissionais. Além do sistema de grupos de estudo de professores, em Xangai há também treinamento compulsório, todo ano,

---

* O Enem, exame aplicado anualmente pelo Ministério da Educação e destinado originalmente aos concluintes do ensino médio, foi marcado por sucessivos erros e crises desde que o MEC decidiu usá-lo como ferramenta de seleção para ingresso nas universidades federais, em 2009, aumentando enormemente sua escala. Os problemas envolveram o furto de cadernos de prova, gerando a remarcação da data da prova dois dias antes da data original (2009); cadernos com erros de impressão, contendo perguntas repetidas e desconexão entre alguns cadernos de perguntas e respostas (2010); vazamento de questões do pré-teste para alunos de Fortaleza (2011) e controvérsias na correção de redação (2012). (N.A.)

ministrado pelo governo local: uma semana em tempo integral nas férias de verão e dois dias nas férias de inverno. Em relação a diretores é a mesma coisa: mesmo sendo um grande professor, para ser efetivado o sujeito precisa fazer um curso de administração escolar. Até os burocratas são constantemente estimulados a passar temporadas em universidades chinesas e do exterior. O sistema confia no talento e no esforço de seus profissionais, mas não permite que o sistema dependa apenas das vontades individuais. O trabalho é institucionalizado.

Outra característica importante é o **planejamento de longo prazo** e, claro, a capacidade de cumprir as metas estabelecidas. O governo chinês vem criando, desde a década de 1980, planos de horizonte de tempo longo para o seu sistema educacional. Os mais antigos versavam sobre a universalização do acesso à escola e erradicação do analfabetismo. Os mais recentes falam da criação de cem universidades de nível internacional. A grande maioria é cumprida, e sua elaboração é feita de forma cuidadosa justamente para que seja cumprida. Foi curioso conversar com um dos diretores do ministério, porque ele se referia aos números dos planos — cada um é identificado por três ou quatro algarismos, como os projetos de lei brasileiros — da mesma forma que um pastor evangélico cita capítulos e versículos da bíblia: como se aquilo fosse um axioma, e conhecido por todos. Pensei em explicar para ele que no Brasil também fazemos planos decenais de educação, mas que na maioria dos casos suas recomendações não "pegavam", mas achei que seria difícil explicar o conceito para o sujeito.

Um elemento também importante é o **material didático**. Inicialmente, ele era o mesmo para todo o país, mas atualmente cada província escolhe ou desenvolve o seu. Em Xangai, onde toda sala de aula tem um projetor multimídia, as autoridades locais usam a internet para abastecer os professores de materiais para os arquivos de PowerPoint e dicas de como ensiná-los, aula a aula. O professor decide como quer montar o material e pode compartilhar sua apresentação com outros colegas pela rede. Claro, isso só é possível porque as províncias chinesas têm um **currículo padronizado**, que especifica o que deve ser ensinado a cada aula, com objetivos claros de habilidades e conhecimentos que o aluno deve dominar a cada semestre. Na maioria do mundo é assim; o Brasil é um dos poucos lugares em que prevalece a ideia de que é democrático que cada professor e escola decidam o que ensinar e como, atendo-se apenas a parâmetros curriculares genéricos.

Termino com uma inovação que, por sua origem e execução, me parece uma síntese acabada das virtudes do sistema educacional de Xangai. Quando todos os esforços acima fracassam e uma escola continua não indo bem, ela passa por um processo chamado ***empowered management*** ("administração empoderada", em tradução literal; "sob nova direção", em tradução livre). É o seguinte: o governo faz uma licitação pública, pedindo às escolas de alta performance que elaborem um plano para melhorar o desempenho da escola ruim. O melhor plano é selecionado. A escola vencedora então assina um contrato com a escola ruim, em que basicamente assume a responsabilidade por sua administração por um período de dois anos. Durante esse tempo, um alto funcionário da escola boa — normalmente o vice-diretor — se desloca para a escola ruim, na companhia de sete ou oito de seus melhores professores, e ficam nela por pelo menos dois dias por semana, em tempo integral. O governo distrital dá recursos adicionais à escola boa, para que ela possa contratar profissionais para suprir a carência gerada pelos que saíram. Se a escola ruim melhorar depois desses dois anos, a escola boa recebe um prêmio em dinheiro, que pode ser gasto em melhorias na escola.

O autor da ideia foi Zhang Minxuan, um dos grandes pensadores da educação chinesa, que já encontramos antes. Ele me contou sobre o surgimento da ideia, que veio dos Estados Unidos. Na década de 1980, os governos de lá começaram a criar programas para que empresas administrassem más escolas. Mas o programa não funcionou, porque as empresas só queriam saber do lucro, então iam embora depois que recebiam o dinheiro. O dr. Zhang implementou a ideia em sua escola, com a alteração crucial de que escolas, e não empresas, cuidassem de outras escolas. O projeto piloto deu tão certo que foi adotado como política pública. Atualmente em Xangai há cinquenta escolas operando sob esse contrato.

Aí estão o pragmatismo, a meritocracia, o coletivismo, o gradualismo e a abertura ao exterior em ação. Aí está o melhor sistema educacional do mundo.

Uma versão reduzida deste artigo foi publicada em dezembro de 2011

Notas

1. **A falência da educação brasileira (pp. 21-24)**
    1. Disponível em: <http://www.ipm.org.br/ipmb_pagina.php?mpg=4.02.00.00.00& ver=por>. Acesso em: 12 nov. 2013.
    2. Fonte: EFA Global Monitoring Report 2005, tabela 6. Disponível em: <http://unesdoc.Unesco.org/images/0013/001373/137333e.pdf>. Informações mais recentes podem ser encontradas em: <http://stats.uis.unesco.org/unesco/TableViewer/document.aspx? reportid=143&iF_Language=eng>. Acesso em: 12 nov. 2013.
    3. Disponível em: <http://provabrasil.Inep.gov.br/resultados>. Acesso em: 12 nov. 2013.
    4. Disponível em: <http://www.oecd.org/education/preschoolandschool/programmeforinternationalstudentassessmentPisa/34002454.pdf>. Acesso em: 12 nov. 2013.
    5. Fonte: Unesco. Dados referentes a 2005.

2. **Muito investimento, pouco resultado (pp. 25-28)**
    1. Fonte: EAG, *Education at a Glance*, 2006, tabela B2.1b. Disponível em: <http://www.oecd.org/edu/skills-beyond-school/educationataglance2006-tables.htm>. Acesso em: 29 mar. 2014.
    2. Disponível em: <http://www.oecd.org/edu/highereducationandadultlearning/educationataglance2002-tables.htm>. Ou diretamente em: <http://www.oecd.org/edu/highereducationandadultlearning/1962749.xls>. Acesso em: 12 nov. 2013.
    3. Taxas de matrícula internacional da Unesco. Porcentagem de matrícula privada no setor universitário brasileiro: Sinopse Estatística da Educação Superior, disponível em: <http://portal.inep.gov.br/superior-censosuperior-sinopse>. Acesso em: 12 nov. 2013.
    4. Id., ibid.
    5. Id., ibid.

6. Dados referentes a 2006. Disponíveis originalmente no site Edudata Brasil: <http://www.edudatabrasil.inep.gov.br/>. Acesso em: 17 set. 2012. Em novo acesso em março de 2014, o site havia sido retirado do ar, espero que temporariamente.
7. Para estudos sobre a importância de materiais e infraestrutura física sobre o desempenho de alunos, ver: Anderson, 2002. Bedi e Edwards, 2002. Curi e Menezes Filho, 2007. Duflo, 2001. Franco et al., 2005. Soares, 2005. Fuller e Clarke, 1994. Glewwe et al., 1995. Glewwe e Kremer, 2005. Hanushek, 1995. Hanushek et al., 1996. Herrán e Rodriguez, 2000. Menezes Filho, 2007. Menezes Filho e Pazello, 2005. Paes de Barros et al., 2000. Soares, 2005. Willms e Somers, 2001. Wossmann, 2001.
8. Fonte: EAG, *Education at a Glance*, 2006, tabela B1.4.

3. Escola: templo do doutrinamento (pp. 29-32)

1. Unesco, *O perfil dos professores brasileiros: o que fazem, o que pensam, o que almejam...* São Paulo: Moderna, 2004.
2. Tania Zagury, *O professor refém: para pais e professores entenderem por que fracassa a educação no Brasil*. Rio de Janeiro: Record, 2006.

4. Professor não é coitado (pp. 33-36)

1. Sinopse Estatística do Ensino Superior disponível em: <http://portal.inep.gov.br/superior-censosuperior-sinopse>. Acesso em: 12 nov. 2013.
2. Pnad disponível em: <http://www.ibge.gov.br/home/estatistica/populacao/trabalhoerendimento/pnad2007/defaulttab_hist.shtm>. Acesso em: 12 nov. 2013. A informação sobre o número de professores, disponível nos microdados, foi tabulada por Simon Schwartzman junto com sua equipe do IETS (Instituto de Estudos do Trabalho e Sociedade) e enviada ao autor.
3. Disponível em: <http://www.dominiopublico.gov.br/download/texto/ue000027.pdf>. Acesso em: 12 nov. 2013.
4. Disponível em: <http://www.vermelho.org.br/noticia.php?id_noticia=26477&id_secao=10>. Acesso em: 12 nov. 2013.
5. Cálculos do autor sobre a Sinopse Estatística da Educação Básica 2005, disponível em: <http://portal.inep.gov.br/basica-censo-escolar-sinopse-sinopse>. Acesso em: 12 nov. 2013.
6. Disponível em: <http://www.edudatabrasil.inep.gov.br/>. Acesso em: 17 set. 2012. Vide nota 6 do capítulo 2.
7. Cf. Barbosa Filho e Pessoa, 2007. Delannoy e Sedlacek, 2001. Liang, 1999. Psacharopoulos et al., 1996. Vegas, 2000.
8. Cf. Barbosa Filho e Pessoa, 2007.
9. Fonte: OECD, EAG, *Education at a Glance*, 2005, tabela D3.1. Os dados estão defasados porque versões mais recentes do EAG não trazem mais os dados de salários de professores do Brasil. Continuam trazendo as informações de todos os outros países, mas as do Brasil estão faltantes. O órgão responsável pelo envio desses dados à OCDE é o Inep.

5. E se plantássemos cérebros? (pp. 37-40)

1. Essa estimativa conservadora de nossa área protegida foi obtida da seguinte maneira: a área total é resultado da soma das áreas de floresta com as áreas de reserva legal, prevista por lei.

As áreas de floresta foram obtidas através de levantamento do Serviço Florestal Brasileiro publicado pelo jornal *Folha de S.Paulo* em 9 de julho de 2007. Segundo esse levantamento, há 193,8 milhões de hectares (1,938 milhão de km^2) de florestas federais no país. Destes, 94% na Amazônia Legal — 1,822 milhão de km^2. Os outros 6% — 116.301 km^2 — de florestas federais estão em outras áreas do país.

A Amazônia Legal, área que ocupa 5,217 milhões de km^2, abrange os estados de Acre, Amapá, Amazonas, Pará, Rondônia, Roraima e partes de Mato Grosso, Tocantins e Maranhão.

Subtraindo o 1,822 milhão de km^2 de florestas federais da área da Amazônia Legal, temos 3,395 milhões de km^2 que não são de florestas na Amazônia Legal. Supondo que toda essa área fosse privada — e certamente não é, já que há áreas de reserva indígena, parques e unidades de conservação que estão fora da área de floresta —, 80% dela deveria ser preservada. De acordo com o Código Florestal Brasileiro, 80% das terras dentro da Amazônia Legal devem ser preservadas. Isso significa mais uma área protegida de 2,716 milhões de km^2. Segundo Fabio França, gerente de projetos das unidades de conservação do Ministério do Meio Ambiente, há poucos anos foi criado um programa através do qual o dono de terras pode comprar uma área e doá-la ao poder público em vez de manter os 80% de reserva legal dentro da sua propriedade. O número de hectares de terras públicas que chegou ao domínio público através desse mecanismo é, segundo França, irrisório, aparecendo só na "quinta casa depois da vírgula" no cálculo da área pública total. Há, é certo, áreas urbanas no perímetro da Amazônia Legal, que não estão sujeitas às exigências da reserva legal. Mas nesse território os conglomerados urbanos são tão escassos, e a área ocupada por outras unidades de conservação que não foram incluídas nesse cálculo é tão grande, que o resultado líquido da inclusão de áreas urbanas e áreas protegidas seria certamente de aumentar a área protegida total, não de diminuí-la. A única atividade econômica permitida nas áreas de reserva legal é aquela que não desvirtue a sua composição original — uma área de floresta, mata ou cerrado não pode, por exemplo, dar lugar ao pasto ou à plantação, nem virar área urbana, nem ter uma indústria ali instalada. Pode-se apenas cortar madeira, e ainda assim de forma bastante controlada: é proibido o corte raso e é proibido o corte que impeça a área como um todo de manter as suas características originais.

Na Amazônia Legal, portanto, temos um total de 4,538 milhões de km^2 protegidos — 2,716 oriundos de reserva legal e 1,822, de florestas federais.

Fora da Amazônia Legal, temos três categorias de preservação. Em primeiro lugar, as florestas federais, que representam 116.301 km^2. Em segundo, a área de reserva legal, de 20%. Aplicado ao total de propriedades agrícolas registradas no censo agrícola 2006 do IBGE, essa área corresponde a 278 mil km^2. Há ainda uma área de 455 mil km^2 registrada no censo como sendo de matas e florestas. Estima-se que a maior parte dessa área, aproximadamente 400 mil km^2, seja de preservação da Mata Atlântica, mas é possível que haja uma pequena sobreposição deste último item com a área de florestas federais. Somando as três fontes, temos uma área protegida de 849 mil km^2 — novamente uma estimativa bastante conservadora, mesmo se considerando a possibilidade de sobreposição de florestas federais, já que não computa as áreas protegidas de estados e municípios, nem áreas protegidas como as margens de rios, topos de morros, áreas de altitude superior a 1.800 metros etc. —, todas áreas de preservação permanente segundo o Código Florestal Brasileiro (Lei Federal número 4.771).

Somando os 849 mil km² da área brasileira protegida fora da Amazônia Legal aos 4,538 milhões de km² desta, temos uma área total protegida de 5,387 milhões de km², ou o equivalente a 63% do território brasileiro.
2. Disponível em: <http://www.ibama.gov.br/licenciamento/index.php>. Acesso em: 12 nov. 2013. Número referente a fevereiro de 2008.
3. Disponível em: <http://www.estadao.com.br/noticias/nacional,ibama-libera-usinas--do-rio-madeira-com-33-condicionantes,17113,0.htm>. Acesso em: 29 mar 2014.
4. Câmara de comercialização de energia elétrica. Preços históricos disponíveis em: <http://www.ccee.org.br/portal/faces/pages_publico/o-que-fazemos/como_ccee_atua/precos/historico_preco_semanal?_afrLoop=12644332662000#%40%3F_afrLoop%3D12644332662000%26_adf.ctrl-state%3Duchug5cw1_85>. Acesso em: 29 mar. 2014.
5. Disponível em: < http://www12.senado.gov.br/orcamento/documentos/loa>. Acesso em: 29 mar. 2014.
6. Disponível em: <http://veja.abril.com.br/270208/radar.shtml>. Acesso em: 12 nov. 2013.
7. Dados compilados pela Central Globo de Comunicação a pedido do autor.
8. Disponível em: <http://www.pnas.org/cgi/reprint/105/5/1768?maxtoshow=&hiTs=10&hits=10&resULTForMaT=&fulltext=norgaard&searchid=1&FirsTindeX=0&resourcetype=hwciT>. Acesso em: 12 nov. 2013.
9. Cálculos do autor a partir da tabela 2.4 do Special Report on Carbon Dioxide Capture and Storage do IPCC (2005). Disponíveis em: <https://www.ipcc.ch/pdf/special-reports/srccs/srccs_wholereport.pdf>. Acesso em: 29 mar. 2014.
10. Disponível em: <http://noticias.uol.com.br/ultnot/reuters/2008/02/25/ult1928u5333.jhtm>. Acesso em: 12 nov. 2013.
11. Disponível em: <http://www.ipm.org.br/download/inaf_jovens_diagramado_final.pdf>. Acesso em: 12 nov. 2013.

6. **Educação e capitalismo: aliados ou inimigos? (pp. 41-45)**
    1. Disponível em: <http://www.espacoacademico.com.br/051/51liv_meszaros.htm>. Acesso em: 12 nov. 2013.
    2. Lucyelle Pasqualotto, "Capitalismo e Educação". In: *Revista Faz Ciência*, Unioeste, Francisco Beltrão, PR, pp. 325-342, 8 jan. 2006. Disponível em: <http://e-revista.unioeste.br/index.php/fazciencia/article/viewFile/354/267>. Acesso em: 12 nov. 2013.
    3. Disponível em: < http://educador.brasilescola.com/politica-educacional/escola-capitalismo.htm>. Acesso em: 29 mar. 2014.
    4. Disponível em: <http://www.doingbusiness.org/rankings/>. Acesso em: 12 nov. 2013.
    5. Disponível em: <http://hdr.undp.org/en/statistics/hdi/>. Acesso em: 12 nov. 2013.
    6. Fonte: Unesco.

7. **De pais e professores (pp. 47-50)**
    1. Disponível em: <http://www.ipm.org.br/ipmb_pagina.php?mpg=4.02.00.00.00&ver=por>. Acesso em: 12 nov. 2013.

2. Disponível em: <http://portal.inep.gov.br/web/saeb/resultados>. Acesso em: 12 nov. 2013.
3. Disponível em: <http://www.oecd.org/Pisa/pisaproducts/pisa2006/39725224.pdf>. Acesso em: 12 nov. 2013.
4. Unesco, *O perfil dos professores brasileiros: o que fazem, o que pensam, o que almejam...* São Paulo: Moderna, 2004.
5. Vera Ireland (Coord.), *Repensando a escola: um estudo sobre os desafios de aprender, ler e escrever*. Brasília: Unesco, MEC/Inep, 2007.
6. Inep, 2005. "Pesquisa Nacional Qualidade da Educação: a Escola Pública na Opinião dos Pais — Resumo Técnico Executivo".

8. Dinheiro não compra educação de qualidade (pp. 51-54)
1. Por exemplo em Unesco, *O perfil dos professores brasileiros: o que fazem, o que pensam, o que almejam...* São Paulo: Moderna, 2004.
2. Cf. Aslam e Kingdon, 2007. Barro e Lee, 1997. Bruns e Lockheed, 1990. Chaudhury et al., 2006. Darling-Hammond, 2000. Delannoy e Sedlacek, 2001. Fuller e Clarke, 1994. Hanushek, 1995. Hanushek et al., 1996. Hedges et al., 1996. Herrán e Rodriguez, 2000. Lopez-Acevedo, 2004. Menezes Filho, 2007. Menezes Filho e Pazello, 2005. Velez et al., 1993.
3. Fonte: Unesco.
4. Cf. Anderson, 2002. Curi e Menezes Filho, 2007. Franco et al., 2005. Fuller e Clarke, 1994. Menezes Filho e Pazello, 2005. Willms e Somers, 2001.
5. Fonte: EAG, *Education at a Glance*, 2007, tabela B6.1.

9. Violência escolar: quem é a vítima? (pp. 55-58)
1. Irwin Hyman e Donna Perone, "The Other Side of School Violence: Educator Policies and Practices that May Contribute to Student Misbehavior". In: *Journal of School Psychology*, Philadelphia, v. 36, n. 1, pp. 7-27, 1998.
2. *Folha de S.Paulo*, São Paulo, 14 nov. 2008. Caderno Cotidiano. Disponível para assinantes em: <http://www1.folha.uol.com.br/fsp/cotidian/ff1411200807.htm>. Acesso em: 12 nov. 2013.
3. Inep, Informativo n. 91, jun. 2005.
4. Disponível em: <http://www.udemo.org.br/Violencia%20nas%20escolas%202008.htm>. Acesso em: 12 nov. 2013.
5. Disponível em: <http://www1.folha.uol.com.br/folha/educacao/ult305u418390.shtml>. Acesso em: 12 nov. 2013.
6. Vera Ireland (Coord.), *Repensando a escola: um estudo sobre os desafios de aprender, ler e escrever*. Brasília: Unesco, MEC/Inep, 2007.
7. Id., ibid.

10. O amor constrói, mas não ensina a tabuada (pp. 59-61)
1. Tania Zagury, *O professor refém*. Rio de Janeiro: Record, 2006.
2. Içami Tiba, *Quem ama educa!*. São Paulo: Editora Gente, 2002.
3. Gabriel Chalita, 2001.
4. Cálculos do autor sobre Sinopse Estatística da Educação Básica de 2001 e 2006, Inep.

11. Brasil: a primeira potência de semiletrados? (pp. 63-65)
1. Cf. Ranis et al., 2000.
2. Cálculos do autor baseados no World Development Indicators, World Education Indicators e EAG, *Education at a Glance*, 2002. Disponíveis em Gustavo Ioschpe, *A ignorância custa um mundo: o valor da educação no desenvolvimento do Brasil*. São Paulo: Francis, 2004, p. 140.
3. Id., ibid.
4. Disponível em: <http://www.ipm.org.br/ipmb_pagina.php?mpg=4.02.00.00.00& ver=por>. Acesso em: 12 nov. 2013.

12. Aula de ética é em casa, não na escola (pp. 67-70)
1. O dado se refere ao Ideb 2007 para o primeiro ciclo do ensino fundamental. Disponível em <http://sistemasideb.inep.gov.br/resultado/>. Acesso em: 12 nov. 2013.
2. Referente ao desempenho de Matemática na edição 2003. Fonte: OECD, "Learning For Tomorrow's World — First Results from Pisa 2003", tabela 4.4, p. 399, anexo B1.
3. Steven Pinker, 2002.
4. Cf. Rocha e Teixeira, 2006.

13. Na educação, a esquerda é elitista (pp. 71-75)
1. Dados obtidos em: <http://www.fuvest.br/estat/qase.html?anofuv=2009>. Acesso em: 12 nov. 2013.
2. Sinopse Estatística do Ensino Superior 2008, aba 4.2, célula G10.
3. Sobre o impacto de dever de casa e provas, ver: Cooper et al., 2006. Curi e Menezes Filho, 2007. Dewey et al., 2000. Esposito et al., 2000. Franco et al., 2005. Fuller e Clarke, 1994. Glewwe et al., 1995. Machado Soares, 2005. Rumberger, 1995. Soares, 2005. Willms e Somers, 2001. Wossmann, 2001. Zavodny, 2006. Sobre assiduidade de professores, ver: Aslam e Kingdon, 2007. Fuller e Clarke, 1994. Glewwe et al., 1995. Glewwe e Kremer, 2005. Kingdon e Teal, 2007. Bruns e Lockheed, 1990. Neri et al., 2007. Menezes Filho, 2007. Ontiveros Jimenez, 2005.
4. Cf. Blom et al., 2001. Ferreira, 2000. Lam, 1999. Paes de Barros e Ramos, 1996. Paes de Barros e Mendonça, 1995.

14. Educação de qualidade: de volta ao futuro (pp. 77-79)
1. Cf. Curi e Menezes Filho, 2007. Menezes Filho, 2007. Sprietsma, 2007.
2. Dados obtidos em: <www.ibge.gov.br> e Sinopses Estatísticas da Educação Básica (Inep).
3. Cf. Hoxby e Leigh, 2003. Disponível em: <http://www.personal.kent.edu/~cupton/ Senior%20Seminar/Papers/hoxbyleigh_pulledaway.pdf >. Acesso em: 29 mar. 2014.
4. Disponível em: < http://www.todospelaeducacao.org.br/biblioteca/1395/sinopse-estatistica-do-professor-2009/>. Acesso em: 29 mar. 2014.
5. Cf. Hoxby e Leigh, op. cit. Esse estudo revela que, nos EUA, a sindicalização da profissão docente explica 80% do declínio de aptidão das pessoas que optam pelo magistério, enquanto 9% são explicados pela equiparação salarial entre homens e mulheres.

6. Sobre o não impacto do número de alunos em sala de aula depois dos primeiros anos de ensino, ver: Barro e Lee, 1997. Betts, 1996. Case e Deaton, 1999. Darling-Hammond, 2000. Dewey et al., 2000. Ehrenberg e Brewer, 1994. Fuller e Clarke, 1994. Hanushek, 1995. Hanushek e Luque, 2002. Hanushek et al., 1998. Hanushek et al., 2000. Hedges et al., 1996. Herrán e Rodriguez, 2000. Ireland et al., 2007. Menezes Filho, 2007. Waiselfisz, 2000. Wossmann 2001. Velez et al., 1993. Sobre a questão dos salários de professores, ver as pesquisas mencionadas no artigo "Dinheiro não compra educação de qualidade".

15. Como melhorar a educação brasileira — Parte 1: Práticas de sala de aula (pp. 81-84)
1. Cf. Esposito et al., 2000.
2. Cf. Anderson, 2002. Delannoy e Sedlacek, 2001. Fuller e Clarke, 1994. Hanushek, 1995.
3. Cf. Aslam e Kingdon, 2007. Darling-Hammond, 2000. Delanoy e Sedlacek, 2001. Hanushek et al., 2000. Hanushek et al., 1998. Hanushek et al., 2008. Bruns e Lockheed, 1990. Santibañez, 2006.
4. Cf. Aslam e Kingdon, 2007. Fuller e Clarke, 1994. Glewwe e Kremer, 2005. Goldhaber e Brewer, 1997. Kukla-Acevedo, 2009. Soares, 2005. Menezes Filho, 2007.

16. Como melhorar a educação brasileira — Parte 2: Formação de professores (pp. 85-89)
1. Cálculos do autor sobre Sinopse do Professor da Educação Básica 2009, aba 1,6; Inep/MEC.
2. Cf. Kukla-Acevedo, 2009.
3. Sinopse Estatística do Ensino Superior 2008, aba 5.2.
4. Bernadete a. Gatti et al., "A formação de professores no Brasil: instituições formadoras e seus currículos". In: *Estudos e Pesquisas Educacionais*, Fundação Victor Civita, 2008. Disponível em: <http://www.fvc.org.br/estudos-e-pesquisas/avulsas/estudos1-3-formacao-professores.shtml?page=0>. Acesso em: 12 nov. 2013.
5. Disponível em: <http://www.anup.org.br/noticia_detalhe.php?not_id=4342>. Acesso em: 29 mar. 2014.
6. João Batista Araujo e Oliveira e Simon Schwartzman, *A escola vista por dentro*. Belo Horizonte: Alfa Educativa Editora, 2002. Disponível em: <http://www.schwartzman.org.br/simon/pdf/escola.pdf>. Acesso em: 12 nov. 2013.
7. Cf. Darling-Hammond, 2000. Kane et al., 2006. Rice, 2003.
8. Disponível em: <http://www.fvc.org.br/estudos-e-pesquisas/2007/como-professor-ve-educacao-529561.shtml>. Acesso em: 29 mar. 2014.

17. Como melhorar a educação brasileira — Parte 3 (final): Diretores de escolas (pp. 91-95)
1. Cf. Menezes Filho e Pazello, 2005.
2. Cf. Menezes Filho et al., 2004.
3. O estudo que aponta que a eleição de diretor tem impacto positivo sobre o aprendizado é Paes de Barros e Mendonça, 1996. O que sugere ser indiferente é Menezes Filho, 2007.
4. Cf. Menezes Filho e Pazello, 2005.

5. Estudos que apontam impacto positivo da jornada escolar: Fuller e Clarke, 1994. Glewwe e Kremer, 2005. Kingdon e Teal, 2007. Bruns e Lockheed, 1990. Menezes Filho, 2007. Neri et al., 2007. Wossmann, 2001. Estudos que apontam impacto insignificante: Barro e Lee, 1997. Benavot, 1992. Glewwe et al., 1995. Velez et al., 1993.
6. Cf. Falch e Ronning, 2007. Guarino et al., 2006. Hanushek et al., 2001.
7. Cf. Aslam e Kingdon, 2007. Outro artigo acadêmico do mesmo ano (Menezes Filho, 2007) sugere que o tempo de permanência do professor na mesma escola é irrelevante, porém. Estudo sobre o México (Lopez-Acevedo, 2004) mostrou que os anos de residência do professor na comunidade em que leciona têm impacto significativo sobre o aprendizado. A questão ainda precisa ser aprofundada, mas uma hipótese para explicar os dados discrepantes é que talvez os anos de permanência em uma escola só sejam relevantes se o professor morar naquela zona ou criar alguma outra espécie de vínculo afetivo ou comunitário com a escola.
8. Cf. Wossmann, 2001. Essa possibilidade é atualmente vedada pela grande maioria das legislações municipais e estaduais brasileiras, em que o professor é funcionário concursado e com estabilidade no emprego.
9. Cf. Rockoff et al., 2008.
10. Cf. Aslam e Kingdon, 2007. Menezes Filho, 2007.
11. Sobre pagamento de bonificação, ver Belfield e Heywood, 2008. Figlio e Kenny, 2006. Hanushek, 1995. Kingdon e Teal, 2007. Murnane e Cohen, 1986.
12. Informativo do Inep, n. 72, 2005.

18. Como os pais podem ajudar na aprendizagem dos filhos (pp. 97-100)
1. Os estudos sobre educação e renda são demasiadamente numerosos para serem citados aqui. É uma das poucas áreas da economia em que há virtual unanimidade na pesquisa. Para uma discussão mais aprofundada, ver: Gustavo Ioschpe, *A ignorância custa um mundo: o valor da educação no desenvolvimento do Brasil*. São Paulo: Francis, 2004, parte 1. Para os efeitos sobre criminalidade, ver: Barnett, 1992. Lochner, 2004. Lochner e Moretti, 2001. Piquet, 1999. Para os efeitos sobre desigualdade de renda, ver Birdsall et al., 1996 e os estudos citados na quarta nota do artigo "Na educação, a esquerda é elitista". Sobre impactos na saúde, ver Leigh, 1998. Neri et al., 2007. Wachs, 2005.
2. Cf. Barros e Lam, 1996. Castro e Tiezzi, 2005. Esposito et al., 2000. Herrán e Rodriguez, 2000. Menezes Filho e Leon, 2002. Paes de Barros et al., 2001. Willms e Somers, 2001. Wossmann, 2001.
3. Cf. Barros e Lam, 1996.
4. Disponível em: <http://www.time.com/time/health/article/0,8599,1650352,00.html>. Acesso em: 12 nov. 2013.
5. Po Bronson e Ashley Merryman, *The Nurture Shock: New Thinking about Children*. Nova York: Twelve, 2009. Ver capítulo 5.
6. Naercio Menezes Filho, "Os determinantes do desempenho escolar no Brasil", In: Pedro Garcia Duarte, Simão Silber e Joaquim Guilhoto (Orgs.). *O Brasil do século XXI*. São Paulo: Saraiva, v. 1, pp. 231-256, 2011.
7. Cf. Esposito et al., 2000. Kingdon e Teal, 2007. Menezes Filho, 2007. OECD, 2001. Soares, 2005. Velez et al., 1993. Wossmann, 2001.

8. Cf. Willms e Somers, 2001.
9. Cf. Velez et al., 1993.
10. Cf. Baker et al., 2002. Dewey et al., 2000. Ferreira et al., 2002. Glewwe et al., 1995. Lee et al., 2006. Rumberger, 1995.
11. Cf. Menezes Filho, 2007.
12. Id., ibid.
13. Cf. Velez et al., 1993.
14. Cf. Murnane et al., 2001.
15. Cf. Soares, 2004.
16. Cf. Machado Soares, 2005.
17. Cf. Esposito et al., 2000.
18. Cf. Carneiro e Heckman, 2003.

19. **Universalização da educação infantil: solução ou armadilha?** (pp. 101-104)
    1. Citado em: <http://www.nytimes.com/2006/11/26/magazine/26tough.html?pagewanted=all>. Acesso em: 12 nov. 2013.
    2. Cf. Curi e Menezes Filho, 2007. Machado Soares, 2005. Menezes Filho, 2007.
    3. Cf. Curi e Menezes Filho, 2007.
    4. Cf. Heckman e Klenow, 1997.
    5. Cálculos do autor sobre dados da Sinopse Estatística da Educação Básica 2009 e estimativas populacionais por idade do IBGE.
    6. Dados obtidos em World Development Indicators (para assinantes). Dados referentes a 2008.
    7. Fonte: World Development Indicators.
    8. Disponível em: <http://www.oecd.org/pisa/pisaproducts/46619703.pdf>. Acesso em: 12 nov. 2013.

20. **Hora de peitar os sindicatos** (pp. 105-108)
    1. Cf. Liang, 1999.
    2. Cf. Hoxby e Leigh, 2003.
    3. Cf. Belfield e Heywood, 2008.
    4. Cf. Wossmann, 2001.

23. **Precisamos de educação diferente de acordo com a classe social** (pp. 110-115)
    1. Disponível em: <http://www.moodle.ufba.br/mod/book/view.php?id=14584>. Acesso em: 12 nov. 2013.
    2. Os dados de Xangai são de relatório de pesquisa do Deutsche Bank de julho de 2011, intitulado "China Chartbook — Province: Shanghai". Disponível em: <http://www.dbresearch.com/Prod/dBr_inTerneT_en-Prod/Prod0000000000247538.pdf>. Acesso em: 12 nov. 2013.
    3. Disponível em: <http://www.oecd.org/pisa/pisaproducts/46619703.pdf>. Acesso em: 12 nov. 2013.
    4. Relatório "Pisa in Focus n. 5", disponível em: <http://www.oecd.org/pisa/pisaproducts/pisa2009/48165173.pdf>. Acesso em: 12 nov. 2013.

24. Você acha que as escolas particulares brasileiras são boas? (pp. 123-126)

1. Disponível em: <http://educacao.uol.com.br/ultnot/2008/11/20/ult1811u256.jhtm>. Acesso em: 12 nov. 2013.
2. Pisa 2009, vol. II, anexo B1, tabela II.1.1, p. 152.
3. Disponível em: <http://www.todospelaeducacao.org.br/comunicacao-e-midia/noticias/18375/prova-abc-traz-dados-ineditos-sobre-a-alfabetizacao-das-criancas-no-brasil/>. Acesso em: 29 mar. 2014.
4. Vide nota 6 do artigo "Como os pais podem ajudar na aprendizagem dos filhos".
5. Cf. Belfield e Levin, 2002. Levacic, 2004. Wossmann, 2001.
6. Cf. Hsieh e Urquiola, 2002.

25. O rombo da educação: um cabide de empregos de R$ 46 bilhões (pp. 127-130)

1. Pnad 2009, IBGE. Item v9906, código de ocupação no trabalho principal da semana de referência.
2. Cálculo do autor sobre EAG, *Education at a Glance*, 2009, tabela D2.4a.
3. Ver, por exemplo: Barro e Lee, 1997. Betts, 1995. Darling-Hammond, 2000. Ehrenberg e Brewer, 1994. Fuller e Clarke, 1994. Hanushek, 1995. Hanushek, 1996. Hanushek e Kimko, 2000. Hanushek e Luque, 2002. Haushek e Raymond, 2004. Menezes Filho, 2007. Murnane e Levy, 1996. Wossmann, 2001.
4. Dados disponíveis em: < http://portal.inep.gov.br/web/saeb/resultados >. Acesso em: 12 nov. 2013.

26. Que tal fechar as escolas ruins? (pp. 131-135)

1. Segundo dados das Sinopses Estatísticas da Educação Básica e Ensino Superior, respectivamente.
2. Sinopse Estatística da Educação Básica 2010, abas 1.7 e 1.15, respectivamente.
3. Disponíveis em: <http://www.todospelaeducacao.org.br/comunicacao-e-midia/noticias/18375/prova-abc-traz-dados-ineditos-sobre-a-alfabetizacao-das-criancasno-brasil/>. Acesso em: 29 mar. 2014.
4. Fonte: Unesco.

27. A tecnologia não nos salvará (por enquanto) (pp. 137-140)

1. Disponível em: <http://www.wired.com/epicenter/2012/01/apple-educationjobs/>. Acesso em: 29 mar. 2014 (tradução livre).
2. Disponível em: <http://portal.mec.gov.br/index.php?option=com_content&view=article&id=17479>. Acesso em: 12 nov. 2013.
3. Cf. Curi e Menezes Filho, 2007. Menezes Filho, 2007. Sprietsma, 2007.
4. Disponível em: <http://www.nytimes.com/2007/05/04/education/04laptop.html?pagewanted=all>. Acesso em: 12 nov. 2013.
5. Cf. Lavinas, 2011.
6. Conforme informado em: <http://www.estadao.com.br/noticias/impresso,governode-sp-quer-todas-as-salas-de-aula-com-lousa-digital-,835981,0.htm>. Acesso em: 12 nov. 2013.
7. Disponível em: <http://www.nytimes.com/2011/09/04/technology/technologyin-schools-faces-questions-on-value.html?ref=us>. Acesso em: 29 mar. 2014.

8. Disponível em: <http://www.edudemic.com/classroom-technology/>. Acesso em: 29 mar. 2014.
9. Jeremy Roschelle et al., "Integration of Technology, Curriculum, and Professional Development for Advancing Middle School Mathematics: Three Large-Scale Studies". Artigo acadêmico publicado em *American Educational Research Journal*, Washington D. C., 2010.
10. Michael Trucano, *Knowledge Maps: ICTs in Education*. Washington, D. C.: *info*-Dev/World Bank, 2005. Seymour Papert, "A Critique of Technocentrism in Thinking About the School of the Future". Artigo acadêmico publicado em *M.I.T. Media Lab Epistemology and Learning Memo*, Cambridge, n. 2, 1990.

28. Falta foco (pp. 141-146)
1. Disponível em: <http://www.correiobraziliense.com.br/app/noticia/cidades/2012/03/30/interna_cidadesdf,295659/escolas-cobram-taxas-extras-para-matricular-estudantes-com-sindrome-de-down.shtml>. Acesso em: 12 nov. 2013.

29. O sistema não é feito para dar certo (pp. 147-150)
1. Disponível em: <http://veja.abril.com.br/gustavo_ioschpe/imagens/inep_2005.pdf>. Acesso em: 12 nov. 2013.

30. As escolas não são públicas e privatizar não resolve (pp. 151-154)
1. Fonte: US Department of Education, 2010.
2. Cf. Imberman, 2011.
3. Cf. Cox e Lemaitre, 1999. González, 2003.
4. Cf. Hsieh e Urquiola, 2002.
5. Cf. Chumacero et al., 2011. Elacqua e Fabrega, 2004.

31. O que você faria pelos seus filhos? (pp. 155-158)
1. Resumo do experimento disponível em: <http://www.newyorker.com/reporting/2009/05/18/090518fa_fact_lehrer?currentPage=4>. Acesso em: 12 nov. 2013.
2. Eduardo Gianetti, *O valor do amanhã*. São Paulo: Companhia das Letras, 2005
3. Disponível em: <http://www.onu.org.br/unicef-alerta-sobre-alto-percentualde-cesarianas-no-brasil/>. Acesso em: 29 mar. 2014.
4. Disponível em: <http://www1.folha.uol.com.br/bbc/956683-aumento-da-obesidade-infantil-no-brasil-preocupa-medicos.shtml>. Acesso em: 12 nov. 2013.
5. Disponível em: <http://portalsaude.saude.gov.br/portalsaude/arquivos/pdf/2012/Mai/09/Vigitel_2011_diabetes_final.pdf>. Acesso em: 12 nov. 2013.
6. Disponível em: <http://www1.folha.uol.com.br/cotidiano/1090550-homem-leva-filho-de-8-anos-para-explodir-caixa-eletronico-veja.shtml>. Acesso em: 12 nov. 2013.
7. Alberto Carlos Almeida, *A cabeça do brasileiro*. Rio de Janeiro: Record, 2007.

32. Por que somos tão pouco ambiciosos? (pp. 159-162)
1. Cf. Carneiro e Heckman, 2003. Esposito et al., 2000. Machado Soares, 2005.
2. Perfil dos Professores Brasileiros, Unesco/MEC, Disponível em: <http://unesdoc.unesco.org/images/0013/001349/134925por.pdf>. Acesso em: 12 nov. 2013.
3. Informativo do Inep n. 151.

4. Sobre o número de alunos: Sinopse Estatística da Educação Básica 2007.
5. Disponível em: <http://www.ipm.org.br/download/informe_resultados_inaf2011_versao%20final_12072012b.pdf>. Acesso em: 12 nov. 2013.
6. Disponível em resumo: <http://latimesblogs.latimes.com/world_now/2012/04/happiness-world-bhutan-meeting-denmark.html> Íntegra disponível em: <http://s3.documentcloud.org/documents/330305/happiness.pdf>. Acesso em: 12 nov. 2013.
7. Cf. Leigh, 1998. Neri et al., 2007.

33. Quem são os professores brasileiros? (pp. 163-168)
1. FVC 2010, tabela 19, p. 47.
2. Perfil Unesco, p. 53.
3. FVC 2010, p. 40.
4. FVC 2010, p. 46.
5. Unesco, tabela 55.
6. Unesco, tabela 64.
7. Questionário Prova Brasil, pergunta 21.
8. Questionário Prova Brasil, pergunta 22.
9. Questionário Prova Brasil, perguntas 100 a 103.
10. Unesco, tabela 72.
11. FVC 2010, tabela 17, p. 41.
12. Unesco, tabela 73.
13. Questionário Prova Brasil, pergunta 59.
14. FVC 2010, tabela 19, p. 46.
15. Cf. Tavares et al., 2009.
16. Unesco, tabela 49.
17. Unesco, tabela 48.
18. Questionário Prova Brasil, perguntas 63 a 76.
19. Questionário Prova Brasil, perguntas 60 a 62.

37. Diretor de escola: o protagonista esquecido (pp. 183-186)
1. Cf. Biondi e Felicio, 2007.
2. Cf. Paes de Barros e Mendonça, 1997.
3. Cf. Bryk et. Al., 2010
4. Cf. Sebastian e Allensworth, 2012.
5. Cf. Franco et al., 2005.
6. Cf. Wossmann, 2001.
7. Cf. Jacob e Lefgren, 2008.
8. Cf. Leithwood et al., 2004.
9. Cf. Kane et al., 2010.
10. Cf. Van Klaveren, 2011.
11. Cf. Tavares, 2012.
12. Cf. Menezes-Filho e Pazello, 2005.
13. Cf. Leithwood et al., 2004.

38. Universidade gratuita para aluno rico, nem na França tem (pp. 187-190)

1. Disponível em: <http://revistapiaui.estadao.com.br/edicao-39/vultos-da-republica/pao-e-gloria>. Acesso em: 12 nov. 2013.
2. EAG, *Education at a Glance*, 2013, tabela B5.1. Disponível em: <http://dx.doi.org/10.1787/888932849920>. Acesso em: 12 nov. 2013.
3. Os dados foram cedidos ao autor sob condição de sigilo.
4. Fonte: Sinopse Estatística da Educação Superior 2011, aba 5.2. Disponível em: <http://download.inep.gov.br/informacoes_estatisticas/sinopses_estatisticas/sinopses_educacao_superior/sinopse_educacao_superior_2011.zip>. Acesso em 12 nov. 2013.
5. Fonte: <http://www.fuvest.br/estat/qase.html?anofuv=2013>. Acesso em 12 nov. 2013.
6. Cálculo do autor, abas 5.1 e 2.1 da Sinopse da Educação Superior 2011.
7. EAG, *Education at a Glance*, 2013, tabela D2.2. Disponível em: <http://dx.doi.org/10.1787/888932851706>. Acesso em: 12 nov. 2013.
8. Cálculo do autor, abas 5.1 e 2.1 da Sinopse da Educação Superior 2011.

40. A educação que constrói uma potência: uma lição em cinco capítulos sobre a educação chinesa (pp. 197-232)

1. Pisa 2000 Executive Summary.
2. Pisa 2009 Results, tabela I.A.
3. World Development Indicators. GDP per capita, em dólar.
4. China Statistical Yearbook 2010.
5. Ibid.
6. Disponível em: <https://www.youtube.com/watch?v=yGVwpLNKLWg&list=PL70FF79083297371A>. Acesso em: 29 mar. 2014.
7. China Statistical Yearbook 2010, tabela 20-2.
8. Referências do filme.
9. Fonte: EAG, *Education at a Glance*, 2004, tabela D3.1, célula E39. O dado é certamente uma subestimação, por ser bastante antigo, já que houve um contínuo movimento de aumentos salariais de professores bastante acima da inflação na última década no Brasil. Infelizmente, conforme já descrito anteriormente, o Inep parece ter parado de enviar à OCDE os dados referentes a salários de professores brasileiros já há muitos anos, de forma que nos EAG mais recentes o valor referente ao Brasil aparece sempre como "*missing*" (faltante).
10. Bernadete A. Gatti et al., "A formação de professores no Brasil: instituições formadoras e seus currículos". In: *Estudos e Pesquisas Educacionais*, Fundação Victor Civita, 2008.
11. OCDE, "Shanghai and Hong Kong: Two Distinct Examples of Education Reform in China". In: *Strong Performers and Successful Reformers in Education: Lessons from Pisa for the United States*. Paris: OCDE, p. 84. Disponível em: <http://www.oecd.org/edu/preschoolandschool/programmeforinternationalstudentassessmentpisa/strongperformersandsuccessfulreformersineducationlessonsfrompisafortheunitedstates.htm#Toc>. Acesso em: 12 nov. 2013.
12. Angus Maddison, *The World Economy: A Millenial Perspective*. Paris: OECD, 2006, tabela b-18, p. 261.

13. Para quem se interessa por história chinesa, recomendo *Em busca da China moderna: quatro séculos de história*, de Jonathan Spence (São Paulo: Companhia das Letras, 1996) e os primeiros capítulos de *Sobre a China*, de Henry Kissinger (Rio de Janeiro: Objetiva, 2011), desde que o leitor tenha paciência para os repetidos elogios ao "visionário" Mao Tse-Tung.
14. A sigla, cuja sonoridade quer dizer "tijolo" em inglês, foi cunhada em 2001 por Jim O'Neill, um dos chefes da área de pesquisa do banco de investimentos americano Goldman Sachs, para agregar os quatro países em desenvolvimento que, na visão de O'Neill, teriam papel de destaque na economia global nas décadas vindouras: Brasil, Rússia, Índia e China.
15. Henry Kissinger, op. cit.
16. Treiman, 2007.
17. Tsang, 2000.
18. Fonte: Ministério da Educação da China. Entrevista pessoal.
19. Cf. Mun Tsang, op. cit., p. 13.
20. Fonte: EAG, *Education at a Glance*, 2011, tabela B2.1.
21. Henry Kissinger, op. cit.
22. Para a bibliografia sobre esse assunto, ver a sexta nota do artigo "Educação de qualidade: de volta ao futuro".
23. Fonte: Inep, correspondência pessoal. Vide artigo "O rombo da educação: um cabide de empregos de R$ 46 bilhões".
24. Pisa 2009, resultados da área de leitura e, para a definição de democracias e ditaduras, usei a classificação da ONG Freedom House, disponível em: <http://www.freedomhouse.org/>. Acesso em: 12 nov. 2013.
25. Disponível em: <http://www.bbc.co.uk/news/entertainment-arts-17099980>. Acesso em: 29 mar. 2014.

Referências bibliográficas

ALMEIDA, Alberto Carlos. *A cabeça do brasileiro*. Rio de Janeiro: Record, 2007.
ANDERSON, Joan B. "The Effectiveness of Special Interventions in Latin American Public Primary Schools". *The Dante B. Fascell North-South Center — Working Paper Series*, Coral Gables, FL, n. 5, 2002.
ARENDT, Hannah. *Responsabilidade e julgamento*. São Paulo: Companhia das Letras, 2004.
ASLAM, Monazza; KINGDON, Geeta. "What Can Teachers Do to Raise Pupil Achievement?". Mimeo, 2007.
BAKER, D.; GOESLING, B.; LETENDRE, G. "Socioeconomic Status, School Quality, and National Economic Development: A Cross-National Analysis of the 'Heyneman-Loxley Effect' on Mathematics and Science Achievement". *Comparative Education Review*, Chicago, v. 46, n. 3, pp. 291-312, 2002.
BARBOSA FILHO, Fernando; PESSOA, Samuel. "O setor público na estrutura salarial brasileira e seu impacto no setor educacional". Mimeo, 2007.
BARNETT, W. Steven. "Benefits of Compensatory Preschool Education". *The Journal of Human Resources*, Madison, v. 27, n. 2, pp. 279-312, 1992.
BARRO, Robert; LEE, Jong-Wha. "Schooling Quality in a Cross-Section of Countries". *NBER Working Paper*, Cambridge, n. 6.198, set. 1997.
BARROS, Ricardo; LAM, David. "Income and Educational Inequality and Children's Schooling Attainment". In: BIRDSALL, Nancy; SABOT, Richard (orgs.). *Opportunity Foregone: Education in Brazil*. Washington, D.C.: Inter-American Development Bank, 1996, cap. 12, pp. 337-366.
BEDI, Arjun; EDWARDS, John. "The Impact of School Quality on Earnings and Educational Returns: Evidence from a Low-Income Country". *Journal of Development Economics*, Berkeley, n. 68, pp. 157-185, 2002.
BELFIELD, Clive; HEYWOOD, John. "Performance Pay for Teachers: Determinants and Consequences". *Economics of Education Review*, n. 27, pp. 243-252, 2008.

BELFIELD, Clive e LEVIN, Henry. "The Effects of Competition on Educational Outcomes: A Review of US Evidence". Mimeo. 2002. Disponível em <http://ncspe.org/publications_files/688_OP35V2.pdf>.

BENAVOT, Aaron. "Curricular Content, Educational Expansion, and Economic Growth". *Comparative Education Review*, Chicago, v. 36, n. 2, pp. 150-174, 1992.

BETTS, Julian. "Does School Quality Matter? Evidence from the National Longitudinal Survey of Youth". *The Review of Economic and Statistics*, Cambridge, v. 77, n. 2, pp. 231--250, 1995.

_____. "Is There a Link Between School Input and Earnings? Fresh Scrutiny of an Old Literature". In: BURTLESS, Gary (org.). *Does Money Matter? The Effect of School Resources on Student Achievement and Adult Success*. Washington, D.C.: Brookings Institution Press, cap. 6, pp. 141-91, 1996.

BIONDI, Roberta; FELÍCIO, Fabiana. "Atributos escolares e o desempenho dos estudantes: uma análise em painel dos dados do Saeb". *Inep — Textos para Discussão*, n. 28, 2007.

BIRDSALL, Nancy; BRUNS, Barbara; SABOT, Richard. "Education in Brazil: Playing a Bad Hand Badly". In: BIRDSALL, Nancy; SABOT, Richard (orgs.). *Opportunity Foregone: Education in Brazil*. Washington, D.C.: Inter-American Development Bank, cap. 1, pp. 7-47, 1996.

BLOM, Andreas; NIELSEN, Lauritz; VERNER, Dorte. "Education, Earnings and Inequality in Brazil 1982-1998". *ICBA — World Bank Working Paper*, Paris, n. 2.686, 2001.

BRONSON, Po; MERRYMAN, Ashley. *The Nurture Shock: New Thinking about Children*. Nova York: Twelve, 2009.

BRUNS, B.; LOCKHEED, M., "School Effects on Achievement in Secondary Mathematics and Portuguese in Brazil". *Population and Human Resources Department of The World Bank*, Washington, D.C., n. 525, 1990.

BRYK, Anthony; SEBRING, Penny; ALLENSWORTH, Elaine; LUPPESCU, Stuart; EASTON, John. *Organizing Schools for Improvement: Lessons from Chicago*. Chicago: University of Chicago Press, 2010.

CARNEIRO, Pedro; HECKMAN, James. "Human Capital Policy". *NBER Working Paper*, Cambridge, n. 9.495, fev. 2003.

CASE, Anne; DEATON, Angus. "School Inputs and Educational Outcomes in South Africa". *The Quarterly Journal of Economics*, Oxford, v. 114, n. 3, pp. 1047-1084, 1999.

CASTRO, Maria Helena G.; TIEZZI, Sergio. "A reforma do ensino médio e a implantação do Enem no Brasil". In: SCHWARTZMAN, Simon; BROCK, Colin (orgs.). *Os desafios da educação no Brasil*. Rio de Janeiro: Nova Fronteira, pp. 119-151, 2005.

CHALITA, Gabriel. *Educação: a solução está no afeto*. São Paulo: Editora Gente, 2001.

CHAUDHURY, Nazmul; HAMMER, Jeffrey; KREMER, Michael; MURALIDHARAN, Karthik; ROGERS, F. Halsey. "Missing in Action: Teacher and Health Worker Absence in Developing Countries". *The Journal of Economic Perspectives*, Pittsburgh, v. 20, n. 1, pp. 91-116, 2006.

CHUMACERO, Rómulo; GÓMEZ, Daniel; PAREDES, Ricardo. "I Would Walk 500 Miles (If It Paid): Vouchers and School Choice in Chile". *Economics of Education Review*, Cambridge, v. 30, n. 5, pp. 1103-1114, 2011.

COOPER, Harris; ROBINSON, Jorgianne; PATALL, Erika. "Does Homework Improve Academic Achievement? A Synthesis of Research, 1987-2003". *Review of Educational Research*, Washington, D.C., v. 76, n. 1, pp. 1-62, 2006.

COX, Cristián; LEMAITRE, María José. "Market and State Principles of Reform in Chilean Education: Policies and Results". Mimeo, 1999.

CURI, Andréa; MENEZES FILHO, Naercio. "Os efeitos da pré-escola sobre os salários, a escolaridade e a proficiência escolar". Mimeo, 2007.

DARLING-HAMMOND, Linda. "Teacher Quality and Student Achievement: a Review of State Policy Evidence". *Education Policy Analysis Archives*, Tempe, az, v. 8, n. 1, 2000.

DELANNOY, Françoise; SEDLACEK, Guilherme. "Brazil, Teachers Development and Incentives — a Strategic Framework". *World Bank Report*, Washington, D.C., n. 20.408 br, 6 dez. 2001.

DEWEY, James; HUSTED, Thomas; KENNY, Lawrence. "The Innefectiveness of School Inputs: a Product of Misspecification?". *Economics of Education Review*, Cambridge, v. 19, pp. 27-45, 2000.

DUFLO, Esther. "Schooling and Labor Market Consequences of School Construction in Indonesia: Evidence from an Unusual Policy Experiment". *American Economic Review*, Pittsburgh, v. 91, n. 4, pp. 795-813, 2001.

EHRENBERG, Ronald; BREWER, Dominic. "Do School and Teacher Characteristics Matter? Evidence from High School and Beyond". *Economics of Education Review*, Cambridge, v. 13, n. 1, pp. 1-17, 1994.

ELACQUA, Gregory; FABREGA, Rodrigo. "El consumidor de la educación: el actor olvidado de la libre elección de escuelas en Chile". Programa de promoción de la reforma educativa en América Latina y el Caribe (PREAL), 2004. Disponível em: <http://www.ulavirtual.cl/courses/PSIC101305/document/consumidor_educacion.pdf>. Acesso em: 29 mar. 2014.

ESPOSITO, Yara; DAVIS, Claudia; NUNES, Marina. "Sistema de avaliação do rendimento escolar: o modelo adotado pelo estado de São Paulo". *Revista Brasileira de Educação*, Rio de Janeiro, n. 13, pp. 25-53, 2000.

FALCH, Torberg; RONNING, Marte. "The Influence of Student Achievement on Teacher Turnover". *Education Economics*, Philadelphia, v. 15, n. 2, pp. 177-202, 2007.

FERREIRA, Francisco. "Os determinantes da desigualdade de renda no Brasil: Luta de classes ou heterogeneidade educacional?". Departamento de Economia PUC-RJ, Texto para discussão, n. 415, 2000. Disponível em: <http://www.econ.puc-rio.br/pdf/td415.pdf>. Acesso em: 29 mar. 2014.

_____; ALBERNAZ, Ângela; FRANCO, Creso. "Qualidade e equidade na educação fundamental brasileira". Departamento de Economia PUC-RJ, Texto para discussão, n. 455, 2002. Disponível em: <http://www.econ.puc-rio.br/pdf/td455.pdf>. Acesso em: 29 mar. 2014.

FIGLIO, David; KENNY, Lawrence. "Individual Teacher Incentives and Student Performance". *NBER Working Paper*, n. 12.627, 2006.

FRANCO, Creso; ORTIGAO, Isabel; ALBERNAZ, Ângela; BONAMINO, Alicia; AGUIAR, Glauco; ALVES, Fátima; SÁTYRO, Natália. "Eficácia escolar no Brasil: investigando práticas e políticas escolares moderadoras de desigualdades educacionais". Mimeo, 2005.

FREUD, Sigmund. *Civilization and its Discontents*. Nova York: W.W. Norton & Co., 1989 [1930].

FULLER, Bruce; CLARKE, Prema. "Raising School Effects While Ignoring Culture? Local Conditions and the Influence of Classroom Tools, Rules and Pedagogy". *Review of Educational Research*, Washington, D.C., v. 64, n. 1, pp. 119-157, 1994.

GATTI, Bernadete A. et al. "A formação de professores no Brasil: instituições formadoras e seus currículos". In: *Estudos & Pesquisas Educacionais*, Fundação Victor Civita, 2008.

GIANETTI, Eduardo. *O valor do amanhã*. São Paulo: Companhia das Letras, 2005.

GLEWWE, Paul; GROSH, Mararet; JACOBY, Hanan; LOCKHEED, Marlaine. "An Eclectic Approach to Estimating the Determinants of Achievement in Jamaican Primary Education". *The World Bank Economic Review*, Washington, D.C., v. 9, n. 2, pp. 231--258, 1995.

_____; KREMER, Michael. "Schools, Teachers, and Education Outcomes in Developing Countries". *Center of International Development — Working Paper Series at Harvard University*, Cambridge, n. 122, set. 2005.

GOLDHABER, Dan; BREWER, Dominic. "Why Don't Schools and Teachers Seem to Matter? Assessing the Impact of Unobservables on Educational Productivity". *The Journal of Human Resources*, Madison, v. 32, n. 3, pp. 505-523, 1997.

GONZÁLEZ, Pablo. "Estructura institucional, recursos y gestión en el sistema escolar chileno". Mimeo, 2003.

GUARINO, Cassandra; SANTIBANEZ, Lucrecia; DALEY, Glenn. "Teacher Recruitment and Retention: a Review of the Recent Empirical Literature". *Review of Educational Research*, Washington, D.C., v. 76, n. 2, pp. 173-208, 2006.

HANUSHEK, Eric. "Interpreting Recent Research on Schooling in Developing Countries". *The World Bank Research Observer*, Washington, D.C., v. 10, n. 2, pp. 227-246, ago. 1995.

HANUSHEK, Eric. "School Resources and Student Performance". In: BURTLESS, Gary (org.). *Does Money Matter? The Effect of School Resources on Student Achievement and Adult Success*. Washington: Brookings Institution Press, cap. 2, pp. 43-73, 1996.

_____; KIMKO, Dennis. "Schooling, Labor Force Quality and the Growth of Nations". *American Economic Review*, Pittsburgh, v. 90, n. 5, pp. 1184-1208, 2000.

_____; LUQUE, Javier. "Efficiency and Equity in Schools around the World", *NBER Working Paper*, Cambridge, n. 8.949, maio 2002.

_____; RAYMOND, Margaret. "Does School Accountability Lead to Improved Student Performance". *NBER Working Paper*, Cambridge, n. 10.591, jun. 2004.

_____; GOMES NETO, João Batista; HARBISON, Ralph. "Efficiency-Enhancing Investments in School Quality". In: BIRDSALL, Nancy; SABOT, Richard (Orgs.). *Opportunity Foregone: Education in Brazil*. Washington, D.C.: Inter-American Development Bank, 1996, cap. 14, pp. 385-424, 1996.

_____; HITOMI, Kohtaro; LAVY, Victor. "Do Students Care About School Quality? Determinants of Dropout Behavior in Developing Countries". *Journal of Human Capital*, Chicago, v. 2, n. 1, pp. 69-105, 2008.

_____; KAIN, John; RIVKIN, Steven. "Teachers, Schools and Academic Achievement". *NBER Working Paper*, Cambridge, n. 6.691, ago. 1998.

_____; KAIN, John; RIVKIN, Steven. "Teachers, Schools and Academic Achievement", Mimeo, 2000.

_____; KAIN, John; RIVKIN, Steven. "Why Public Schools Lose Teachers". *NBER Working Paper*, Cambridge, n. 8.599, nov. 2001.

HECKMAN, James; KLENOW, Peter. "Human Capital Policy". Mimeo, dez. 1997. Disponível em: <http://klenow.com/HumanCapital.pdf>. Acesso em: 29 mar. 2014.

HEDGES, Larry; GREENWALD, Rob; LAINE, Richard. "The Effect of School Resources on Student Achievement". *Review of Educational Research*, Washington, D.C., v. 66, n. 3, pp. 361-96, 1996.

HERRÁN, Carlos; RODRÍGUEZ, Alberto. *Educação secundária no Brasil: chegou a hora*. Washington, D.C.: Banco Interamericano de Desenvolvimento/Banco Mundial, 2000.

HOXBY, Caroline; LEIGH, Andrew. "Pulled Away or Pushed Out? Explaining the Decline of Teacher Aptitude in the United States". Mimeo, 2003.

HSIEH, Chang-Tai; URQUIOLA, Miguel. "When Schools Compete, How Do They Compete? An Assessment of Chile's Nationwide School Voucher Program". Mimeo, 2002.

HYMAN, Irwin; PERONE, Donna. "The Other Side of School Violence: Educator Policies and Practices that May Contribute to Student Misbehavior". *Journal of School Psychology*, Philadelphia, v. 36, n. 1, 1998, pp. 7-27.

IMBERMAN, Scott. "Achievement and Behavior in Charter Schools: Drawing a More Complete Picture". *The Review of Economics and Statistics*, Cambridge, v. 93, n. 2, pp. 416--435, 2011.

INSTITUTO PAULO MONTENEGRO. "Ser professor: uma pesquisa sobre o que pensa o docente das principais capitais brasileiras". *Estudos & Pesquisas Educacionais*, Fundação Victor Civita, n. 1, 2010.

IOSCHPE, Gustavo. *A ignorância custa um mundo: o valor da educação no desenvolvimento do Brasil*. São Paulo: Francis, p. 140, 2004.

IRELAND, Vera (coord.). *Repensando a escola: um estudo sobre os desafios de aprender, ler e escrever*. Brasília: Unesco, MEC/Inep, 2007.

JACOB, Brian e LEFGREN, Lars. "Can Principals Identify Effective Teachers? Evidence on Subjective Performance Evaluation in Education". *Journal of Labor Economics*, 26:1, pp. 101-136, 2008.

KANDEL, Eric. *In Search of Memory*. Nova York: W.W. Norton & Co, 2006.

KANE, Thomas; ROCKOFF, Jonah; STAIGER, Douglas. "What Does Certification Tell Us About Teacher Effectiveness? Evidence from New York City". *NBER Working Paper*, Cambridge, n. 12.155, abr. 2006.

KINGDON, Geeta; TEAL, Francis. "Does Performance Related Pay for Teachers Improve Student Performance? Some Evidence from India". *Economics of Education Review*, Cambridge, v. 26, n. 4, pp. 473-486, 2007.

KISSINGER, Henry. *Sobre a China*. Rio de Janeiro: Objetiva, 2011.

KUKLA-ACEVEDO, Sharon. "Do Teacher Characteristics Matter? New Results on the Effects of Teacher Preparation on Student Achievement". *Economics of Education Review*, Cambridge, v. 28, pp. 49-57, 2009.

LAM, David. "Generating Extreme Inequality: Schooling, Earnings and Intergenerational Transmission of Human Capital in South Africa and Brazil". Population Studies Center, Universidade do Michigan, Ann Arbor, Relatório de Pesquisa n. 99-439, ago. 1999.

LAVINAS, Lena; CAVENAGHI, Suzana. (coords.). *Avaliação de impacto do Projeto UCA-total (Um computador por aluno), relatório final*. Rio de Janeiro: Instituto de Economia da UFRJ, 2011.

LEE, Valerie; FRANCO, Creso; ALBERNAZ, Angela. "Quality and Equality in Brazilian Secondary Schools: a Multilevel Cross-National School Effects Study". Mimeo, 2006.

LEIGH, Paul. "The Social Benefits of Education: A Review Article". *Economics of Education Review*, Cambridge, v. 17, n. 3, pp. 363-368, 1998.

LEITHWOOD, Kenneth; LOUIS, Karen Seashore; ANDERSON, Stephen e WAHLSTROM, Kyla. "How Leadership Influences Student Learning". Mimeo, 2004.

LIANG, Xiaoyan. "Teacher Pay in 12 Latin American Countries: How Does Teacher Pay Compare to Other Professions, What Determines Teacher Pay, and Who Are the Teachers?". *World Bank LCSHD Paper Series*, Washington, D.C., n. 49, 1999.

LOCHNER, Lance. "Education, Work and Crime: A Human Capital Approach". *NBER Working Paper*, Cambridge, n. 10.478, maio 2004.

_____; MORETTI, Enrico. "The Effect of Education on Crime: Evidence from Prison Inmates, Arrests and Self-Reports". Mimeo, 2001.

LOPEZ-ACEVEDO, Gladys. "Professional Development and Incentives for Teacher Performance in Schools in Mexico". *World Bank Policy Research Working Paper*, Washington, D.C., n. 3.236, 2004.

MACHADO SOARES, Tufi. "Modelo de três níveis hierárquicos para a proficiência dos alunos de 4ª série avaliados no teste de língua portuguesa do SIMAVE/PROEB-2002". *Revista Brasileira de Educação*, Rio de Janeiro, n. 29, pp. 73-87, 2005.

MADDISON, Angus. *The World Economy: A Millenial Perspective*. Paris: OECD, tabela b-18, p. 261, 2006.

MARX, Karl. *O capital: O processo global de produção capitalista*. São Paulo: Civilização Brasileira, 2008, 6 v.

_____; ENGELS, Friedrich. *Manifesto do Partido Comunista*. São Paulo: Penguin-Companhia das Letras, 2012.

MENEZES FILHO, Naercio. "Os determinantes do desempenho escolar no Brasil". Instituto Futuro Brasil, Texto para discussão, n. 2, 2007.

_____; LEON, Fernanda. "Reprovação, avanço e evasão escolar no Brasil". *Pesquisa e Planejamento Econômico*, Rio de Janeiro, v. 32, n. 3, pp. 417-52, 2002.

_____; PAZELLO, Elaine. "Do Teachers' Wages Matter for Proficiency? Evidence from a Funding Reform in Brazil". Mimeo, 2005.

_____; VASCONCELLOS, Lígia; WERLANG, Sérgio. "Avaliando o impacto da progressão continuada no Brasil". Mimeo, 2004.

MURNANE, Richard; COHEN, David. "Merit Pay and the Evaluation Problem: Why Most Merit Pay Plans Fail and a Few Survive". *Harvard Educational Review*, Cambridge, v. 56, n. 1, pp. 1-17, 1986.

_____; LEVY, Frank. "Evidence from Fifteen Schools in Austin, Texas". In: BURTLESS, Gary (org.). *Does Money Matter? The Effect of School Resources on Student Achievement and Adult Success*. Washington, D.C.: Brookings Institution Press, cap. 4, pp. 93-96, 1996.

NERI, Marcelo et al. "Equidade e eficiência na educação: motivações e metas". Mimeo, 2007.

OECD. "Knowledge and Skills for Life: First Results from Pisa 2000". In: *Executive Summary*. Paris: OECD, 2001.

_____. "Shanghai and Hong Kong: Two Distinct Examples of Education Reform in China". In: *Strong Performers and Successful Reformers in Education: Lessons from Pisa for the United States*. Paris: OECD, p. 84, 2011.

OLIVEIRA, João Batista Araujo e; SCHWARTZMAN, Simon. *A escola vista por dentro*. Belo Horizonte: Alfa Educativa Editora, 2002.

ONTIVEROS JIMENEZ, Manuel. "Educational Reform and Institutional Incentives. Their Effects on Quality of Primary Education". Mimeo, 2005.

PAES DE BARROS, Ricardo; MENDONÇA, Rosane S. P. "Os determinantes da desigualdade no Brasil". IPEA, Rio de Janeiro, Texto para discussão, n. 377, 1995.

_____; MENDONÇA, Rosane. "O impacto da gestão sobre o desempenho educacional". Banco Interamericano de Desenvolvimento, Série Documentos de Trabalho, R-301, 1997.

_____; MENDONÇA, Rosane; SANTOS, Daniel dos; QUINTAES, Giovani. *Determinantes do desempenho educacional no Brasil.* Rio de Janeiro: IPEA, n. 834, 2001.

_____; RAMOS, Lauro. "Temporal Evolution of the Relationship Between Wages and Education of Brazilian Men". In: BIRDSALL, Nancy; SABOT, Richard (orgs.). *Opportunity Foregone: Education in Brazil.* Washington, D.C.: Inter-American Development Bank, cap. 6, pp. 193-214, 1996.

PAPERT, Seymour. "A Critique of Technocentrism in Thinking About the School of the Future". *M.I.T. Media Lab Epistemology and Learning Memo*, Cambridge, n. 2, 1990.

PASQUALOTTO, Lucyelle. "Capitalismo e educação". In: *Revista Faz Ciência*, Unioeste, Francisco Beltrão, PR, pp. 325-342, 8 jan. 2006. Disponível em: <http://e-revista.unioeste.br/index.php/fazciencia/article/viewFile/354/267>. Acesso em: 12 nov. 2013.

PINKER, Steven. *How the Mind Works.* New York: W.W. Norton & Co., 1997.

_____. *Blank Slate: The Modern Denial of Human Nature*, New York: Viking Press, 2002.

PIQUET, Leandro. "Determinantes do crime na América Latina: Rio de Janeiro e São Paulo". *World Bank Discussion Paper*, Washington, D.C., 1999.

PLATÃO. *A República.* Brasília: Ed. Kiron, 2013.

PSACHAROPOULOS, George; VALENZUELA, Jorge; ARENDS, Mary. "Teacher Salaries in Latin America: A Review". *Economics of Education Review*, Cambridge, v. 15, n. 4, pp. 401-406, 1996.

RANIS, Gustav; STEWART, Frances; RAMIREZ, Alejandro. "Economic Growth and Human Development". *World Development*, Londres, v. 28, n. 2, pp. 197-219, 2000.

RICE, Jennifer. *Teacher Quality: Understanding the Effectiveness of Teacher Attributes.* Washington, D.C.: Economic Policy Institute, 2003.

ROCHA, Maria Fátima; TEIXEIRA, Aurora. "A Cross-Country Evaluation of Cheating in Academia: Is It Related to 'Real World' Business Ethics?". *FEP Working Papers*, Porto, n. 214, 2006.

ROCKOFF, Jonah; JACOB, Brian; KANE, Thomas; STAIGER, Douglas. "Can You Recognize an Effective Teacher When You Recruit One?". *NBER Working Paper*, Cambridge, n. 14.485, nov. 2008.

ROSCHELLE, Jeremy et al. "Integration of Technology, Curriculum, and Professional Development for Advancing Middle School Mathematics: Three Large-Scale Studies". *American Educational Research Journal*, Washington, D.C., v. 47, n. 4, pp. 833-878, 2010.

RUMBERGER, Russel. "Dropping Out of Middle School: a Multilevel Analysis of Students and Schools". *American Educational Research Journal*, Washington, D.C., v. 32, n. 3, pp. 583-625, 1995.

SANTIBANEZ, Lucrecia. "Why We Should Care if Teachers Get A's: Teacher Test Scores and Student Achievement in Mexico". *Economics of Education Review*, Cambridge, v. 25, pp. 510-20, 2006.

SEBASTIAN, James e ALLENSWORTH, Elaine. "The influence of Principal Leadership on Classroom Instruction and Student Learning: A Study of Mediated Pathways to Learning". Educational Administration Quartely, 48:4, 626-663. 2012.

SOARES, José Francisco. "Qualidade e equidade na educação básica brasileira: a evidência do Saeb-2001". *Archivos Analíticos de Políticas Educativas*, vol. 12, n. 38, 2004.

_____. "Qualidade e equidade na educação básica brasileira: Fatos e possibilidades". In: SCHWARTZMAN, Simon; BROCK, Colin (orgs.). *Os desafios da educação no Brasil*. Rio de Janeiro: Nova Fronteira, pp. 91-117, 2005.

SPRIETSMA, Maresa. "Computers as Pedagogical Tools in Brazil: a Pseudo-Panel Analysis", *ZEW Discussion Papers*, Mannheim, v. 7, n. 40, 2007.

SRINIVASAN, U. et al. "The Debt of Nations and the Distribution of Ecological Impacts from Human Activities". *Proceedings of National Academy of Sciences of the United States of America (PNAS)*, Washington, D.C., v. 105, n. 5, pp. 1768-1773, 2008.

TAVARES, Priscilla Albuquerque. "Os impactos de práticas de gestão escolar sobre o desempenho educacional: evidências para escolas públicas paulistas". Mimeo, 2012.

_____; CAMELO, Rafael; KASMIRSKI, Paula. "A falta faz falta? Um estudo sobre o absenteísmo dos professores da rede estadual paulista de ensino e seus efeitos sobre o desempenho escolar". Mimeo, 2009.

TIBA, Içami. *Quem ama educa!* São Paulo: Editora Gente, 2002.

TREIMAN, Donald J. "The Growth and Determinants of Literacy in China". In: HANUM, Emily e PARK, Albert, *Education and Reform in China*. Nova York: Routledge, 2007.

TRUCANO, Michael. *Knowledge Maps: ICTs in Education*. Washington, D.C.: info-Dev/World Bank, 2005.

TSANG, Mun. "School Choice in People's Republic of China". In: *Choosing Choice: School Choice in International Perspective*. Nova York: Teachers College Press, 2003.

UNESCO, *O Perfil dos professores brasileiros: O que fazem, o que pensam, o que almejam...* São Paulo: Moderna, 2004.

VAN KLAVEREN, Chris. "Lecturing Style Teaching and Student Performance", *Economics of Education Review*, n. 30, pp. 729-739, 2011.

VEGAS, Emiliana. "Teachers in Brazil: Who Are They and How Well They Fare in the Labor Market". Mimeo, 2000.

VELEZ, Eduardo; SCHIEFELBEIN, Ernesto; VALENZUELA, Jorge. "Factores que afectan el rendimiento academico en la educacion primaria". Mimeo, 1993.

WACHS, Theodore D. "Linking Nutrition and Education: a Cross-Generation Model". *Food and Nutrition Bulletin*, Tóquio, v. 26, n. 2, 2005.

WAISELFISZ, Jacobo. *Tamanho da turma: Faz diferença?*. Brasília: Fundescola/MEC, Série de Estudos, n. 12, 2000.

WIESEL, Elie. *A noite*. São Paulo: Ediouro, 2002.

WILLINGHAM, Daniel. *Why Don't Students Like School? A Cognitive Scientist Answers Questions About How the Mind Works and What It Means for the Classroom*. São Francisco: Jossey-Bass, 2010.

WILLMS, J. Douglas; SOMERS, Marie-Andrée. "Family, Classroom, and School Effects on Children's Educational Outcomes in Latin America". *School Effectiveness and School Improvement*, Barcelona, v. 12, n. 4, pp. 409-445, 2001.

WOSSMANN, Ludger. "Schooling Resources, Educational Institutions and Student Performance: The International Evidence". Mimeo, 2001.

ZAGURY, Tania. *O professor refém: para pais e professores entenderem por que fracassa a educação no Brasil*. Rio de Janeiro: Record, 2006.

ZAVODNY, Madeline. "Does Watching Television Rot Your Mind? Estimates of the Effect on Test Scores". *Economics of Education Review*, Cambridge, n. 25, pp. 565-573, 2006.

Conheça mais sobre nossos livros e autores no site
www.objetiva.com.br
Disque-Objetiva: (21) 2233-1388

Este livro foi impresso na
LIS GRÁFICA E EDITORA LTDA.
Rua Felício Antônio Alves, 370 – Bonsucesso
CEP 07175-450 – Guarulhos – SP
Fone: (11) 3382-0777 – Fax: (11) 3382-0778
lisgrafica@lisgrafica.com.br – www.lisgrafica.com.br